문해력

해결 정답은

한자다

❶

김종혁

어려서 서당에 다니며 접한 한자에 관심을 갖고 대학(성균관대학교 문과대학 중어중문학과 졸업)과 대학원(고려대학교 교육대학원 한문교육과 수료)에서 그와 관련된 공부를 했다. 우리나라 최초로 프로그램식 한자 학습서와 부수 관련 책을 집필했으며, 전통문화연구회에서는 한자급수를, 한국교원연수원에서는 상용한자를 강의했다. 홍익대학교, 중앙대학교, 경희대학교, 서울시립대학교 등 여러 대학에서 특강을 통해 학생들을 지도했고, 한자교육진흥회 지도사 연수원에서는 20년 넘게 문자학을 바탕으로 한자를 교육했다. 현재는 서울시 남부여성발전센터에서 25년 동안 아동한자지도사 교육과정을 통해 한자지도사 양성에 힘쓰고 있다.
주요 저서로는 『부수를 알면 한자가 보인다』, 『부수로 한자 정복하기』, 『한자 부수 제대로 알면 공부가 쉽다』, 『중학한자 부수로 끝내기』, 『문자학으로 익히는 사자소학』, 『한·중·일 공용한자 808』(공저) 등이 있다.

문해력 해결 정답은 한자다 1

2026년 1월 7일 초판 1쇄 펴냄

지은이 김종혁
펴낸이 김흥국
펴낸곳 보고사

책임편집 황효은
표지디자인 김규범

등록 1990년 12월 13일 제6-0429호
주소 경기도 파주시 회동길 337-15
전화 031-955-9797 팩스 02-922-6990
메일 bogosabooks@naver.com
http://www.bogosabooks.co.kr

ISBN 979-11-6587-944-0 03720

정가 20,000원

문해력
해결 정답은
한자다

김종혁

1

보고사
BOGOSA

머리말

우리나라 사람들은 한글이라는 고유固有 문자文字를 사용하고 있다. 한글은 세종대왕世宗大王이 1443년에 창제創製한 문자로, 배우기 쉽고 모든 소리를 표기表記할 수 있는 음성音聲 문자라는 특징을 가지고 있다. 그 덕분에 오늘날 우리나라 사람이라면 거의 모두가 글을 쓰거나 읽을 수 있게 되었다. 한데 요즘 글을 쓰고 읽기는 하지만 그 글의 내용을 제대로 이해하지 못하는 사람들이 적지 않다.

이는 우리나라[國] 말[語]인 국어國語가 순우리말인 고유어固有語로만 이뤄지지 않고 외래어外來語와 혼종어混種語와 한자어漢字語로도 이뤄져 있기 때문이다. 그중 고유어는 '미리내'나 '시나브로'와 같은 말이고, 외래어는 '빵'이나 '아이스크림'처럼 다른 나라에서 들어온 말이다. 반면에 혼종어는 '깡통'이나 '깡패'처럼 서로 다른 언어言語에서 비롯된 둘 이상의 낱말이 합쳐져 새롭게 이뤄진 말이다. '깡통'은 영어 'can'과 한자 '筒[통 통]'자에서, '깡패'는 영어 'gang'과 한자 '牌[패 패]'자에서 비롯된 말이기 때문이다. 한자어는 '작금昨今'이나 '금일今日'처럼 한자로 이뤄진 말이다.

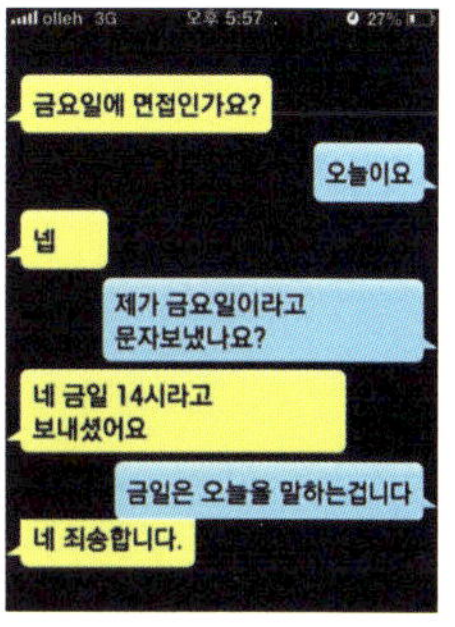

메신저 대화 캡쳐

그런데 혼종어 대부분이 한자를 덧붙이고 있으니 2022년 국립국어원國立國語院에서 조사한 우리말 원어原語 구성構成 비율

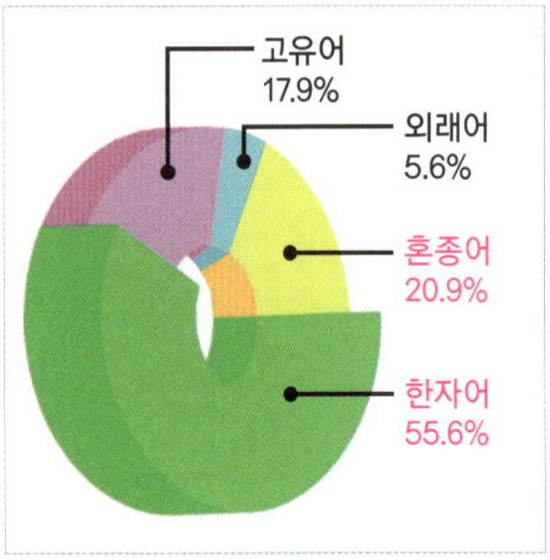

우리말 원어 구성 비율
(국립국어원, 2022)

比率로 보면 한자와 관련된 말이 70% 이상을 차지함을 알 수 있다. 그러니 국어를 제대로 알려면 한자를 알아야 한다. 더구나 한자어는 우리말에서 추상적抽象的인 생각을 나타내는 개념어槪念語의 90%를 차지하고 있다. 그렇게 한자를 알아야 글의 개념을 파악할 수 있는데, 한자를 모르니 결국 개념을 파악하지 못해 글의 내용을 제대로 이해하지 못하는 사람이 된 것이다.

오늘날 이 같은 상황이 되다 보니 인터넷에서 '대입 승부처 과목'을 검색하면 다음과 같은 제목의 글이 뜬다.

"대입 승부처 과목, 국어 어려운 이유"

"대입 승부처 과목? 수학도 영어도 아닌 국어... 초등부터 잡아라!"

"대입 승부처 과목은? 국어에서 답을 찾다"

"대입의 승부처 과목, 국어 중학교 때 어떻게 대비하나요?"

이를 보면 공부하는 학생들이 어렵게 여기는 과목이 국어임을 알 수 있다. 공부하는 학생들에게 수학이나 영어는 그 문제의 정답이 분명하게 드러나는데, 국어의 경우는 한자로 이뤄진 개념어의 뜻을 제대로 파악하지 못하면 정답이 분명하게 드러나지 않기 때문이다.

사실 국어뿐 아니라 영어와 수학, 그 외에 사회·과학·음악·미술·체육 등의 과목에 쓰인 학습도구어學習道具語들도 대부분 한자로 이뤄진 개념어들이다. 예컨대 영어의 '관사冠詞'나 '동명사動名詞'나 '관계대명사關係代名詞' 등이나 수학의 '등호等號'나

'방정식方程式'이나 '기약분수旣約分數' 등과 같은 말이 바로 한자로 이뤄졌다.

따라서 한자는 국·영·수 등의 과목을 공부하는 데 기본이 되는 문자라 할 수 있다. 마치 국·영·수가 우리나라 전통적인 집을 지을 때 그 위용威容을 드러내는 지붕이라면 한자는 주춧돌인 셈이다. 한데 집을 지을 때 지붕부터 올릴 수는 없다. 주춧돌부터 먼저 놓아야 한다. 그럼에도 지붕부터 올리려 하니 글을 이해하는 능력인 문해력文解力에 문제가 생긴 것이다.

모든 학문學問의 출발점은 문자를 아는 데부터 시작한다. 한데 우리나라 사람이 사용하는 많은 말이 앞서 설명했듯 한자와 관련이 있으니 이를 제대로 알아 두어야 함은 당연하다 하겠다. 본서는 이를 해결하기 위해 쓰였다.

그동안 혼자 연구하며 독립군獨立軍처럼 여기까지 왔다. 여기까지 오는 데 어려움이 많았다. 漢字學, 달리 文字學을 제대로 배울 곳도, 제대로 가르쳐 주는 사람도 없는 35년 전부터 이에 대해 천착穿鑿하며 오늘에 이른 것이다. 문자학은 그냥 한자를 쓰고 외우는 학문이 아니다. 하나의 한자에는 그 문자가 만들어진 당시當時의 문화文化를 담고 있는데, 그런 문화를 담고 있는 한자를 정확하게 파악하기 위해 그 한자가 어떤 형태로 만들어졌는지, 어떻게 그 뜻을 갖게 되었는지, 왜 그처럼 읽히게 되었는지를 연구해야 한다.

이를 연구하며 그동안 주로 가르치는 이들을 위한 공구서工具書만 썼다. 이 책은 필자가 배우는 이들을 위해 본격적으로 쓴 맨 처음 학습서學習書다. 그 내용도 30년쯤 교육 현장에서 가르치고 있는 내용을 바탕으로 집필했다. '아는 만큼 보인다'고 하는데, 아는 만큼 쓸 수 있음도 이 책을 집필하면서 몸소 깨닫게 되었다. 그런 책을 집필하는 데 물심양면物心兩面으로 도움을 준 아내 안윤숙에게 고마운 마음을 전하며, 책이 세상의 빛을 보는 데 애써 주신 출판사 관계자들께도 고마운 마음을 전한다.

2025년 6월 19일

김종혁

일러두기

1. 이 책은 교육용 한자 1,800자 가운데, 학습의 기초가 되는 핵심 부수자를 학습 대상으로 삼아 구성하였다. 부수자는 한글 자모 순(ㄱ·ㄴ·ㄷ·ㄹ…)에 따라 배열하였다.
2. 한자의 음과 뜻을 함께 제시할 때, 음성학적 정보임을 나타내기 위해 대괄호 [ ]를 사용하였다.
3. 학습 대상 한자를 설명할 때는, 글의 도입부에 인문학적 내용을 담아 독자들이 보다 편안하게 글을 읽기 시작할 수 있도록 구성하였다.
4. 학습자들이 한자를 자연스럽게 익히도록, 본문에 의도적으로 한자를 자주 노출하였다. 이때 한글과 한자를 괄호 없이 병기하되, 한자를 먼저 제시할 경우에는 해당 한글을 소괄호 ( )로 표기하였다.
5. 학습 대상 한자의 자원(字原) 이해를 돕기 위해, 갑골문·금문·소전 순으로 자형을 배열하고, 문자학(한자학)을 바탕으로 이를 설명하였다. 관련 자형이 없는 경우는 생략하였다.
6. 학교 교과 학습이나 일상 언어생활에서 자주 사용되는 학습 도구어와 상식 개념어를 수록하여, 독자의 어휘력 향상에 도움이 되도록 구성하였다.
7. 한자어 풀이에는 『표준국어대사전』(국립국어원 발행)을 바탕으로 하였으며, 필요한 경우 저자가 내용을 수정하거나 보완하였다.
8. 교육용 학습 자료로의 활용을 고려하여, 학습 목표가 되는 주요 한자어에는 위 첨자로 번호를 순차적으로 부여하여 표기하였다.
9. 학습자의 이해를 돕기 위해 다양한 사진과 그림을 수록하였으며, 글쓰기나 언어생활에 유용한 속담과 관용구도 풍부하게 담았다.

차례

머리말 … 5

일러두기 … 9

角 [뿔 각] 무소의 뿔처럼 혼자서 가라 …… 13

干 [방패 간] 방패와 함께 죽으리 …… 27

甘 [달 감] 많은 사람이 좋아하는 맛 …… 35

車 [수레 거(차)] 나는 바퀴를 보면 굴리고 싶어진다 …… 43

犬 [개 견] 개도 주인을 알아본다 …… 52

見 [볼 견(현)] 돼지 눈에는 돼지만 보인다 …… 67

高 [높을 고] 조선의 대표적인 고대광실 …… 78

谷 [골 곡] 골로 가다 …… 88

骨 [뼈 골] 돌아올 수 없어서 아픈 뼈 …… 95

工 [장인 공] 자물쇠를 푸는 장인 …… 109

口 [입 구] 먹고, 그리고 말하고 …… 119

弓 [활 궁] 우리나라는 활의 나라 …… 127

金 [쇠 금] 지휘자 '금난새' …… 133

己 [몸 기] 자네 늘 내게 이르길 …… 149

女 [계집 녀] 집과 계집은 가꾸기 탓 …… 157

大 [큰 대] 배보다 배꼽이 더 크다 ··· 169

刀 [칼 도] 갈(칼)을 갈다 ··· 188

斗 [말 두] 되로 주고 말로 받는다 ··· 199

豆 [콩 두] 세 알의 콩이 들어 있는 것은 ··· 207

力 [힘 력] 먹고살기 힘들다 ··· 216

老 [늙을 로] 100세 시대 ··· 226

里 [마을 리] 아랫말 하동사람 윗말 구례사람 ··· 234

立 [설 립] 그리고 서다 ··· 242

馬 [말 마] 말을 낳으면 제주도로 보내라 ··· 254

麥 [보리 맥] 옹기종기 모여 앉아 꽁당보리밥 ··· 265

面 [낯 면] 무심코 그린 얼굴 ··· 272

毛 [터럭 모] 털털하며 죽는다 ··· 282

木 [나무 목] 나무의 본질이 줄기와 가지 ··· 293

目 [눈 목] 일목요연하게 보입니다 ··· 306

角 [뿔 각] 무소의 뿔처럼 혼자서 가라

소리에 놀라지 않는 사자같이, 그물에 걸리지 않는 바람같이, 흙탕물에 때 묻지 않는 연꽃같이, 무소의 뿔처럼 혼자서 가라

부처 가르침을 담은 인도印度 원시原始 경전經典에 나오는 글의 일부다. 글에서는 세상만사世上萬事에 얽매이지 말고 오직 자유自由를 찾아 어디에도 집착執着하지 않고 그저 의연毅然하게 '무소의 뿔처럼 혼자서 가라' 하고 있다.

인도 코뿔소(무소)

그처럼 혼자서 가라 하는 무소는 달리 '코뿔소'라 한다. 거의 단독單獨으로 생활生活하는 동물動物이다.

'동물계動物界의 전차電車'라 불리기도 하는데, 그 때문인지 자동차自動車 이름으로도 사용使用되고 있다. 쌍용雙龍 자동차自動車의 '무쏘'가 바로 그것이다.

무쏘(쌍용 자동차)

'무쏘'는 무소를 된소리로 표기表記한 이름이다. 동시同時에 영문표기英文表記인 'MUSSO'의 'SS'가 쌍용 자동차의 심벌마크와 관련關聯이 있기에 '무쏘'라 했다 한다.

곰은 쓸개 때문에 죽고

밀렵꾼에게 뿔이 떼인 코뿔소

무소인 코뿔소는 하나나 두 개의 뿔이 있다. 해서 코뿔소 하면 우뚝하게 솟은 뿔과 우직愚直한 이미지가 연상聯想된다.

한데 요즘에는 뿔이 없는 코뿔소가 있다. 심지어 뿔이 없는 상태狀態로 죽은 코뿔소도 있다. 속담俗談에 "곰은 쓸개 때문에 죽고, 사람은 혀 때문에 죽는다" 했는데, 코뿔소는 '뿔' 때문에 밀렵꾼의 표적標的이 되어 죽은 것이다.

따라서 코뿔소가 살고 있는 나라에서는 미리 뿔을 잘라주기도 한다. 뿔을 자를 때 조치措置를 잘하면 다행多幸히 별 탈 없이 다시 자란다고 한다.

角자는 소나 양의 머리에 나는 뿔

갑골문 角자

금문 角자

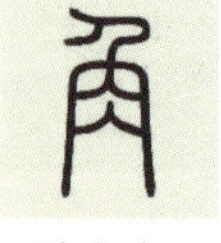
소전 角자

한자漢字에서 바로 그 '뿔'을 뜻하는 角[뿔 각]자는 사람이 집에서 흔히 기르는 다섯 가축家畜인 오축五畜 가운데 소나 양(염소)과 관련關聯해 그 머리에 나는 뿔을 나타낸 것으로 보인다.

갑골문甲骨文 자형字形에서 가운데에 보이는 선線[仌의 형태]은 뿔에 파인 홈을 나타냈는데, 이는 소나 양이 임신姙娠하고 새끼에게 젖을 먹이는 동안 칼슘 공급供給이 부족不足해 생긴 것이다. 성숙成熟한 소의 경우境遇 대개大槪 1년年에 한 번씩 임신하므로 마치 나무에 나타난 나이테처럼 뿔에 나타난 선의 개수個數로 그 나이를 알 수 있다. 선의 개수에 2를 더한 수數가 바로 해당該當 동물動物의 나이가 된다.

물소의 뿔

두각을 나타냈다

속담俗談에 "못된 송아지 엉덩이에 뿔난다" 했지만 뿔은 머리에 난다. 그처럼 '머리[頭]에 나는 뿔[角]'은 頭角(두각)[1]이라 한다. 頭角은 머리 위로 우뚝 드러나 보인다. 때문에 頭角은 학식이나 재능이 뛰어나서 남보다 우뚝 드러나 보임을 비유적으로 이르는 말로도 쓰인다. "강태는…학업에도 그만큼 남다른 두각을 나타냈다『혼불(최명희)』"에서처럼 활용되고 있다.

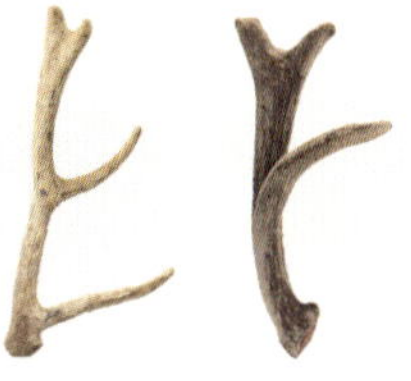
녹각(좌)과 녹용(우)

또 짐승 머리에서 볼 수 있는 頭角 가운데 약재藥材로 흔히 쓰이는 게 사슴의 뿔이다. 그 '사슴[鹿]의 뿔[角]'은 鹿角(녹각)[2]이라 한다. 하지만 鹿角보다 약효藥效가 더 뛰어난 게 녹용鹿茸이다. 녹용은 묵은 뿔인 鹿角이 떨어지고 새로 나온 뿔로, 젤리처럼 말랑말랑해 칼로 잘 썰어질 정도로 부드럽다. 끓이면 모두 풀어져 그 형체形體가 없어진다. 반면에 鹿角은 오래 끓여도 딱딱해 형체가 풀어지지 않고, 그것을 우려낸 국물만 먹을 수 있다.

녹각(상)과 녹용(하)

인도 코뿔소는 뿔이 하나

또 코뿔소(무소) 뿔도 鹿角처럼 약재로 사용되고 있다. 한데 인도 코뿔소는 뿔이 하나다. 따라서 인도 코뿔소는 '하나[一]의

〈처녀와 유니콘〉(도메니키노)

뿔[角]이 있는 무소[犀]'라 하여 一角犀(일각서)[3]라 하기도 한다.

一角犀는 동서東西 문명文明의 교류交流가 활발하지 않았을 때에 유럽에 말로만 그 존재存在가 알려지면서 와전訛傳되어 전설적傳說的인 동물動物로 변變했다. 그것이 바로 一角獸(일각수)[4]다. 一角獸는 '하나[一]의 뿔[角]이 있는 짐승[獸]'을 말한다. 달리 유니콘Unicorn이라 한다.

一角獸인 유니콘은 一角犀와 달리 말과 같은 체구體軀에 이마에 한 개의 뿔이 있으며, 보통 털빛이 희게 표현된다. 본성本性이 사납고 잘 길들여지지 않지만, 새끼에게는 매우 헌신적獻身的인 상상想像의 동물로 여겨졌다. 또 순결純潔한 처녀處女 앞에서는 유순柔順해진다고 알려져 있어, 유니콘은 오늘날 정결貞潔과 청순淸純을 상징象徵하게 되었다.

혼인하지 않은 사내

총각

一角犀와 一角獸의 뿔은 하나지만 대개 동물動物들의 뿔은 둘로 이뤄져 있다. 그렇게 동물들의 두 뿔처럼 옛날에는 관례冠禮나 혼례婚禮를 치르지 않은 사내가 머리털을 양쪽으로 동여 묶었다. 그 '머리털을 묶어[總] 뿔[角]처럼 보이는 것'을 總角(총각)[5]이라 하는데, 總角은 오늘날에도 '혼인婚姻하지 않은 사내'를 일컫는 말로 쓰이고 있다.

케라틴은 '뿔'을 의미하는 그리스어

總角이 뿔처럼 묶은 머리털의 주성분主成分은 케라틴이라는 물질物質로 이뤄져 있다. 사실 케라틴도 '뿔'을 의미하는 그리스어 '케라스keras'에서 유래由來했다. 그처럼 머리털과 소나 양의 뿔을 이루는 성분成分은 같으며, 척추동물脊椎動物의 표피表皮를 구성構成하는 비늘·부리·손발톱도 역시 케라틴으로 이뤄져 있다.

뿐만 아니라 사람의 몸을 보호保護하는 최전선最前線의 물질 역시 케라틴으로 이뤄져 있다. 따라서 '뿔[角]과 같은 물질[質]'로 이뤄졌다고 하여 한자로 角質(각질)[6]이라 한다. 초식동물草食動物이 뿔로 자신을 보호하는 것처럼 사람은 角質로 외부外部 환경環境으로부터 오는 자극刺戟에서 몸을 보호하고 있는 것이다.

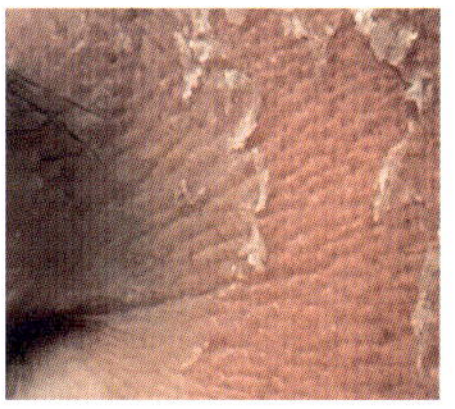
사람 피부의 각질

나아가 '눈알의 전면前面에 바깥쪽을 이루는 투명透明한 막'도 角자를 써서 角膜(각막)[7]이라 한다. 角膜도 '각질[角]처럼 이뤄진 꺼풀[膜]'이기 때문이다. 일부 자료資料에서는 '뿔처럼 약간 볼록하게 나와 있는'이라고 했는데, 그래서 角자를 쓴 것은 아니다.

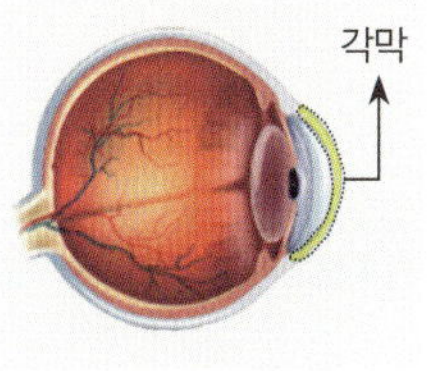

각막

뼈나 뿔로 만든 기구

고대古代 사람들은 쇠붙이를 본격적本格的으로 사용하기 전前까지 주위周圍에서 쉽게 구할 수 있는 돌이나 나무로 기구器具

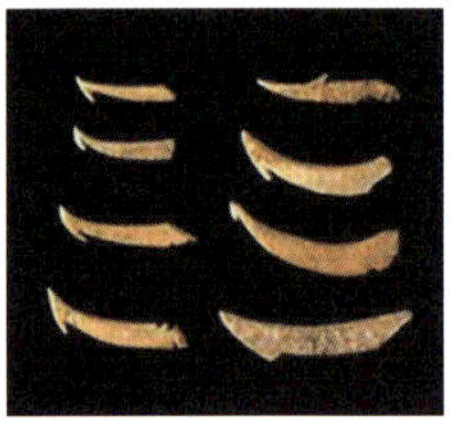
고대의 골각기

무소 각배

를 만들었고, 그 외에 뼈나 뿔로도 만들었다.

뼈나 뿔은 가볍지만 비교적 단단하며 파열破裂된 부분이 날카로워 구멍을 파거나 찌르는 데 유용有用하게 사용할 수 있었기 때문이다. 따라서 그렇게 '뼈[骨]나 뿔[角]로 만든 기구[器]'를 骨角器(골각기)[8]라 한다.

아울러 양이나 소의 뿔은 속이 비어 있어서 술잔으로 만들어지기도 했는데, 그처럼 '뿔[角]로 만든 잔[杯]'은 角杯(각배)[9]라 한다. 처음이나 시초始初를 이르는 말인 濫觴(남상)의 觴[잔 상]자가 덧붙여진 角자로 인해 그 뜻이 '잔'이 된 것도 뿔로 술잔을 만들었기 때문이다.

뿔은 활을 만드는 데도 사용

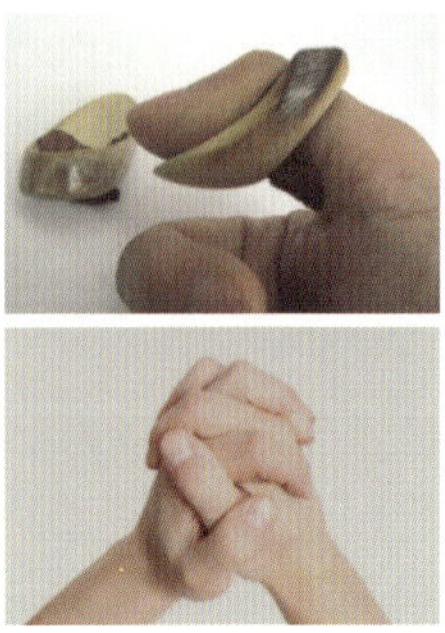
손에 낀 깍지와 손깍지

뿔은 '뿔[角]의 빈 곳에 손가락[指]을 끼워 사용하는 물건'인 角指(각지)[10]로 만들어지기도 했다. 角指는 활을 쏠 때에 시위를 잡아당기기 위해 엄지손가락의 아랫마디에 끼는 뿔로 만든 기구器具를 이른다. 하지만 후대後代에 그 음音이 된소리로 변해 오늘날은 '깍지'라 하고 있다. 그것이 19세기世紀에 열 손가락을 서로 엇갈리게 바짝 맞추어 잡아 끼는 것을 의미하는 '손깍지'라는 말로도 활용活用되었다.

나아가 뿔은 활을 쏠 때 사용하는 角指 외에 활 자체自體를 만드는 데도 이용했다. 그렇게 '뿔[角]을 이용해 만든 활[弓]'이 바로 角弓(각궁)[11]이다.

뿔이 소리를 내는 악기로

아울러 뿔은 그 속이 비어 있기에 불어서 피리처럼 소리를 내는 악기樂器로도 만들어졌다. 따라서 角자는 '뿔'의 뜻 외에 '뿔피리'의 뜻을 지니기도 한다.

뿔피리

영어英語에서 소나 양의 '뿔'을 뜻하면서 '뿔피리'를 뜻하기도 하는 '호른Horn'도 뿔피리처럼 연주演奏하는 악기를 이르기도 한다. 그처럼 예부터 '뿔'은 동서양東西洋을 막론莫論하고 악기로 이용되고 있다.

호른

아울러 '뿔피리'의 '피리'라는 말도 한자로 觱[피리 필]자와 篥[피리 률]자가 합쳐진 觱篥(필률)에서 비롯되었다.

그렇게 '피리'를 뜻하는 두 한자가 합쳐진 觱篥의 觱자는 角자가 덧붙여진 것으로 봐서 뿔[角]로 만든 피리, 篥자는 竹[대 죽(⺮)]자가 덧붙여진 것으로 봐서 대[竹]로 만든 피리와 관련이 있음을 알 수 있다.

무용총 벽화의 뿔피리

불어서 소리를 내는 피리

또 악기로 '불어서[號] 소리를 내는 피리[角]'를 號角(호각)[12]이라 했는데, 오늘날은 불어서 소리를 내는 신호용信號用 도구道具를 號角이라 하고 있다. 號角은 달리 '호루라기'라 하기도 한다.

살구 씨 호루라기

하지만 원래原來 호루라기는 살구 씨에 구멍을 내고 공기空氣를 불어 넣어 소리를 내는 도구를 가리키는 말이었고, 그 도구

휘슬

를 불 때 나는 소리인 '호로로'라는 의성어擬聲語에서 호루라기란 말이 비롯되었다. 그러다 나중에 서양西洋에서 휘슬whistle이 전파傳播되자 호루라기는 휘슬을 가리키는 말이 되었다.

또 전통傳統 관악기管樂器 가운데 '소라[螺]로 만든 피리[角]'는 螺角(나각)[13]이라 하고 있다.

나각

국악에서도 전형적인 악기 편성

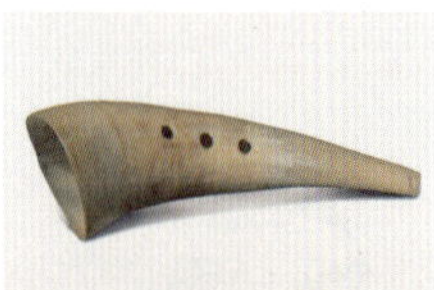

뿔로 만든 악기

피리는 크기가 작은 데 비해 나는 소리가 무척 크고 아름답다. 그렇게 소리가 큰 덕분德分에 커다란 규모規模의 연주演奏에서도 주도적主導的 역할을 하는 경우가 많다. 그래서인지 국악國樂에서 전형적典型的 악기 편성編成인 三絃六角(삼현육각)[14]에도 빠지지 않고 있다.

〈무동〉(김홍도)의 삼현육각

三絃六角은 '두 개의 향피리·대금·해금·장구·북으로 이뤄지는 악기 편성'이 원칙原則인데, 조선朝鮮 후기後期 김홍도金弘道나 신윤복申潤福의 풍속도風俗圖에서도 그처럼 편성되어 있다. 그러나 경우에 따라 악기의 종류에 조금 차이가 있을 수 있다.

나아가 三絃六角과 같은 악기나 三絃六角으로 행하는 연주를 속되게 이르는 말을 風角(풍각)이라 하고, '장거리나 마을로 돌아다니며 악기를 연주[風角]하고 돈을 구걸하는 패거리[牌]'를 風角牌(풍각패)[15]라 한다. 또 그런 행위行爲를 하는 사람을 '風角(풍각)쟁이'라 한다.

'뿔'은 일종의 무기

'뿔'은 소·양·염소·사슴·영양 등의 초식동물草食動物들이 자신을 보호保護하고, 경쟁競爭하는 상대相對와 힘을 겨루는 데 쓰는 일종의 무기武器와 같다. 또한 천적天敵인 육식동물肉食動物에게 대항對抗하는 무기로도 사용된다. 뿔은 방어防禦를 하는 데에도, 공격攻擊을 하는 데에도 유용有用하게 사용되는 부위部位인 것이다.

각축전을 벌이고 있는 사슴

사자와 뿔로 싸우는 들소

호각지세로 다투는 소

그렇게 뿔로 경쟁이 되는 상대나 천적과 다투고 겨루니 角자는 '다투다'나 '겨루다'의 뜻을 지니기도 한다.

따라서 '서로 이기려고 다투는[角逐] 싸움[戰]'을 角逐戰(각축전)[16]이라 한다. 또 그 싸움의 위세威勢가 비슷하면 互角之勢(호각지세)[17]라 한다.

互角之勢는 한자漢字 그대로 다시 풀이하면 '서로[互] 다투고[角] 있는[之] 기세[勢]'를 의미하는데, 서로 뿔의 길이나 굵기에서 큰 차이差異가 없어 그 기세氣勢가 서로 비슷비슷함을 말한다. 難兄難弟(난형난제)·伯仲之勢(백중지세)·莫上莫下(막상막하)·五十步百步(오십보백보)와 비슷한 의미를 지닌다.

각저는 고구려 때에 하류층에서 행하던 놀이

소나 양이 뿔로 다투는 것처럼 사람도 힘을 겨루기 위해 서로 다투기를 한다. 그런 모습은 고구려高句麗 고분벽화古墳壁畵에

각저총 벽화

서 볼 수 있다. 그것이 바로 角抵塚(각저총)[18] 그림이다.

角抵塚의 角抵는 고구려 때에 하류층下流層에서 행行하던 놀이의 하나로, 두 사람이 씨름하듯이 맞붙어 힘을 겨뤘던 우리나라 고유固有의 운동運動이었다.

角抵塚은 중국中國 길림성吉林省 집안현集安縣에 있는 고분古墳으로, 널방의 동쪽 벽에 두 사람이 겨루는 모습이 그려져 있다. 그렇게 '겨루는[角抵] 모습이 있는 무덤[塚]'이라 하여 角抵塚이라 한 것이다.

이중섭의 황소

〈황소〉(이중섭)

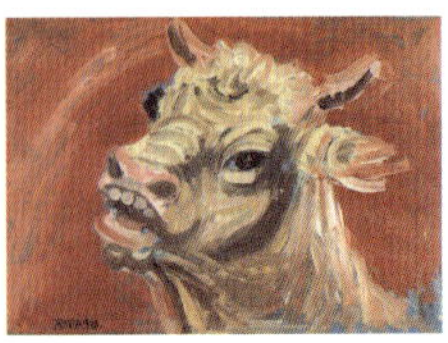
〈황소1〉(이중섭)

초식동물草食動物이 상대相對와 겨룰 때에 뿔을 사용使用하는 것은 물어뜯을 수 있는 이빨이 없기 때문이다. 그래서 '뿔[角]이 있는 것[者]은 이[齒]가 없다[無]'라는 의미의 角者無齒(각자무치)[19]란 말도 생겼다. 角者無齒는 한 사람이 여러 가지 재주나 복福을 다 가질 수 없다는 말이기도 하다.

우리나라의 유명有名한 화가畫家 이중섭李仲燮은 황소를 많이 그렸다. 그가 그린 〈황소〉를 보면 윗니가 없음을 알 수 있다. 하지만 맨 처음 그린 〈황소1〉 그림에는 윗니를 그려 넣었다. 처음에는 소에 윗니가 없음을 미처 깨닫지 못했던 것이다.

말은 앞니의 아랫니가 없지만 소는 앞니의 윗니가 없다. 이는 원활圓滑하게 풀을 뜯어먹기 위해 그처럼 진화進化된 것이다. 만약 윗니 아랫니가 다 있어 풀을 양쪽 이빨로 물게 되면 엉성하게 뜯기기 때문이다. 그러나 한쪽에 있는 날카로운 이빨에 풀을 두고 다른 쪽의 단단한 잇몸과 입술로 압박壓迫하면 말끔하게 다 뜯기게 된다. 그래서 보통 풀을 뜯어먹는 초식동물들은 앞니 위아래 중에 한쪽 이빨이 없는 경우境遇가 많다. 반면反面에 육식肉食을 하는 동물動物은 고기를 찢어야 하기 때문에 윗니와 아랫니가 다 있다.

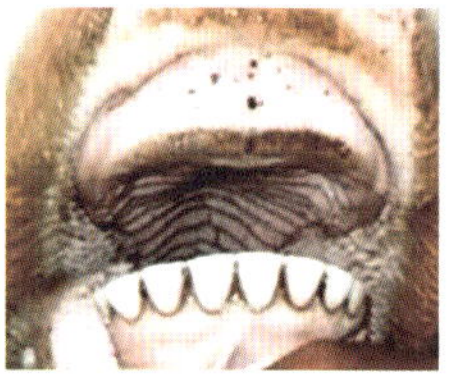

실제 소의 이 모양

모난 돌이 정에 맞는다

뿔은 한쪽 모양이 겉으로 툭 튀어나와 있다. 그렇게 물체物體의 거죽으로 툭 튀어나와 있는 것을 우리말에서는 '모'라고 한다. 속담俗談에 "모난 돌이 정에 맞는다"는 말의 '모'도 거죽으로 툭 튀어 나와 있기 때문에 정釘에 맞은 것이다.

그처럼 머리에서 툭 튀어나와 있는 '뿔'을 뜻하는 角자도 '모'의 뜻을 지니기도 한다.

'모[角]가 나게 깎은 나무[木]'나 '직육면체로 모[角]가 나게 만든 설탕[雪糖]'을 角자를 써서 角木(각목)[20]과 角雪糖(각설탕)[21]이라 한 것도 그 때문이다.

각목

각설탕

나아가 '세[三] 개의 모[角]'가 있으면 三角(삼각)[22]이 되고, '세[三] 개의 모[角]가 있는 형상[形]'은 三角形(삼각형)[23]이 된다. 아울러 강江이 바다로 들어가는 어귀에, '강물이 운반運搬해 온 모래나 흙이 퇴적堆積되어 삼각[三角]으로 이뤄진 섬[洲]'은 三角洲(삼각주)[24]라 한다.

나일강 삼각주

삼각관계

뿐만 아니라 '세 사람으로 이뤄진 삼각[三角]의 관계[關係]'를 三角關係(삼각관계)[25]라 하며, 이는 보통 세 남녀男女 사이의 연애 관계戀愛關係를 가리킨다. 三角關係에서는 흔히 해당該當 인물人物 사이의 갈등葛藤이 유발誘發되는데, 갈등은 문학文學이나 영화映畫 등의 작품作品에서 이야기를 진행進行하는 데 중요重要한 요소要素가 된다. 그러므로 많은 작품이 이를 바탕으로 구성構成되고 있다.

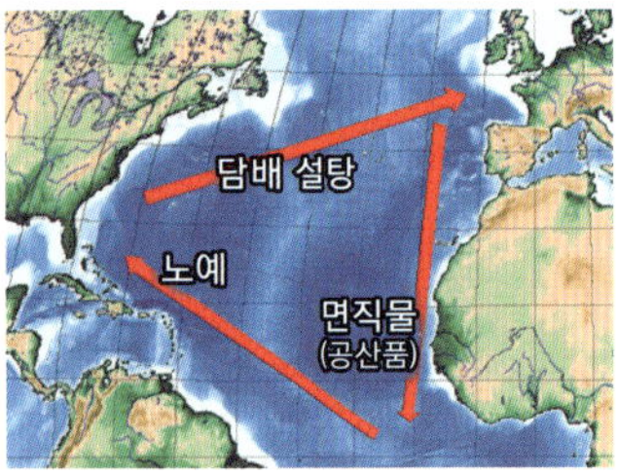

삼각무역

三角貿易(삼각무역)[26]도 '두 나라 사이의 무역貿易 수지收支가 균형均衡을 잃을 때, 제삼국第三國을 개입介入시켜 불균형不均衡이 상쇄相殺되도록 삼각[三角]으로 행하는 무역[貿易]'을 말한다. 예例를 들면, 18세기世紀에 이뤄진 영국英國의 면직물綿織物 등의 공산품工産品, 서아프리카西Africa의 노예奴隷, 서인도西印度 제도諸島의 담배나 설탕雪糖 등을 서로 교역交易하던 형태形態의 무역이다.

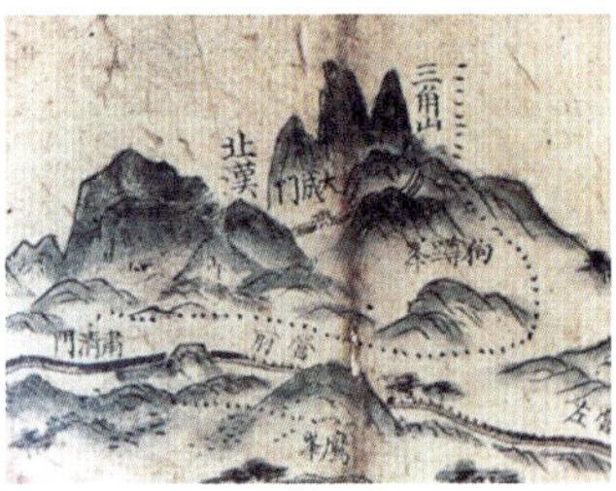

지도의 삼각산(「도성상군문분계」)

하지만 三角山(삼각산)[27]의 三角은 三角洲·三角關係·三角貿易의 三角과 다르게 '세[三] 개로 이뤄진 뿔[角]처럼 생긴 봉우리인 백운대白雲臺와 인수봉仁壽峰과 만경대萬景臺가 있는 산[山]'이라 하여 붙여진 명칭名稱이다.

조선朝鮮 중기中期의 문신文臣 김상헌金尙憲의 시조時調 "가노라 삼각산아 다시 보자 한강수야/ 고국산천을 떠나고자 하랴마는/ 시절이 하 수상하니 올 동 말 동 하여라"에서 그 쓰임을 엿볼 수 있다. 오늘날은 흔히 북한산北漢山이라 하고 있다.

모나게 벌어진 정도

나아가 '모나게[角] 벌어진 정도[度]'를 이르는 말이 바로 角度(각도)[28]다. 이를 국어사전國語辭典에서는 '한 점點에서 갈리어 나간 두 직선直線의 벌어진 정도'라 했다.

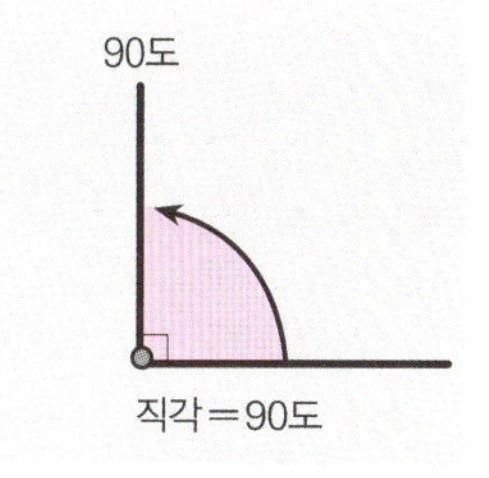

직각

한데 '두 직선이 곧게[直] 만나서 벌어진 각[角]이 90도일 경우'는 直[곧을 직]자를 덧붙여 直角(직각)[29]이라 한다. 또 '直角보다 작아 날카로운[銳] 각[角]인 경우'는 銳[날카로울 예]자를 덧붙여 銳角(예각)[30]이라 하고, '直角보다 커서 무딘[鈍] 각[角]인 경우'는 鈍[무딜 둔]자를 덧붙여 鈍角(둔각)[31]이라 한다.

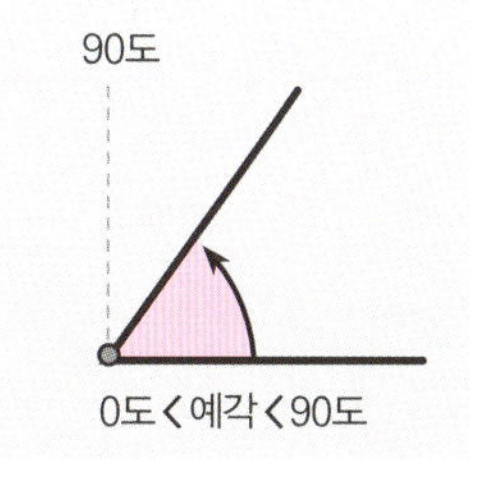

예각

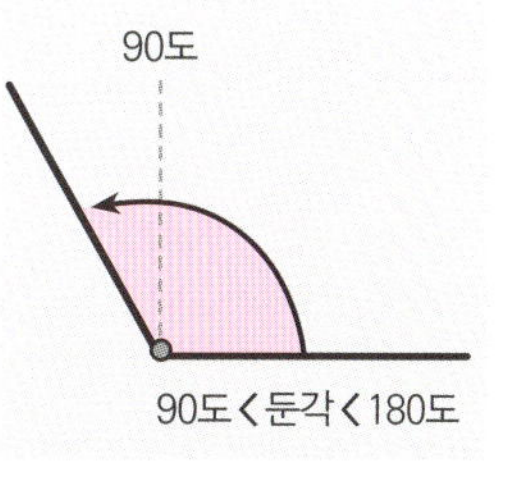

둔각

아울러 '어느 위치位置에 있음으로써 사물事物이 눈으로 보이지 아니하여 활동력活動力이 없는 죽은[死] 각도[角]인 경우'는 死角(사각)[32]이라 하며, 나아가 '관심이나 영향이 미치지 못하는 지대[地帶]'를 死角地帶(사각지대)[33]라 한다.

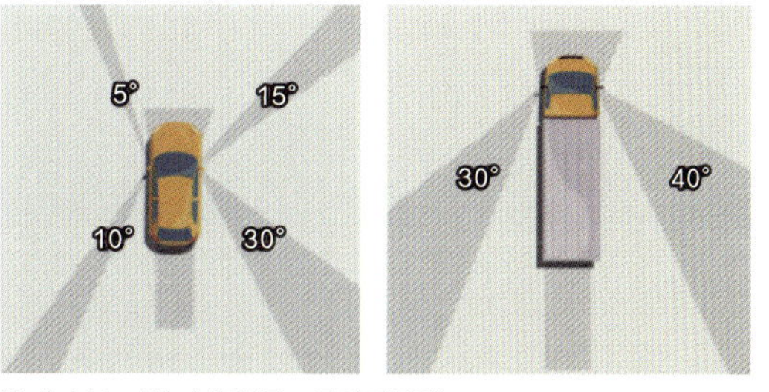

차에서 본 사각지대(한국교통안전공단)

角자는 '모퉁이'의 뜻을 지니기도

구석진 모퉁이는 모가 난 곳이다. 따라서 '모'를 뜻하기도 하는 角자는 '모퉁이'의 뜻을 지니기도 하는데, 하나의 뿔을 의미

빙산의 일각

하는 一角(일각)은 한[一] 모퉁이[角]를 의미하기도 한다.

때문에 '빙산氷山의 一角(일각)[34]'이라 하면 '바닷물에 떠 있는 얼음덩어리[氷]가 산[山]처럼 큰데 물 위에 드러난 부분은 한[一] 모퉁이[角]'라는 말이 된다. 그처럼 어떤 일의 일부一部만 나타나거나 언급言及되는 경우에도 흔히 '빙산의 一角'이라 한다. 대부분大部分이 숨겨져 있고 외부外部로 나타나 있는 것은 극極히 일부에 지나지 아니함을 비유적比喩的으로 이르는 데 사용되고 있다.

干 [방패 간] 방패와 함께 죽으리

이것은 나의 방패,
전투에 나설 때면 방패를 드네.
하지만 방패는 나만의 것이 아니라네.
방패는 곁에 있는 나의 형제를 지키네.
방패는 내가 사는 도시를 지키네.
절대 나의 형제가 방패의 그늘에서 벗어나지 않게 하고,
내가 사는 도시가 방패의 보호에서 벗어나지 않게 하리.
나는 내 앞에 놓인 방패와 함께 죽으리.
적과 맞서 싸우며.

고대 유럽 청동의 방패

미국美國의 작가作家 스티븐 프레스필드S. Pressfield가 쓴 「방패의 원칙Law of the Shield」이란 글이다. 글에서는 '방패와 함께 죽으리'라 했다.

하지만 전쟁戰爭에서 지고지선至高至善은 싸워 죽는 것이 아니라 이기는 것이다. 그것도 최선最善은 싸우지 않고 이기는 것이다. 하지만 싸우지 않고 이기는 것은 적敵이 전의戰意를 상실喪失하고 꼬리를 내리는 경우境遇다. 꼬리를 내리지 않고 싸우게 되면 이기더라도 어느 정도 상처傷處를 입게 되기 십상十常이다. 이때 상처를 입지 않도록 방어防禦하는 무기武器 가운데 하나가 바로 방패防牌이다.

최초로 방어를 하기 만들어진 무기

대로 만든 창

중국 고대 병사의 창과 방패

암각화의 창을 들고 사냥하는 고대인

화약火藥의 발명發明으로 총銃이 사용되기 전까지 공격攻擊을 하는 데는 창이나 활이나 칼이 사용되었고, 이를 방어하는 데는 갑옷과 방패가 사용되었다. 그 가운데 공격의 무기로 가장 쉽게 만들 수 있는 것이 창이었다면 방어의 무기로 가장 쉽게 만들 수 있는 것이 방패였다.

창은 나무나 대(대나무)의 끝을 뾰쪽하게 하는 것만으로도 충분한 무기가 되었기 때문에 사람이 지구地球에 등장登場하는 초창기草創期부터 사냥을 하기 위해 쓰인 유래由來 깊은 무기였다.

반면에 방패는 사람들끼리 전쟁戰爭을 행하기 시작했을 때에 함께 등장한 무기였다. 갑옷은 만드는 데 많은 공력功力이 따르기 때문에 이를 대신代身한 것이다. 게다가 방패는 전쟁에서 온몸에 갑옷을 입는 것보다 한 팔만 이용하면 됐다. 또 상대적으로 가볍고 편하기 때문에 움직이기 쉽고, 행동을 빨리할 수 있게 하는 것도 장점이었다. 따라서 이를 잘 활용하면 대단히 효과적效果的인 무기란 것을 알고 중요한 장비裝備로 이용했다.

하지만 최초最初로 방어防禦를 하기 위해 만들어진 무기는 오늘날 우리가 흔히 상상想像하는 형태形態의 방패가 아니었다.

그 형태를 미뤄 짐작斟酌하게 해 주는 것이 '방패'를 뜻하는 한자인 干[방패 간]자다.

干자는 공격과 방어를 하는 옛날 무기

갑골문 干자 금문 干자 소전 干자

干(간)자는 갑골문甲骨文이나 금문金文 자형字形을 살피면 상대를 공격하거나 방어를 할 때 사용하는 끝에 갈라진 가지가 있는 옛날 무기를 나타낸 것으로 보인다.

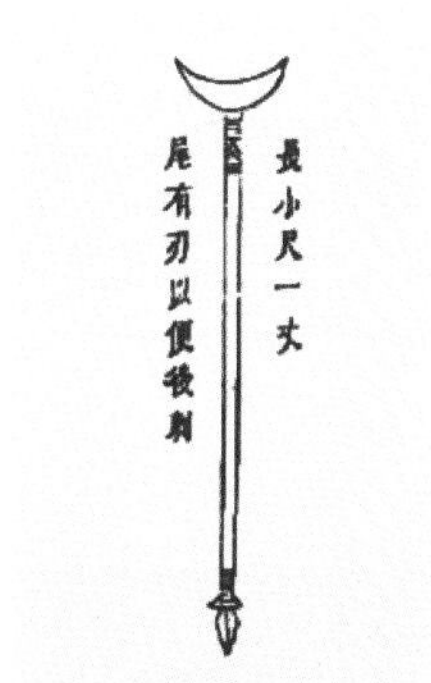

干 형태 무기(鏟)

사실 공격은 최선最善의 방어이며, 공격은 또 막는 무기가 있을 때 더욱 더 공격적이게 된다. 따라서 아주 옛날부터 적敵이나 맹수猛獸를 공격하면서 동시同時에 막는 역할役割을 하는 무기가 만들어졌던 것이다. 干자는 바로 그런 무기를 나타낸 것으로 보이는데, 원래 공격한다는 데서 '범하다'의 뜻을 지니면서 다시 방어한다는 데서 '막다'의 뜻을 지닌 한자가 되었다. 하지만 후대에 막는 무기와 관련해 '방패'의 뜻을 지니게 되기도 했다.

干 형태 무기로 싸우는 모습

干자는 '범하다'의 뜻으로 쓰였고

干자는 干涉(간섭)이나 干與(간여)에서 '범하다'의 뜻으로 쓰였고, 干證(간증)[1]의 干자도 그런 뜻으로 쓰였다.

干證은 원래 '남이 범한[干] 죄를 증명하다[證]'라는 의미로, 조선시대朝鮮時代 법률용어法律用語였다. 그러나 오늘날은 그런 의미의 쓰임이 없어졌고, 기독교基督教에서 어떤 사람이 공적公的으로 자신의 초자연적超自然的인 경험經驗을 들려주면서 하나님의 실존實存을 증명證明하는 일을 이야기한다는 의미로 쓰이고 있다.

干자는 '구하다'나 '막다'의 뜻을 지니기도

한옥의 난간

나아가 干자는 범하여 구한다 하여 '구하다'의 뜻을 지니기도 하는데, 실제實際로 '범하여[干] 구하다[求]'라는 의미의 말인 干求(간구)[2]의 干자가 그런 뜻으로 쓰였다. 干求는 "사랑을 억지로 간구하고 싶지 않다"에서처럼 활용되고 있다.

반면에 欄干(난간)[3]의 干자는 '막다'의 뜻으로 쓰였다. 欄干은 '층계·다리·마루 따위의 가장자리에 일정한 높이로 울타리[欄]를 쳐서 막아[干] 세우는 구조물'을 말한다. 흔히 사람이 떨어지는 것을 막기 위해 설치設置한다. 따라서 '막다'의 干자를 쓴 것이다.

干자는 막는 무기인 '방패'의 뜻

干자는 다시 '막다'의 뜻에서 그 의미가 확대擴大되어 막는 무기武器인 '방패'의 뜻을 지니게 되었다. 干城(간성)[4]의 干자가 바로 그 뜻으로 쓰였다.

干城의 干자는 한 사람의 몸을 보호하기 위해 막는 '방패'를 뜻하지만 城[성 성]자는 여러 사람의 몸을 막기 위해 흙을 높이 쌓은 '성城'을 뜻한다. 따라서 막는 두 존재存在를 합친 干城은 '방패[干]와 성[城]'을 의미하고, 다시 막아서 나라를 지키는 믿음직한 군인軍人이나 군대軍隊를 이르기도 한다. 해서 흔히 '나라[國]를 지키는[救] 군인이나 군대[干城]'를 '救國(구국)의 干城(간성)[5]'이라 한다. 사자성어四字成語로는 救國干城(구국간성)이라 한다.

국군의 날 퍼레이드

팔달문 외도

干자는 '마르다'의 뜻을 대신하기도

그 외에 干자는 乾[하늘 건·마를 간(건)]자와 서로 음音이 통하여 '마르다'의 뜻을 대신하기도 한다. 干潮(간조)[6]의 干자가 그런 뜻으로 쓰였다.

干潮의 潮[조수 조]자는 바다에서 들고나는 밀물과 썰물을 통틀어 이르는 말인데, '바닷가에서 물이 밀려서 나가 해수면海水面이 마르는[干] 썰물[潮]일 때'는 干潮라 한다. 반면에 '밀물로 해수면이 물로 찰[滿] 때'는 '차다'의 滿[찰 만]자를 덧붙여 滿潮(만조)라 한다.

나아가 '干潮와 滿潮를 아울러 이르는 말'이 干滿(간만)[7]이고, 밀물과 썰물을 통틀어 이르는 潮水(조수)를 干滿과 덧

간조(상)와 만조(하)

붙인 말이 潮水干滿(조수간만)이다.

간척지나 간석지

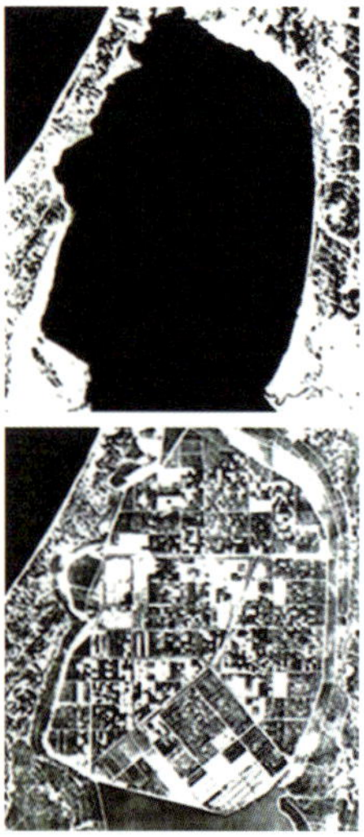

간척 전(상)과 후(하)의 상황

물이 빠진 간석지

또 干拓地(간척지)[8]나 干潟地(간석지)[9]의 干자도 '마르다'의 뜻으로 쓰이고 있다.

干拓地는 '인위적人爲的으로 일정一定한 부분部分의 바다나 호수 따위를 둘러막고 물이 마르게[干] 해서 넓힌[拓] 땅[地]'을 이른다. 干潟地는 '자연적自然的으로 밀물 때는 물에 잠기지만 썰물 때에 밖으로 드러나 물이 마른[干] 개펄[潟]로 된 땅[地]'을 이른다. 두 말은 비슷해서인지 적지 않은 이들이 서로의 차이점差異點을 모르는 경우가 있는데 이 기회機會를 통해 잘 구분區分해 둠이 좋겠다.

한데 干潟地의 潟[개펄 석]자가 뜻하는 '개펄'은 원래 '갯가의 개흙이 깔린 벌판'을 의미하는 말이었다. 반면에 干潟地란 말과 더 밀접한 '갯벌'은 단순히 '바닷물이 드나드는 모래톱'을 의미하는 말이었다. 그러나 오늘날에는 두 단어單語가 의미의 차이가 없이 동의어同義語처럼 쓰이고 있다.

干자는 '줄기'의 뜻을 대신하기도

아울러 干자는 幹[줄기 간]자와도 음音이 통하여 '줄기'의 뜻을 대신하기도 한다. 天干(천간)[10]의 干자가 그런 뜻으로 쓰였다.

天干은 '하늘[天]에서 작용하는 큰 줄기[干(幹)]'를 말한다. 옛날부터 사람들은 우주宇宙의 섭리攝理를 알고 싶어 했는데, 그 우주가 한없이 돌고 도는 순환循環 원리原理를 나무줄기의 생장生長하는 이치理致로 표현한 것이 바로 天干이다.

그 天干은 갑甲·을乙·병丙·정丁·무戊·기己·경庚·신辛·임壬·계癸로 나타내며, 포괄包括하는 수數가 모두 열[十]이기에 十干(십간)이라 하기도 한다.

자子·축丑·인寅·묘卯·진辰·사巳·오午·미未·신申·유酉·술戌·해亥와 관련된 열두 개의 지지地支와 순서順序대로 조합組合해

천간(십간)과 지지(십이지)

干支	1	2	3	4	5	6	7	8	9	10	11	12
天干	甲갑	乙을	丙병	丁정	戊무	己기	庚경	辛신	壬임	癸계		
地支	子자	丑축	寅인	卯묘	辰진	巳사	午오	未미	申신	酉유	戌술	亥해
	쥐	소	범	토끼	용	뱀	말	양	원숭이	닭	개	돼지

육십갑자표

六十甲子 육십갑자									
甲子 갑자	乙丑 을축	丙寅 병인	丁卯 정묘	戊辰 무진	己巳 기사	庚午 경오	辛未 신미	壬申 임신	癸酉 계유
甲戌 갑술	乙亥 을해	丙子 병자	丁丑 정축	戊寅 무인	己卯 기묘	庚辰 경진	辛巳 신사	壬午 임오	癸未 계미
甲申 갑신	乙酉 을유	丙戌 병술	丁亥 정해	戊子 무자	己丑 기축	庚寅 경인	辛卯 신묘	壬辰 임진	癸巳 계사
甲午 갑오	乙未 을미	丙申 병신	丁酉 정유	戊戌 무술	己亥 기해	庚子 경자	辛丑 신축	壬寅 임인	癸卯 계묘
甲辰 갑진	乙巳 을사	丙午 병오	丁未 정미	戊申 무신	己酉 기유	庚戌 경술	辛亥 신해	壬子 임자	癸丑 계축
甲寅 갑인	乙卯 을묘	丙辰 병진	丁巳 정사	戊午 무오	己未 기미	庚申 경신	辛酉 신유	壬戌 임술	癸亥 계해

갑자甲子부터 계해癸亥까지 총 60개의 간지干支인 육십갑자六十甲子를 만든다.

옛날에는 해와 달, 날짜와 시간을 나타내는 데 이를 사용했다. '임진왜란壬辰倭亂'의 '임진'이나 '을사늑약乙巳勒約'의 '을사'가 바로 그렇게 나타낸 말이다.

조금 어려운 말이지만 역사歷史 공부工夫 등을 하는 데 반드시 필요必要하므로 이를 잘 기억記憶해 둠이 좋겠다.

甘 [달 감] 많은 사람이 좋아하는 맛

예전에는 단맛·짠맛·신맛·쓴맛·매운맛을 5가지 기본적基本的인 맛으로 삼았지만 오늘날은 매운맛을 빼고 대신 감칠맛을 넣어 5가지 기본적인 맛으로 삼고 있다. 그 5가지 맛 가운데 많은 사람이 좋아하는 맛이 바로 단맛이다. 단맛은 꿀이나 설탕雪糖, 사탕砂糖이나 초콜릿 등에서 느낄 수 있는 맛인데, (간혹 그 맛을 싫어하는 사람이 있겠지만) 대부분大部分 사람들이 부담負擔 없이 받아들이는 맛이다.

짠맛·신맛·쓴맛·매운맛 등은 그 맛의 농도濃度가 일정一定한 정도程度를 넘어서게 되면 오히려 사람들이 거부拒否하는 맛으로 변變한다. 하지만 단맛은 그 농도가 짙어져도 크게 거부감을 갖지 않는 맛이다.

사람들이 단맛을 좋아하는 것은

이렇게 사람들이 단맛을 좋아하는 것에 대해 학자學者들은

열매를 채취하는 고대인 모습 (석장리박물관)

몇 가지 견해見解를 들어 설명說明하고 있다. 그 하나는 농경문화農耕文化가 이뤄지기 전에 사람들이 나무에서 딴 열매가 쓴맛이 나면 독毒이 있고, 단맛이 나면 탈이 없다는 것을 알면서 단맛에 대해 호감好感을 갖게 되었다는 것이다.

또 다른 하나는 포유동물哺乳動物인 사람은 태어나서 젖을 먹으며 자라는데, 그 젖의 맛이 달기 때문에 본능적本能的으로 단맛에 호감을 갖게 되었다는 것이다.

그 외에 사람들이 섭취攝取하는 영양소營養素 가운데 가장 효율效率이 높은 탄수화물炭水化物이 분해分解되어서 생기는 게 단맛을 내는 당분糖分이기 때문에 단것에 대해 본능적으로 호감을 갖게 되었다는 것이다.

'단거'는 'danger'

단거(danger), 단것

하지만 요즘 사람들은 옛날 사람들에 비해 '단것', 소위所謂 '단거'에 너무 많이 노출露出되어 있다. 대학大學을 졸업卒業한 뒤 25년 만에 대학원大學院에 진학進學하면서 찾게 된 학생식당學生食堂의 음식飮食은 예전에 대학을 다니면서 먹었던 음식 맛과 너무 달랐다. '단거(단것)'를 좋아하는 요즘 젊은 사람들의 입맛에 맞춘 음식인데, 그 맛이 생각보다 달아 흔쾌欣快히 먹을 수 없을 정도였다.

'단거(단것)'는 발음發音 그대로 알파벳으로 표현表現하면 'dan(단)ger(거)'가 된다. 'danger'는 '위험'을 뜻하는 단어單語이니, 곧 '단(dan)거(ger)'는 '위험'이 된다. 지나치게 단거(단것)를 경계警戒함이 좋겠다.

甘자는 입속에 음식을 머금고 있는 형상

갑골문 甘자 금문 甘자

소전 甘자 갑골문 口자

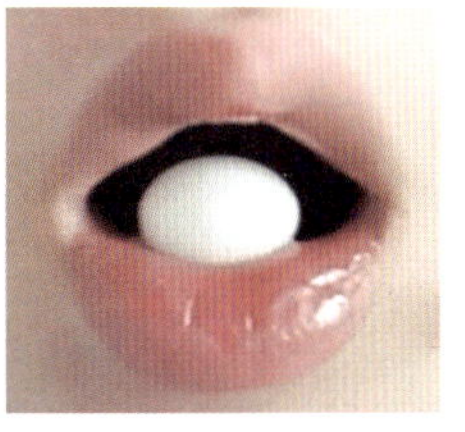

'단것(단거)'과 관련된 맛의 의미를 지닌 한자가 甘[달 감]자인데, 맛은 일정한 형태形態가 없다. 하지만 달게 여기는 음식飮食은 흔히 입속에 넣고 즐기며 음미吟味하게 된다. 따라서 甘자는 입[口]속에 술처럼 달게 여기는 음식을 머금고 있는 형상[-의 형태]을 나타내면서 그 뜻이 '달다'가 되었다.

약방의 감초

감초

약재로 만든 감초

옛날 사람들은 단맛을 자연自然에서 취取했다. 사탕수수로 설탕을 인위적人爲的으로 추출抽出하기 전前까지 자연 속에서 구求할 수 있는 꿀이나 열매를 통해 단것을 취한 것이다. 그 외에 약초藥草를 통해서도 취할 수 있었는데, 그런 대표적代表的인 것이 甘草(감초)[1]다.

甘草는 한자로 '달다'의 甘자와 '풀'의 草[풀 초]자를 쓴 데서 알 수 있듯 뿌리에서 '단맛[甘]이 나는 풀[草]'을 이르는데, 그 단맛이 설탕雪糖의 50배倍쯤 된다고 한다.

그처럼 달기에 맛이 쓴 약재藥材를 많이 이용하는 약방藥房에서 한약韓藥을 조제調劑할 때에 거의 빠지지 않고 사용하고 있다. 게다가 다른 약재의 독성毒性을 중화中和시키고, 많은 약재들이 조화調和롭게 작용作用할 수 있도록 도와주는 역할役割을 한다.

따라서 이를 흔히 '약방의 甘草'라 하고 있다. 나아가 '약방의 감초'는 필수적必須的이지는 않지만 꼭 끼어야 하는 것, 또는 어떤 일에나 빠짐없이 끼어드는 사람을 가리킬 때도 쓰이는 말이다.

맛이 달기에 甘자를 덧붙이는 것

감태를 수확하는 모습

감국

甘草만큼은 아니지만 그 맛이 달기에 甘자를 덧붙이는 것으로 甘苔(감태)[2]·甘菊(감국)[3]·甘藷(감저)[4] 등이 있다.

甘苔는 제대로 된 명칭名稱이 '가시파래'지만 '바다에서 자라는 단맛[甘]이 나는 이끼[苔]'라 하여 그처럼 일컫고 있다. 주로 생生으로 무치거나 김처럼 말려서 밑반찬으로 먹는다.

甘菊은 길가나 산기슭에서 자라는데, '단맛[甘]이 나는 국화[菊]의 일종一種'이다. 어린잎은 식용食用하고 꽃은 약용藥用하거나 말려서 술에 넣는다.

甘藷는 '감자'의 원말이다. 18세기世紀 후반後半 우리나라에 전래傳來된 덩이뿌리인 고구마를 처음에는 甘藷라 불렀다.

이후 19세기 중반中盤에 덩이줄기인 감자가 중국中國에서 우리나라에 전래되었을 때, 그 감자를 북쪽에서 온 감저라는 의미로 北甘藷(북감저)라 불렀다. 즉 고구마를 '단맛[甘]이 나는 감자[藷]'라는 의미로 甘藷라 불렀고, 감자를 '북쪽[北]에서 들어온 감자[甘藷]'라는 의미로 北甘藷(북감저)라 불렀던 것이다.

하지만 후에 '甘藷'는 대마도對馬島 말로 '코코이모(koukouimo)'라 하는 말을 따라 그 명칭을 '고구마'라 하고, 北甘藷는 그냥 '감자'라 하고 있다.

다만 오늘날에도 제주도濟州島나 청산도青山島와 같은 섬에서는 여전히 고구마를 감자라 하고 있다.

금동琴童 김동인金東仁의 단편소설短篇小說 「감자」도 작가作家가 일본어日本語로 직접 쓴 평론評論에 의하면 '내 작품 『고구마』'라 했다고 한다.

고구마(좌)와 감자(우)

김동인과 소설 『감자』

감주와 식혜와 식해는

그 외에 단맛이 나는 음식으로는 甘酒(감주)[5]가 있다. 우리말로 풀이해 '단[甘]술[酒]'이라고도 한다. 따라서 '달다'를 뜻하는 甘자와 '술'을 뜻하는 酒[술 주]자를 써서 甘酒라 한 것이다. 또 甘酒는 오늘날 일부 지역에서 '식혜食醯'라 하기도 한다. 그러나 단술인 甘酒는 식혜와 엄연히 서로 다른 음료飮料다.

식혜는 엿기름을 사용하지만 甘酒는 누룩을 사용하기 때문이다. 누룩은 술[酒]을 담글 때 사용하는 것이기에 甘酒에 酒[술 주]자를 썼다.

한데 옛날부터 식혜와 甘酒를 지방地方에 따라 구분區分하지

감주

식혜

식해

않는 곳이 있었다. 뿐만 아니라 조선왕조실록朝鮮王朝實錄에서는 오늘날의 '식혜'를 '식해'로, '식해'를 도리어 '식혜'라 표기表記하고 있다. 그렇게 '식혜', '식해', '甘酒'의 구분이 모호模糊해진 것이다. 그러나 밥알 건더기를 함께 먹는 '식혜'와 걸러서 액체液體만 마시는 甘酒는 어쩌다 보니 맛만 비슷할 뿐이지 분명 서로 다른 음료라 하겠다.

반면에 식해는 생선生鮮에 약간의 소금과 밥을 섞어 숙성熟成시킨 식품食品을 말한다. 식혜와 이름이 비슷해 혼동混同되지만 '식해'의 '해'는 한자로 '젓갈'을 뜻하는 醢[젓갈 해]자고, '식혜'의 '혜'는 한자로 '초'를 뜻하는 醯[초 혜]자다.

소전 醢자

소전 醯자

옛날 서당書堂의 훈장訓長들은 바로 그 醢(해)자와 醯(혜)자를 구분해 쓸 수 있느냐로 학동學童들의 한자실력漢字實力을 가늠했다고 한다. 한데 필자筆者 생각에 오늘날 한자를 교육敎育하는 선생님들도 醢(해)자와 醯(혜)자를 어떻게 설명說明하는지를 통해 제대로 한자를 교육하는 이가 되는지 가늠할 수 있다 생각한다. 예컨대 醯자에 덧붙여진 口를 '입'으로 본다면 이는 제대로 교육하는 이가 될 수 없고, 醯자에 덧붙여진 7획의 㐬[깃발 류]자를 𠫓[불쑥 나타날 돌]자의 변형인 6획의 㐬(돌)자로 바꿔 쓰지 않는다면 이 또한 제대로 교육하는 이가 될 수 없다. 醯자에 덧붙여진 口는 고깃덩이를 나타냈고, 醯자에는 '흐르다'의 뜻을 지닌 㐬(돌)자를 덧붙여야지 '깃발'과 관련된 㐬(류)자를 덧붙이면 안 되기 때문이다.

㐬 깃발 류(유), 거칠 황

부수 亠(돼지해머리) 총 획수 7획

1. (깃발 류(유)) 2. 깃발(旗-) 3. 면류관(冕旒冠) 끈

荒(황)·旒(류)와 동자(同字). 旒(동자), 荒(동자)

𠫓 불쑥 나타날 돌

부수 巛(개미허리) 총 획수 6획

1. (아이가)불쑥 나타나다 2. (아이가)갑자기 나오다

𠫓(돌)과 동자(同字). 𠫓(동자)

醯자 관련 자료

고진감래나 감탄고토는

쓴맛이 나는 씀바귀

"달다 쓰다 말이 없다"는 속담俗談에서 보듯 단맛의 상대相對로 여기는 맛은 쓴맛이다. 그렇게 상대가 되는 맛으로 여기기 때문인지 '달다'의 甘자는 '쓰다'의 苦[쓸 고]자와 어울려 甘呑苦吐(감탄고토)[6]나 苦盡甘來(고진감래)[7]에서처럼 쓰이기도 한다.

甘呑苦吐는 '달면[甘] 삼키고[呑] 쓰면[苦] 뱉는다[吐]'라는 의미로, 자신의 비위脾胃에 따라서 사리事理의 옳고 그름을 판단判斷함을 이르는 말이다.

苦盡甘來는 '쓴[苦] 것이 다하면[盡] 단[甘] 것이 온다[來]'라는 의미로, 고생苦生 끝에 즐거움이 온다 함을 이르는 말이다. 興盡悲來(흥진비래)와 비슷한 말이다.

甘자는 '달게 여기다'의 뜻을 지니기도

말라 버린 샘

나아가 甘자는 '달다'에서 그 의미가 확대되면서 '달게 여기다'의 뜻을 지니기도 한다. 따라서 甘井(감정)[8]은 '달게 여기며[甘] 마실 수 있는 물이 나는 우물[井]'이며, 그렇게 '달게 여기며[甘] 마실 수 있는 물이 나는 우물[井]이 먼저[先] 마르다[竭]'라는 말이 甘井先竭(감정선갈)[9]이다. 甘井先竭은 재주가 뛰어난 사람이 일찍 쇠衰함을 비유적比喩的으로 이르는 말이기도 하다.

또 甘井先竭은 '우물'을 뜻하는 井[우물 정]자 대신에 '샘'을 뜻하는 泉[샘 천]자로 바꿔 甘泉先竭(감천선갈)이라 하기도 한다.

아울러 '남의 비위에 맞춰 행하는 달게 여기는[甘] 말[言]'은 甘言(감언)[10]이고, 이는 '이롭게 여기는[利] 말[說]'인 利說(이설)과 어울려 甘言利說(감언이설)[11]로 활용되고 있다. 따라서 甘言利說은 '달게 여기는[甘] 말[言]과 이롭게 여기는[利] 말[說]'로 귀가 솔깃하도록 남을 꾄다는 의미를 지니게 되었다. "이언방 처를 불러 감언이설로 달래 보겠소만, 보나 마나 헛수고일 게 틀림없소『변방에 우짖는 새(현기영)』"에서처럼 활용되고 있다.

그 외에 '책망이나 괴로움 따위를 달게 여겨[甘] 받아[受]들이다'라는 의미를 지닌 甘受(감수)[12]의 甘자도 '달게 여기다'의 뜻으로 쓰이고 있다. "그 배에 타고 있는 모든 사람들은 함께 파선의 운명을 감수해야만 할 것이다『조율사(이청준)』"나 "제가 어떤 수모도 감수하고라도 이 댁으로 장가들고 싶어 한다고 생각하진 마십시오『미망(박완서)』"에서처럼 활용되고 있다.

車 [수레 거(차)] 나는 바퀴를 보면 굴리고 싶어진다

나는 바퀴를 보면 굴리고 싶어진다.
자전거 유모차 리어카아의 바퀴
마차의 바퀴
굴러가는 바퀴도 굴리고 싶어진다.
가쁜 언덕길을 오를 때
자동차 바퀴도 굴리고 싶어진다.

고구려 오회분 벽화의 제륜신

황동규黃東奎 시인詩人의 「나는 바퀴를 보면 굴리고 싶어진다」는 시詩 일부一部다. 아마도 시인은 시를 통해 바퀴를 굴리고 굴려 사람과 사람을 연결連結시키고, 좀 더 나은 세상世上으로 가고 싶어 한 것으로 보인다.

수레는 인류의 역사를 바꾼 문명의 원동력

사실 바퀴로 인해 인류人類 문명文明은 좀 더 나은 곳으로 계속 발전發展해 왔다. 그렇게 문명을 이룩하는 데 중요한 역할役

고구려 안악3호분 벽화의 수레

割을 한 바퀴는 수레와 밀접密接한 관련이 있다. 바퀴 없는 수레가 없기 때문이다.

그런 바퀴가 달린 수레를 인류가 발명發明하지 못하고, 다시 수레에서 자동차自動車로 진화進化하지 못했다면 오늘날 우리는 어떤 삶을 살고 있을까?

수레는 인류에게 많은 것을 선물膳物해 주었다. 빠른 이동移動을 가능可能케 하는 속력速力을 주었고, 노동력勞動力을 줄여 여유餘裕롭게 해 주었으며, 이동의 폭幅을 넓혀 인류가 서로의 지혜智慧와 경험經驗을 모아 소통疏通할 수 있게 해 주었다.

그렇게 수레가 있었기 때문에 인류는 빠른 속도速度로 서로 교감交感할 수 있게 되었고, 자유로운 시간을 얻어 지식知識의 전문화專門化를 이룰 수 있게 되었고, 서로 소통한 지식과 경험을 바탕으로 더 나은 문명을 탄생시킬 수 있는 중요한 조건들을 마련할 수 있게 되었다. 그렇기 때문에 수레는 인류의 역사歷史를 바꾼 문명의 원동력原動力이라 할 수 있다.

갑골문 車자

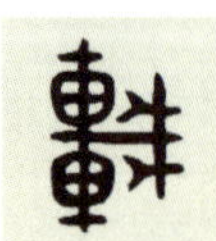

금문 車자

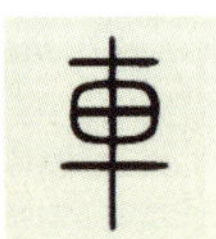

소전 車자

車자는 적과 싸우기 위해 만들어진 수레

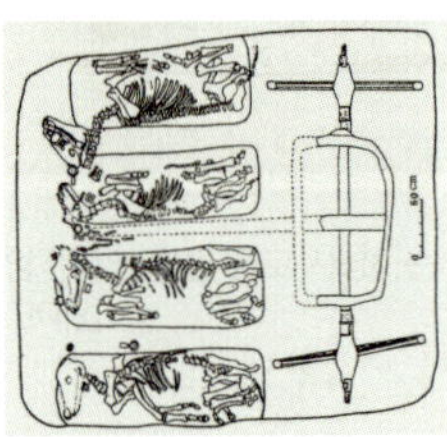

고대의 전차(병거)

車[수레 거(차)]자는 바로 그 '수레'를 뜻하는 한자다. 한데 최초最初의 수레는 사람이 편便하게 이동하거나 많고 무거운 짐을 한꺼번에 옮기기 위해 만들어진 것이 아니었다. 적敵과 싸우기 위해 만들어진 수레인 전차戰車였다. 마치 초패왕楚霸王 항우項羽와 한고조漢高祖 유방劉邦의 싸움을 놀이로 만든 장기판將棋

板의 '車'와 같은 역할을 한 것이다.

車자를 달리 복잡複雜하게 쓴 轟[수레 거(차)]자로 봐도 戰車와 관련이 있음을 미뤄 짐작할 수 있다. 轟자는 두 전차[車]에서 창[戈]을 들고 서로 싸우는 戰車戰(전차전)을 표현한 글자기 때문이다.

장기판의 車

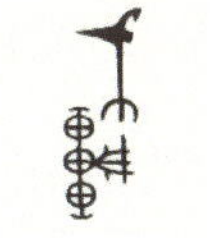
금문 車자

말이 끄는 수레

'적과 싸우기[戰] 위한 수레[車]'인 戰車(전차)[1]는 '말[馬]이 끄는 수레[車]'인 馬車(마차)[2]였다. 그렇게 말에게 수레를 끌게 하면서 힘센 동력動力과 빠른 속도速度를 이용利用했다. 힘세게 빨리 달리는 수레는 전투戰鬪에서 큰 역할을 했다. 말이 끄는 수레는 고대古代에 나라의 흥망興亡을 좌우左右하는 강력強力한 무기武器가 되었던 것이다.

고대의 전차

그러나 전차전戰車戰에 동원動員된 馬車는 후대後代에 전투에서 더 기민機敏하게 움직이며 싸울 수 있는 기마전騎馬戰으로 바뀌었고, 다시 전투에 화약火藥을 이용한 총銃이 등장登場하자 결국 사람이 이동移動을 하거나 짐을 운반運搬하기 위한 수레로 바뀌었다.

기마전

따라서 馬車는 이후以後에 전투戰鬪와 관련이 없는 驛馬車(역마차)·銀馬車(은마차)·黃金馬車(황금마차)·布帳馬車(포장마차)·回轉馬車(회전마차) 등으로 활용活用되었다.

또 馬車는 바퀴 수數에 따라 二輪馬車(이륜마차)·四輪馬車(사

진시황릉의 사두마차

륜마차) 등으로 나누고 있으며, 馬車를 끄는 말의 수에 따라 雙頭馬車(쌍두마차)·三頭馬車(삼두마차)·四頭馬車(사두마차) 등으로 나누고 있다.

20세기 이후는 '자동차의 시대'

세계 최초 증기기관 자동차

최초의 국산 자동차 '시발'

나아가 馬車는 처음 만들어진 이래 지속적持續的으로 사용되어 왔으나 이를 개선改善하려는 의도意圖에 의해 증기[汽]로 '스스로[自] 움직이는[動] 수레[車]'인 自動車(자동차)[3]와 '증기[汽]를 동력원動力源으로 삼는 기계 기관機關이 있는 기관차[車]'인 汽車(기차)[4]의 발명發明이 이뤄지자 그 운송수단運送手段으로서의 역할이 쇠퇴하게 되었다. 하지만 馬車의 구조構造는 그대로 증기蒸氣를 이용한 自動車나 汽車로 계승繼承되었다. 다만 말 대신에 증기 기관만 바뀐 것이다. 그렇게 말이나 사람의 힘에 의존하지 않고 증기의 힘만으로 이동을 할 수 있는 수레가 만들어지면서 인류人類의 문명文明은 더욱 발전되었다.

나아가 증기를 이용한 自動車는 다시 기름을 이용한 自動車로 바뀌면서 더욱 발전되어 오늘날의 自動車로 이어지고 있다. 결국 20세기世紀 이후는 '자동차의 시대'라 할 수 있게 되었다.

따라서 오늘날에는 그 형태나 쓰임에 따라 다양한 自動車가 존재存在하고 있다. 撒水車(살수차)·救急車(구급차)·牽引車(견인차)·靈柩車(영구차)·葬禮車(장례차)·消防車(소방차)·給水車(급수차)·觀光車(관광차)·防彈車(방탄차)·官用車(관용차)·無蓋車(무개

차)·通勤車(통근차)·寢臺車(침대차)·冷凍車(냉동차)·軍用車(군용차)·除雪車(제설차)·警察車(경찰차)·護送車(호송차)·油槽車(유조차)·食堂車(식당차)·貨物車(화물차)·用達車(용달차)·輸送車(수송차)·消毒車(소독차)·裝甲車(장갑차)·淸掃車(청소차)·國民車(국민차) 등이 그런 차들이다.

여러 유형의 차 관련 공익광고

뿐만 아니라 自動車는 타는 사람의 수數에 따라 乘用車(승용차)[5]와 乘合車(승합차)[6]로 구분하기도 한다. 원래 乘用車나 乘合車는 쓰이는 한자에 어떤 구분區分을 주는 의미意味가 부여附與되어 있지 않았으나 관련 법法에서 구분을 두면서 두 말의 의미에 차이差異가 생겼다.

12인승 승합차

乘用車는 '사람이 타고[乘] 다니는 데 쓰는[用] 차[車]'를 모두 이르나 관련 법에서 乘合車와 구분하며 10인까지 타는 차량을 이른다. 반면에 乘合車는 '乘用車 중에 더 많은 사람을 합하여[合] 태울[乘] 수 있는 차[車]'로, 11인 이상이 타는 차량車輛을 이른다.

수레가 아님에도 車자를 덧붙인 말

그 외에 車자는 바퀴를 이용해 굴러다니는 指南車(지남차)[7]에서도 그 쓰임을 살펴볼 수 있다.

지남차

指南車는 '수레 바탕 위에 신선神仙의 목상木像을 얹고, 그 손가락이 달리는 방향方向과 관계없이 늘 남쪽[南]을 가리키게[指] 만든 수레[車]'를 말한다.

指南車는 방향을 쉽게 알기 어렵던 옛날 전쟁터 등에서 방향을 자동自動으로 인식認識하는 데 매우 쓸모 있게 사용된 기구機構였다. 넓은 평원平原에서 방향을 잘못 알아 적진敵陣으로 향하는 일이 없도록 하는 데 사용했던 것이다.

방추차 이용 모습(『농서』)

나아가 땅 위를 굴러다니는 수레가 아님에도 車자를 덧붙인 한자어漢字語가 있다. 이들 말은 바퀴를 장치裝置하여 움직임을 일으키는 물체物體와 관련이 있다. 그것이 바로 紡錘車(방추차)[8]·風車(풍차)[9]·拍車(박차)[10]·飛車(비거)[11]다.

가락바퀴(방추차)

紡錘車는 '길쌈[紡]을 하기 위해 긴 막대인 가락을 드리워[錘] 바퀴[車]를 끼운 도구道具'로, 고대古代에 실을 뽑을 때 사용했다. 달리 '가락바퀴'라 하기도 한다.

〈잔담 근처의 풍차〉(클로드 모네)

風車는 '바람[風]을 이용하기 위해 얇은 판으로 된 날개를 달고 있는 큰 바퀴[車]가 있는 건조물建造物'로, 바람으로 날개를 회전回轉시켜 생기는 힘으로 물을 퍼내거나 곡물을 찧는 데 이용하고 있다. 곧 바람의 힘을 기계적機械的인 힘으로 바꾸는 장치裝置다.

말에 박차를 가하는 모습

拍車는 '말의 배를 치는[拍] 신발 뒤축 부근附近에 달려 있는 톱니바퀴[車] 모양의 물건物件'으로, 말을 빨리 달리게 하려 할 때에 사용한다. '어떤 일을 촉진促進하려고 더하는 힘'을 의미하는 말인 "박차를 가하다"와 같은 표현에서 그 쓰임을 엿볼 수 있다.

飛車는 '공중으로 사람이 타고 날[飛] 수 있게 만든 수레[車]와 같은 물체'로, 원시적原始的인 형태의 비행기飛行機라 할 수 있다.

임진왜란壬辰倭亂 때에 정평구鄭平九라는 사람이 발명해 진주성晉州城이 왜군倭軍에 포위包圍되자 성주城主를 태우고 약 10m 높이로 날아가 30리 밖에 이르러 내렸다는 설說도 있고, 포위된 진주성을 구원救援하기 위해 이것을 타고 가서 구원병救援兵을 요청要請했다는 설도 있다. 정확正確한 형태形態와 구조構造는 전傳하지 않고 있다.

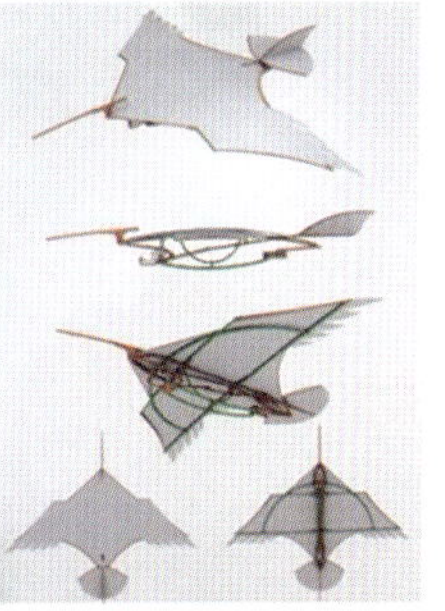

비거 설계안

비거

車자는 '차'와 '거'의 두 음으로 읽히는 한자

한데 車자는 위에서 살펴본 戰車·馬車·自動車·汽車·乘用車·乘合車·指南車·紡錘車·風車·拍車에서 모두 그 음音을 '차'로 읽고 있고, 飛車에서만큼은 그 음을 '거'로 읽고 있다. 車자는 '차'와 '거'의 두 음으로 읽히는 한자기 때문이다.

원래 한자는 한 글자, 한 음音의 원칙하原則下에 만들어졌다. 그러나 시대時代가 바뀌고 언어사회言語社會가 복잡해짐에 따라 점차 인간人間이 표현하고자 하는 광범위廣範圍하고 풍부豐富한 사상思想이나 감정感情을 제한制限된 한 음만으로 표현表現하기에 적지 않은 불편不便이 따르게 되었다. 따라서 한자 하나를 가지고 다른 음으로 활용活用될 수 없을까 하는 생각이 싹트게 되었고, 그것이 바로 車자처럼 글자는 같지만 음이 다른 동자이음同字異音으로까지 확대擴大되었다.

그런데 일반적一般的으로 車자는 동물動物이나 기계機械의 힘으로 움직이는 경우에 '차'로, 사람의 힘으로 움직여야 하는 경

자전거도 엄연히 차 관련 공익광고

우에 '거'로 읽는다. 따라서 飛車는 人力車(인력거)나 自轉車(자전거)처럼 사람의 힘도 이용했음을 미뤄 짐작할 수 있다.

다만 乳母車(유모차)처럼 예외적例外的인 경우도 있는데, 오늘날 乳母車는 乳兒車(유아차)로 달리 이르기도 한다. 이는 乳母車의 乳母(유모)가 남의 아이에게 그 어머니 대신 젖을 먹여 주는 여자를 이르는 말이기 때문이다. 게다가 그 말 자체自體에 '아버지[父]'가 없이 '어머니[母]'의 의미만 있어 평등平等 육아育兒의 개념槪念이 담겨 있지 않아 성차별적性差別的 요소要素가 있는 표현이라 여겨졌기에 그처럼 바꿔 이르게 된 명칭名稱이다.

유아차를 끌고 가는 부부 모습

개모차를 끌고 가는 부부 모습

한데 오늘날은 저출산현상低出産現象이 심화深化되고, 반려동물伴侶動物을 키우는 사람이 늘면서 유아가 타는 乳兒車가 반려동물이 타는 乳兒車로 바뀌고 있다. 그처럼 반려동물이 타는 乳兒車를 달리 '개모차'라고도 하는데, 오늘날은 그 개모차가 乳母車보다 더 많이 팔리고 있다 한다. 나그네가 주인 노릇 하는 꼴이 된 것이다.

아울러 車자는 '정거'로도 읽히고, '정차'로도 읽히는 停車(정거·정차)[12]의 말에서처럼 동시에 두 음으로도 쓰이고 있다. 하지만 停車場(정거장)[13]은 주로 '정거장'으로 읽히고 있다. 해서 宇宙停車場(우주정거장)도 '우주정거장'으로 읽힌다.

손님을 기다리는 인력거

停車는 '수레[車]를 멈추다[停]'라는 말이고, 停車場은 '수레[車]를 멈추는[停] 곳[場]'이라 말할 수 있다. 하지만 원래 停車場은 人力車와 같은 수레가 운행運行하다 멈추는 곳이 아니라 수레가 출발出發하는 곳이었다. 손님을 태우기 위해 수레를 멈추고 기다리는 일정一定한 곳이었던 것이다. 그곳 停車場에 손님이 타고 갈 수레를 찾아서 오면 수레를 끄는 사람은 손님을 태우고 손님이 원하는 곳까지 가게 된다. 이때 손님을 태우고 가서 원하는 곳에 停車는 하겠지만 그곳이 停車場이 되는 것은 아니다. 만일 停車場이 출발하는 곳이 아니라 운행하다 멈춰 선 곳이라면 宇宙停車場에 있는 사람은 멈춰 선 그곳에서 죽을 때까지 우주宇宙의 고아孤兒가 된다고 볼 수도 있다.

인력거를 끌고 있는 모습

우주정거장

한자어인데 예외로 사이시옷을 받쳐 쓰는 여섯 말

나아가 車자는 우리말 음운현상音韻現象의 영향을 받아 '차'나 '거'가 아닌 '찻'으로 표기表記하기도 한다. 그것이 '찻간'으로 적는 '車間'이다.

사실 우리말 합성어合成語에서 뒷말의 첫소리가 된소리로 나면 사이시옷을 받쳐 쓰게 되어 있다. 그러나 한자어漢字語, 즉 한자漢字로만 이뤄진 말에는 사이시옷을 받치지 않는 것이 원칙原則이다. 따라서 代價는 '댓가'로 읽혀도 '대가', 個數는 '갯수'로 읽혀도 '개수', 利點은 '잇점'으로 읽혀도 '이점', 焦點은 '촛점'으로 읽혀도 '초점'으로 표기한다.

하지만 같은 한자어인데 예외例外로 사이시옷을 받쳐 쓰는 여섯 말이 있다. 그것이 바로 車間과 더불어 '庫間·貰房·數字·退間·回數'이다. 따라서 이들은 모두 사이시옷을 받쳐 '곳간·셋방·숫자·툇간·횟수'로 표기해야 한다. 시험에 종종 나오고 있으니 이를 잘 기억해 둠이 좋겠다.

犬 [개 견]

개도 주인을 알아본다

〈소녀와 개가 있는 작은 신전〉

방 안에 우리 둘이 있다.
나의 개와 나……
바깥에선 두려운 폭풍우가 아우성을 친다.
개는 내 앞에 앉아 내 앞에 앉아
내 얼굴을 똑 바로 들여다본다.
그는 나에게 무엇인지 말하고 싶은 듯하다.

러시아 문호 투르게네프

수주樹州 변영로卞榮魯 시인詩人이 번역飜譯한 러시아 문호文豪 투르게네프Turgenev의 시詩 「개」의 일부一部다. 그 시에 등장登場하는 개는 야생동물野生動物 가운데 가장 먼저 사람에게 길들여졌다. 그처럼 길들여진 개는 오랜 세월歲月을 통해 자신自身의 주인主人을 잘 따르는 동물動物이 되었다.

속담俗談에 "개도 주인을 알아본다", "개도 닷새가 되면 주인을 안다", "개도 제 주인을 보면 꼬리 친다"라는 내용內容을 살피면 개가 얼마나 사람을 잘 따르는 짐승인지 미뤄 짐작斟酌할 수 있다.

개 팔자가 상팔자

가족사진 속의 반려견

그렇게 사람을 잘 따르는 개는 오늘날 애완견愛玩犬으로만이 아닌 반려견伴侶犬으로까지 여겨지고 있다. 예전에는 사람들이 개를 마당에서 길렀는데, 요즘 우리나라 사람의 주요主要 거주居住 공간空間이 아파트로 바뀌면서 집 안으로 들어온 개는 새로운 환경環境 속에서 그 역할役割이 달라져 伴侶犬이 된 것이다. 가족사진家族寫眞에 할아버지와 할머니는 빠져도 개는 빠지지 않을 정도다. 심지어 개를 위한 호텔이 있고, 유산遺産을 상속相續받기까지 한다.

속담에 "개 팔자가 상팔자"라는 말이 있는데, 이제는 정말로 개가 상팔자上八字가 된 시대時代가 온 것이다. 과거에는 부정적否定的으로 사용했던 말인 '개 같은 내 인생'도 이젠 그 의미가 바뀌고, 나아가 '개가 되고 싶은 내 인생'이란 말이 나올 지경이다. 하지만 사람이 개가 되어서는 안 된다. 개는 어디까지나 개일 뿐이기 때문이다.

犬자는 개를 나타낸 한자

갑골문 犬자

금문 犬자

소전 犬자

犬[개 견]자는 바로 그 '개'를 뜻하는 한자다. 갑골문甲骨文 자형字形으로 살피면 두 귀가 있는 머리와 몸체에 이어진 다리와 꼬리가

글자를 쓴 대쪽

이미 간략簡略한 선線으로 표현表現된 개를 세워서 나타내고 있다. 옛날에는 세로로 길게 된 대쪽에 글자를 썼기 때문에 세워진 형태形態로 표현한 것이다. 하지만 금문金文 자형의 일부는 세워 쓰지 않고 있다.

개의 조상은 야생의 늑대

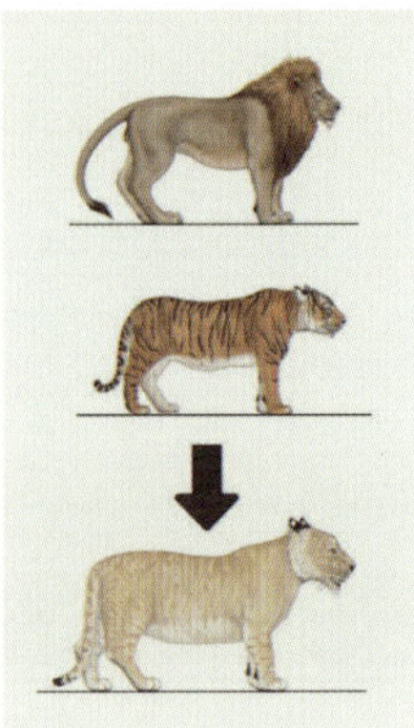

수컷 사자와 암컷 범에서
태어나는 라이거

개의 조상祖上은 야생野生 늑대로 알려져 있다. 그 늑대를 가축家畜인 개로 길들인 것이다. 따라서 개와 늑대는 완전히 같은 종種이다. 같은 종인지 아닌지 여부與否는 보통 두 존재存在 사이에서 태어난 2세대二世代가 생식능력生殖能力을 가지고 있는지에 달려 있다. 같은 고양잇과 동물이라도 서로 다른 종인 사자와 범의 교배종交配種인 라이거liger는 생식능력이 없다. 말과 당나귀의 교배종인 노새도 마찬가지다.

반면에 늑대와 개는 같은 종이기에 이들 사이에는 번식繁殖에 아무런 문제가 없다. 늑대와 개를 교배시켜 태어난 것이 늑대개인데, 늑대개는 생식능력이 있다. 그런 개를 달리 '울프독wolfdog'이라 한다.

울프독

견공과 충견과 의견

그렇게 원래 야생의 늑대였던 개는 오늘날 사람과 친밀親密

해지면서 집을 잘 지키기 때문에 대접待接을 받아 충무공忠武公처럼 존칭尊稱을 할 때 덧붙이는 公(공)자를 써서 犬公(견공)이라 한다. 마치 소를 우공牛公이라 하는 것처럼……. 집 안에서 주인공主人公과 같은 대접을 받고 있는 것이다. 반면에 '개[犬]의 주인[主]'은 犬主(견주)[1]라 한다. 그 말로 보면 왠지 犬公이 犬主보다 더 대접을 받는 명칭名稱으로 여겨진다.

집 안의 견공

오수견 의견비

개가 그처럼 대접을 받는 것은 주인에게 충성忠誠스럽고 의義롭게 행동하는 존재存在로 정평定評이 나 있기 때문이다. 따라서 그런 개를 두고 '충성스러운[忠] 개[犬]'라 하여 忠犬(충견)[2]이라 하기도 하고, '의로운[義] 개[犬]'라 하여 義犬(의견)[3]이라 하기도 한다.

충견으로 알려져 있는 진도견·진돗개·진도개

우리나라는 '오랜 옛날부터 우리 땅[土]에서 길러 오던 고유한 품종[種]의 개[犬]'인 土種犬(토종견)[4]이 있다. 그 土種犬 가운데 忠犬으로 알려져 있는 '진도[珍島]의 개[犬]'가 바로 珍島犬(진도견)[5]이다.

진도견(진돗개·진도개)

珍島犬은 털색이 누런 갈색 또는 흰색이고, 귀는 뾰족하게 서 있으며 꼬리가 위로 말려 있다. 천연기념물天然記念物 제53호로 지정되어 있다. 영리怜悧하고 귀소본능歸巢本能이 뛰어난데, 첫 정情을 준 주인主人을 잊지 않아 강아지 때부터 기르지 않고 다

진도의 돌아온 백구상

자란 개로 다른 주인에게 갔을 경우에 먼 거리를 마다하지 않고 다시 원래 주인에게 돌아가는 일이 종종 일어날 정도로 충성심忠誠心이 강強하다.

실제로 진도에는 그런 개를 기리는 '돌아온 백구' 동상銅像이 있다. 그 珍島犬은 주인이 강아지 때부터 기르던 5년생 암컷이었는데, 대전大田 지역의 한 애견가愛犬家에게 팔려 갔다 7개월 만에 800리 길을 되돌아 뼈만 앙상한 채 옛 주인집으로 돌아와 전국적全國的 관심을 모았다.

MBC뉴스 캡처 일부
(2021.10.30)

한데 珍島犬은 '진돗개'나 '진도개'로도 불리고 있다. 하지만 그 쓰임에 약간의 차이差異가 있다. '진돗개'는 품종品種 전체全體를 일컫는 표현이고, '진도개'는 진도에 사는 천연기념물로 법적法的인 조건條件을 충족充足시킨 개를 말한다. 「한국진도개 보호·육성법(진도개법)」에 규정規定된 진도개의 조건은 출생지出生地가 진도인 개 중에 추가追加 인증認證을 받은 개체個體여야 한다. 생후生後 6개월이 지났을 때 진도珍島 군수郡守가 미리 고시告示한 혈통血統·체형體型·외모外貌 등을 충족해야 한다. 진도에서 태어났더라도 그 기준基準에 미달未達되면 섬 밖으로 반출搬出된다.

아울러 한 번 '진도개'로 인정認定을 받으면 쉽게 섬 밖으로 나가기도 어렵다. 문화재청장文化財廳長과 진도 군수郡守의 허락許諾을 받아야 한다. 분양分讓 또한 진도 군청郡廳에서 지정指定·관리管理하는 진도군 소재所在 28개 사육장飼育場에서만 제한적制限的으로 이뤄진다. 2021년도에는 4,000여 마리의 '진도개'가 천연기념물로 지정되어 진도에 살았다.

'범을 잡는다'는 풍산견

풍산견

남한南韓에서 바로 그 珍島犬(진돗개·진도개)이 유명有名하다고 하면 북한北韓에는 '범을 잡는다'는 '함경남도咸鏡南道 풍산[豐山]의 개[犬]'인 豐山犬(풍산견)[6]이 유명하다. 북한의 천연기념물로 지정指定되어 있다.

함경남도 풍산

豐山犬은 우리나라 土種犬 가운데 유전적遺傳的으로 보면 늑대와 가장 가까운 개로, 두세 마리가 협공挾攻해 범을 잡는다고 알려져 있다.

아울러 우리나라 土種犬으로는 귀신鬼神을 쫓는다는 삽살견(삽살개)과 꼬리가 없거나 짧은 東京犬(동경견), 주인의 주변에 난 들불을 끄고 죽었다는 義犬인 獒樹犬(오수견) 등이 있다.

〈삽살개〉(안중식)

얼마 전에 우리나라에서 오랜 세월歲月 살아온 土種犬인 삽살견과 東京犬이 珍島犬과 더불어 95% 이상 유전구조遺傳構造(DNA)가 같은 모양을 띠고 있다는 분석分析 결과結果가 있었다. 이로 볼 때 그 土種犬들은 '형제兄弟 사이'란 사실事實을 알 수 있다.

똥개도 백 마리면 범을 잡는다

잡종견 변견

순수純粹 혈통血統을 중시重視하는 土種犬과 달리 '여러 혈통이 섞인[雜] 품종[種]의 개[犬]'는 雜種犬(잡종견)[7]이라 한다.

雜種犬은 '똥[便] 먹는 개[犬]'라 하여 흔히 便犬(변견)[8]이라 하

고종 어진

기도 한다. 그냥 우리말로 하면 '똥개'라 하며, 대부분의 사람에 의해 무시無視당하고 있다. 하지만 북한北韓 속담俗談에 "똥개도 백 마리면 범을 잡는다"고 했다. 못나더라도 여럿이 합쳐 큰일을 할 수 있다는 뜻이다.

'똥개'는 나이 많은 어른들이 자신의 어린 자식이나 손주를 부르는 말로도 흔히 쓰이고 있다. 이는 '천한 이름이 복이 된다'는 천명위복賤名爲福의 생각을 가지고 소중한 자손子孫이 해害를 당하거나 부정不淨을 타지 않도록 일부러 그렇게 부른 것이다. 귀貴한 이름을 쓰면 이를 시기猜忌한 귀신鬼神이 저세상으로 빨리 데려간다고 보았기 때문이다. 아울러 똥개는 전염병傳染病이 자주 창궐猖獗했던 옛날에 병치레 없이 잘 자라는 동물動物이기도 했기 때문이다. 알려져 있듯 조선시대朝鮮時代 고종高宗을 어렸을 때 '똥개'보다 못한 '개똥'으로 불렀던 것도 같은 이유에서다.

변견으로 만든 '개장국'이 '육개장'으로

〈기산풍속도〉(김준근)의 개 도살자

먹을 것이 부족했던 옛날에 고기는 무척 귀한 존재存在였다. 특히 가축家畜인 便犬은 무더운 여름 힘든 농사일에 지친 심신心身을 달래 주는 음식을 만드는 데 값어치 있게 활용活用된 고기였다. 그렇게 便犬은 옛사람들에게 소중한 동물성動物性 단백질원蛋白質原이 되어 주었다.

속담俗談 "복날 개잡듯"이나 "복달임에 죽을 개 끌듯"에서 무더운 복날에 便犬을 잡아 동네 사람들이 나눠 먹었음을 알 수 있다. 하지만 오늘날은 먹을 것이 흔한 세상世上이 되었다. 음식문화飮食文化에도 변화變化가 필요한 때가 된 것이다. 바로 그 便犬으로 만든 음식인 '개장국'이 '육개장'으로 변했듯…….

'육개장'을 잘못 쓴 간판

육개장은 개장국과 같은 방식方式으로 만들지만, 便犬으로 만든 음식을 먹기 저어하는 사람들이 우육牛肉인 소고기로 바꿔서 만든 음식이다. 따라서 '개장국'의 '개장' 앞에 '우육牛肉'의 '육肉'을 덧붙여 '육개장'이라 한 것이다. 닭을 '개장국'처럼 끓인 '닭개장'도 직접 '닭'을 앞에 덧붙여 쓰고 있다.

육개장 컵라면

적지 않은 이들이 '육개장'을 '육계장'으로, '닭개장'을 '닭계장'으로 잘못 알고 있는데 이참에 바른 표기表記를 알아 두어야 하겠다.

변견으로 키우는 황견

예전에 便犬으로 개장국을 만들어 먹을 때는 '털빛이 누런[黃] 개[犬]'를 최고最高로 쳤는데, 그런 개를 黃犬(황견)[9]이라 한다. 지난날 집 안 마당에서 便犬으로 키우는 黃犬이 흔했던 것도 그 때문일 것이다.

마당에서 키우는 황견

그렇게 흔한 黃犬을 대수롭지 않게 여긴 것일까? 黃犬契約(황견계약)[10]은 '노동조합勞動組合에 가입加入하지 않거나 탈퇴脫退할 것을 고용雇傭 조건條件으로 하는 노동勞動 계약契約'을 말한다. 黃犬과 같은 便犬이 사람을 잘 따르는 성정性情을 지닌 데서 복종服從과 종속從屬을 의미해 黃犬契約이란 말에 활용한 것이다. 하지만 黃犬契約은 부당노동행위不當勞動行爲이며, 불법不法으로 규정規定되어 있다.

애완견과 반려견

마당에서 키우는 便犬과 달리 오늘날 주로 '사람 가까이 실내室內에서 기르며 사랑[愛]을 주고 함께 놀기[玩]도 하는 개[犬]'가 愛玩犬(애완견)[11]이다.

핵가족화核家族化하면서 식구食口가 단출해지자 집 안의 허전한 공간을 비글·닥스훈트·푸들·치와와·말티즈·스피츠·요크셔테리어 등이 대신代身 채우고 있는 것이다. 나아가 이들은 '한 가족家族처럼 여기며 더불어 세상을 살아가는 데 짝[伴侶]이 되는 개[犬]'로 여긴 데서 伴侶犬(반려견)[12]이라 하기도 한다.

문제問題는 적잖은 사람들이 아파트나 연립주택聯立住宅에 伴侶犬을 두면서 소음騷音이 생기는 것이다. '위나 아래의 층[層]

여러 종류의 애완견

으로 전해지는 개[犬] 짖는 시끄러운[騷] 소리[音]'인 層犬騷音(층견소음)[13]이 사회적社會的 문제가 되고 있기 때문이다. 해서 모든 이가 그런 伴侶犬을 반기는 게 아님을 알아 두어야 하겠다.

층견소음

또 배변排便을 못 가린다 하여, 자주 짖는다 하여, 주인을 문다 하여, 병에 걸렸다 하여 '내다 버린[遺棄] 개[犬]'인 遺棄犬(유기견)[14]도 심각한 문제가 되고 있다.

유기되는 개

우리나라에서 키우고 있는 伴侶犬의 상당수相當數가 결국 遺棄犬이 되는데, 최근 정부政府 통계統計에 따르면 연간年間 10만 마리에 가까운 개가 버려지고 있다고 한다. 처음 개를 입양入養한 주인主人이 죽을 때까지 책임지고 기르는 경우는 단 12%에 불과不過한 것으로 알려져 있다.

이렇게 유기遺棄하는 사람은 개를 자신을 위한 장난감, 즉 유희遊戲의 수단手段으로만 생각하기 때문이다. 살아있는 생명체生命體에 책임감責任感을 가져야 할 것이다.

개는 사냥을 하는 데도 이용

개는 사람 가까이서 집을 지키는 역할役割을 하며, 함께 놀면서 伴侶犬으로 삼기도 하지만, 예부터 사냥을 하는 데도 이용利用했다.

멧돼지와 싸우는 엽견

그렇게 '사냥[獵]을 하는 개[犬]'를 獵犬(엽견)[15]이라 한다. 오늘날 獵犬은 주로 꿩이나 멧돼지 등을 사냥하는 데 엽사獵師들이 데리고 다닌다.

견원지간

길들여진 개와 원숭이

獵犬으로 이용된 개가 기어다니는 짐승을 만나면 서로 치고 받고 싸울 수밖에 없어 금방今方 결판決判이 나지만, 나무 위에서 활동活動하는 짐승을 만나면 서로 으르렁거리며 한동안 요란擾亂을 피울 수밖에 없다. 그 때문인지 아옹다옹하는 '개[犬]와 원숭이[猿]의[之] 사이[間]'를 犬猿之間(견원지간)[16]이라 한다.

그러나 오늘날 사람에게 길들여진 개와 조련사調練師에게 길들여진 원숭이는 犬猿之間의 의미意味와 거리가 먼 존재存在가 되었다. 서로 만나면 데면데면하거나 오히려 친밀親密하게 지내기 때문이다. 이를 보면 犬猿之間이란 말이 무색無色해지는 상황이라 하겠다.

투견은 동물 학대 행위

도사견을 이용한 투견

〈맹견도〉

나아가 獵犬에 동원動員되는 개의 용맹勇猛함을 이용해 유감遺憾스럽게도 오늘날 일부一部 몰지각沒知覺한 사람들이 몰래 鬪犬(투견)[17]을 행行하기도 한다.

'싸우는[鬪] 개[犬]'인 鬪犬에 사용된 개는 사납기 그지없다. 그런 '사나운[猛] 개[犬]'를 猛犬(맹견)[18]이라 하며, 鬪犬에 이용되는 개로 길들여진 猛犬에는 도사견[土佐犬][19]이 있다.

도사견은 여러 猛犬을 교배交配해 鬪犬으로 유명한 '일본日本의 도사[土佐] 지방에서 새롭게 만들어낸 개[犬]'다. 사실 주인을 잘 따르는데, 주인이나 심지어 자기 새끼까지 무는 개로 잘못 알려져 있다. 제대로 길들이지 못하면 어떤 개든 주인이나 자기 새끼를 무는 猛犬이 될 수 있다.

鬪犬은 동물動物 학대虐待 행위行爲이므로, 우리나라에서는 법法으로 이를 엄격히 금禁하고 있다.

도사견

광견병과 공수증

광견병에 걸린 개

간혹 길들여지지 않았거나 부당不當한 대우待遇를 받은 개에 의해 사람이 물리는 경우가 있다.

더 큰 문제가 되는 경우는 개라면 반드시 받아야 할 예방豫防 접종接種을 하지 않은 개나 야생野生 상태狀態로 돌아간 개에게 물렸을 때다. 그런 개 가운데 '미친[狂] 증세를 갖고 있는 개[犬]'인 狂犬(광견)[20]이 있고, 사람이 이에 물리면 자칫 狂犬病(광견병)[21]에 걸리기 때문이다. '미친[狂] 증세를 갖고 있는 개[犬]의 병[病]'인 狂犬病에 걸리면 기도氣道가 축소縮小되어 물을 먹을 때 심甚한 통증痛症을 느끼게 되기에 물을 두려워하는 증세症勢가 생긴다. 이를 공수증恐水症이라 한다.

촉견폐일과 읍견군폐

〈출문간월도〉(김득신)

개는 대체大體로 낯선 존재를 보면 짖고, 한 마리가 짖으면 주변周邊의 모든 개들이 따라 짖는 습성習性이 있다. 그런 습성과 관련해 이뤄진 말이 바로 蜀犬吠日(촉견폐일)[22]과 邑犬群吠(읍

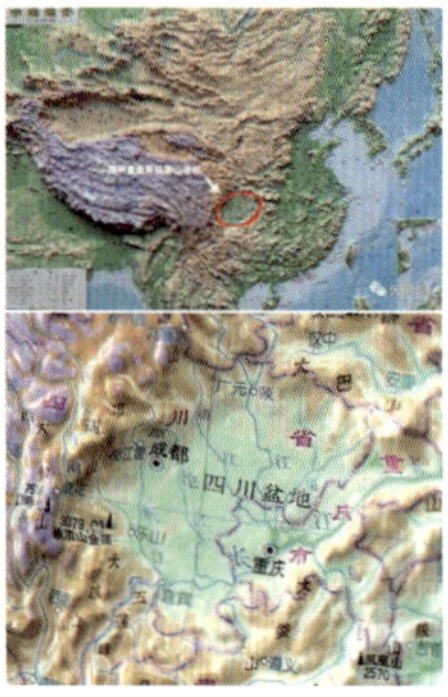

중국 지형도와 촉국 지형

견군폐)[23]다.

蜀犬吠日은 '촉나라[蜀] 개[犬]는 해[日]를 보면 짖는다[吠]'는 의미의 말이다. 사천분지四川盆地를 기반基盤으로 세워진 촉나라는 사면四面이 높은 산山으로 둘러싸여 있기 때문에 해가 늦게 뜨고 빨리 지는 데다 늘 구름과 안개가 짙어 보기가 어려운데, 어쩌다 해가 밝게 뜨면 개가 이를 이상異常하게 여겨 보고 짖는다는 것이다. 식견識見이 좁은 사람이 선善하고 어진 사람을 오히려 비난非難하고 의심疑心한다는 의미로도 쓰이고 있다.

邑犬群吠는 '고을[邑]의 개[犬]가 무리[群] 지어 짖는다[吠]'라는 의미로, 소인小人들이 남을 비방誹謗함을 이르기도 하는 말이다.

어떤 임무를 하도록 부리는 개

안내견

개는 지능知能이 뛰어날 뿐만 아니라 후각嗅覺과 청각聽覺이 발달發達되어 있고, 힘과 지구력持久力까지 지니고 있다. 따라서 오늘날 사람들은 개의 이런 장점長點을 활용活用해 다양多樣한 분야分野에 이용利用하고 있다. 그렇게 이용해 '어떤 임무를 하도록[使] 부리는[役] 개[犬]'를 使役犬(사역견)[24]이라 한다.

그런 使役犬에는 牧羊犬(목양견)·盲導犬(맹도견)·警察犬(경찰견)·救助犬(구조견)·軍用犬(군용견)·狩獵犬(수렵견)·引導犬(인도견)·警備犬(경비견)·探知犬(탐지견)·探索犬(탐색견)·監視犬(감시견)·案內犬(안내견)·搜索犬(수색견)·警護犬(경호견)·檢索犬(검색견)·獻血犬(헌혈견)·競走犬(경주견)·宇宙犬(우주견) 등이 있다.

개를 잘 그렸던 화가인 이암

〈모견도〉(이암)

〈화조구자도〉(이암)

토종 오수개 복원운동 펼친다

'오수견' 관련 기사

뿐만 아니라 犬자처럼 '개'를 뜻하는 또 다른 한자가 狗[개 구]자다. 狗자는 犬자와 똑같게 '개'를 뜻하나 그 크기에 차이差異를 두고 달리 쓰이고 있다. 狗자는 犬자가 뜻하는 개보다 작고 어린 개를 이르기 때문이다. 따라서 '다 크게 자란[成] 개[犬]'는 犬자를 써서 成犬(성견)[25]이라 한다. 그 成犬이 獵犬도 되고, 鬪犬도 되는 것이다.

반면에 속담俗談 "하룻강아지 범 무서운 줄 모른다"의 '하룻강아지'를 한자로 一日之狗(일일지구)라 한 것에서 狗자는 작고 어린 개인 '강아지'를 이르고 있음을 알 수 있다.

조선시대朝鮮時代에 개를 잘 그렸던 화가畫家 이암李巖의 그림 제목題目에서도 이를 잘 구분區分해 쓰고 있음을 엿볼 수 있다.

'어미[母] 개[犬]를 중심으로 그린 그림[圖]'인 母犬圖(모견도)[26]에는 다 큰 개와 관련된 犬자를 쓰고, '꽃[花]과 새[鳥]와 개[狗] 새끼[子]를 그려 놓은 그림[圖]'인 花鳥狗子圖(화조구자도)에는 강아지와 관련된 狗자를 쓰고 있다.

반면에 犬자가 뜻하는 개보다 더 큰 개를 뜻하는 데는 獒[개 오]자를 쓴다. 앞서 언급한 義犬인 獒樹犬(오수견)의 獒[개 오]자에서 그 쓰임을 볼 수 있다.

獒樹犬은 잔칫집에 다녀오다 술에 만취滿醉해 풀밭에 곯아떨어진 주인主人 주변에 마침 들불이 나서 옮겨붙으려 하자 물속에 뛰어들어 온몸에 물을 적신 뒤 풀밭을 구르며 불을 끄고 지쳐 쓰러져 죽었다는 큰 개와 관련이 있다.

이윽고 잠에서 깨어난 주인은 그 죽은 큰 개를 위해 무덤을 만들고 나무 지팡이를 꽂아 놓았는데, 훗날 무덤에 꽂아 놓은 나무 지팡이에 싹이 돋아 큰 나무로 자란 데서 '나무'를 뜻하는 樹[나무 수]자를 덧붙여 그 명칭名稱이 이뤄진 것이다. 이 이야기는 고려시대高麗時代에 최자崔滋가 쓴 『보한집補閑集』에 실려 있다.

見
[볼 견(현)]

돼지 눈에는 돼지만 보인다

사막에서 보는 별

우연히 사막砂漠에 살게 된 한 사람이 있었다. 그러나 메마른 사막에서 외로움을 견디지 못한 그 사람은 마침내 어머니에게 편지便紙를 보냈다.

"어머니, 저는 이제 집으로 돌아가고 싶어요. 이 메마른 사막이 너무 싫어요. 이곳은 사람이 살 만한 곳이 아니에요."

그 사람의 어머니에게서 다음과 같은 답장答狀이 왔다.

"두 사람이 감옥에서 철창 밖을 바라보고 있었다. 한 사람은 황량한 땅을 보았고, 한 사람은 별을 보았다."

어머니가 보내 주신 글의 의미意味를 깨닫게 된 그 사람은 황량荒凉한 땅이 아닌 별을 보기로 했다. 해서 사막에 대해 깊이 연구研究했고, 그 결과 사막 전문가專門家가 되었다.

똑같이 바라보아도 무엇을 바라보느냐, 어떻게 바라보느냐에 따라 그 결과結果가 달라진다. 부처 눈에는 부처만 보이고, 돼지 눈에는 돼지만 보인다. 또 그렇게 보이는 데로 알고 살게 된다.

눈이 보배

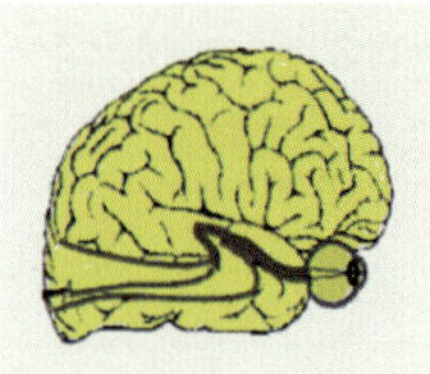
뇌의 일부인 눈

아울러 보아도 마음에 없으면 보이지 않게 된다. 무엇을 보더라도 건성으로 보게 되어 그 실상實相을 제대로 보지 못하기 때문이다. 따라서 분명分明히 보려면 마음에서 무엇을 볼지, 어떻게 볼지 명확明確히 해야 한다. 그렇지 않으면 눈으로 아무리 보아도 제대로 된 성과成果를 거둘 수 없게 된다.

눈은 뇌腦의 일부一部로, 뇌 활동의 70%가량을 담당擔當하는 기관器官이다. 그렇게 많은 역할役割을 하니 예부터 '눈이 보배'라 했다. 하지만 분명히 보아야 한다. 무언가 본다는 것은 그 무언가를 본 데서 끝나는 게 아니라 그 무언가를 제대로 파악把握하는 데까지 이르러야 제대로 보는 것이 된다.

見자는 사람이 눈으로 본다는 한자

옥인

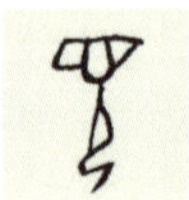
갑골문 見자

금문 見자

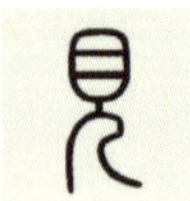
소전 見자

갑골문 目자

갑골문 儿자

한자에서 見[볼 견]자는 바로 그 '보다'를 뜻한다. 오늘날은 눈을 나타낸 目[눈 목]자와 사람을 나타낸 人[사람 인]자를 달리 쓴 儿[어진 사람 인]자가 합쳐진 자형字形으로 쓰이고 있다. 사람[儿] 형상 위에 강조強調하는 눈[目]을 덧붙이면서 사람이 눈으로 무언가 본다 하여 '보다'라는 뜻을 지니게 되었다.

보려고 하는 만큼 볼 수밖에

사람은 보려고 하는 만큼 볼 수밖에 없다. 그렇게 보는데, 우물 밑의 개구리가 하늘을 보는 것처럼 '대롱[管]의 구멍으로 보다[見]'라는 말이 管見(관견)[1]이다.

대롱의 구멍으로 세상世上을 보면 대롱의 구멍만큼 세상을 좁게 볼 수밖에 없으니 管見은 좁은 소견所見을 이르는 말로 쓰이고 있다. 또는 자기 소견을 겸손謙遜하게 이르기도 한다. 우물[井] 밑[底]의[之] 개구리[蛙]를 의미하는 井底之蛙(정저지와)와 같은 말이다. 아울러 坐井觀天(좌정관천)과 같은 말이다.

알려고 하는 만큼 볼 수밖에

유길준과 『서유견문』

또 알려고 하는 만큼 볼 수밖에 없다. 해서 보는 만큼 알게 된다. 그렇게 알기 위해 '직접 보고[見], 그리고 직접 듣는[聞] 것'이 見聞(견문)[2]이다. 흔히 '見聞을 넓히다'라고 하면, 이는 직접 보고 듣기 위해 여행旅行 등을 해 지식知識을 넓힌다는 것을 말한다.

우리나라 최초最初의 일본日本 유학생留學生이자 미국美國 유학생이었던 '조선朝鮮 말기末期 인물人物 유길준兪吉濬이 見聞을 넓히기 위해 미국과 유럽 등의 서방[西]을 노닐며[遊] 보고[見] 들은[聞] 바를 적은 책'이 『西遊見聞(서유견문)[3]』이다.

『西遊見聞』은 국한문혼용체國漢文混用體로 된 기행문紀行文으로, 우리말과 글의 언문일치言文一致에 선구적先驅的 역할을

마르코 폴로와 『동방견문록』

했다. 또 서양西洋의 근대近代 문명文明을 우리나라에 본격적本格的으로 소개紹介하고, 개화사상開化思想에 눈을 뜨게 하여 갑오개혁甲午改革의 사상적思想的 배경背景이 되어 준 책이다.

반면에 서양 사람인 '마르코 폴로Marco Polo가 동방[東方]을 여행하며 보고[見] 들은[聞] 바를 기록한[錄] 책'이 바로 『**東方見聞錄**(동방견문록)[4]』이다.

1271년부터 1295년까지 동방의 여러 나라를 거치고 중국中國에 17년 동안 머무르면서 보고 들은 것을 1298년부터 1299년까지 제노바의 감옥監獄에 갇혀 있을 때 한 사람으로 하여금 받아 적게 한 것으로, 유럽 사람들의 동양東洋에 대한 관심關心을 불러일으켰던 책이다. 이는 콜럼버스Columbus의 신항로新航路 개척開拓에도 많은 영향을 주었다.

눈이 귀보다 믿음직하다

예나 지금이나 듣는 일은 현장現場이 아닌 곳에서도 들을 수 있지만 정보화情報化 사회社會가 된 오늘날과 달리 옛날에 보는 일은 見聞錄이란 말로 짐작하듯 꼭 현장에 가야만 했다. 눈이 귀보다 믿음직하다고 직접 자신의 눈으로 보지 않는 이상 분명分明하고, 정확正確하게 알 수 없는 시대時代가 있었던 것이다.

그때는 '백 번[百] 듣는[聞] 것이 한 번[一] 보는[見] 것만 같지[如] 않았다[不]'. 따라서 이를 일러 '**百聞**(백문)**이 不如一見**(불여일견)[5]'이라 한다. 하지만 꼭 현장에 가지 않아도 볼 수 있는 오늘날에도 여전如前히 百聞이 不如一見이 유효有效한 시대다.

그래서 배움의 과정에 있는 학생들이 직접 현장에 가서 見學(견학)[6]을 하고, 나아가 見習(견습)[7]을 한다. 見學은 보는 데만 그치지 않고 '지식을 넓히기 위해 보면서[見] 배운다[學]'는 것이고, 見習은 '전문가의 솜씨를 보면서[見] 익힌다[習]'는 것이다.

자동차 제조공정 견학

열심히 공부하는 것도 선견지명

그 외에 '앞으로 일어날 일을 미리[豫] 짐작해 본다[見]'는 말은 豫見(예견)[8]이며, '어떤 일이 일어나기 전에 먼저[先] 앞을 내다본다[見]'는 말은 先見(선견)[9]이다.

나아가 先見은 다시 '어떤 일이 일어나기 전에 먼저[先] 앞을 내다보는[見之] 밝은[明] 안목眼目'을 의미하는 말인 先見之明(선견지명)[10]으로 쓰이고 있다.

선견지명이 무색한 교실 풍경

예컨대 자신의 장래將來를 먼저 내다보고 열심히 공부하는 것도 先見之明이 있는 행동行動이다. 그처럼 先見之明은 장래를 미리 예측豫測하는 빼어난 견식見識을 이르기도 한다.

아울러 '先見之明'의 '明[밝을 명]'인 '밝은[明] 안목으로 앞의 일을 잘 내다본다[見]'는 말이 明見(명견)[11]이고, 그런 '밝은[明] 안목으로 만리[萬里]의 앞을 내다본다[見]'는 말은 明見萬里(명견만리)[12]라 한다. 明見萬里는 관찰력觀察力이나 판단력判斷力이 매우 정확하고 뛰어남을 이르기도 한다.

오지랖이 넓다

또 '어떤 자리에 직접 참여해[參] 보는[見] 것'이 參見(참견)[13]이다. 한데 參見하는 데서 끝나지 않고, 오늘날은 자기와 관계가 없는 일이나 대화 따위에 끼어들어 쓸데없이 아는 체하거나 이래라저래라 하는 것까지 參見이라고 한다. 하지만 이는 달리 말하면 오지랖 떠는 것이라 할 수 있다.

한복 윗도리 세부 명칭

오지랖은 '옷자락 앞'에서 온 순우리말로, 웃옷이나 윗도리에 입는 겉옷의 '겉섶'과 '앞길' 부분을 합친 앞자락을 말한다. 흔히 "오지랖이 넓다"라는 식式으로 활용活用되는데, 오지랖이 넓으면 그 안의 옷을 다 가리는 것처럼 남들 앞에 나서서 간섭干涉할 필요必要도 없는 일에 參見해 따지며 가리는 모양새가 그처럼 여겨진 데서 나온 말이다. 오늘날 오지랖이 넓으면 자칫 '꼰대'라 불릴 수도 있다. 오지랖은 필요 이상以上으로 넓을 필요는 없는 것이다.

상견례와 현구고례

상견례 모습

또 '서로[相] 보다[見]'라는 것이 相見(상견)[14]이고, 흔히 인륜지대사人倫之大事인 혼인婚姻을 앞두고 신랑新郎과 신부新婦, 양가兩家 부모父母 등이 '서로[相]에게 동등同等한 예[禮]를 갖춰 만나는[見] 일'을 相見禮(상견례)[15]라 한다.

아울러 '혼사婚事에서 신부가 예물禮物을 가지고 처음으

로 시아버지[舅]와 시어머니[姑]를 뵙는[見] 예[禮]를 갖추는 것'은 見舅姑禮(현구고례)[16]라 한다.

한데 相見禮는 양가 부모가 동등한 입장에서 보기 때문에 '보다'의 뜻을 지닌 見[볼 견]자의 음 '견'을 써서 우리말로 '상견례'라고 하나, 見舅姑禮는 신부가 웃어른인 시부모媤父母를 뵙는 것이기 때문에 '뵙다'의 뜻을 지닌 見[뵐 현]자의 음 '현'을 써서 우리말로 '현구고례'라 한다.

그러나 '見舅姑禮'라는 명칭名稱은 오늘날 거의 쓰이지 않고, 대신 '폐백幣帛'이란 말로 바뀌어 쓰이고 있다.

폐백 모습

폐백은 한자로 '비단'을 뜻하는 幣[비단 폐]자와 帛[비단 백]자를 합친 말로, 원래 見舅姑禮의 의식儀式에서 신부가 시부모를 뵈면서 맨 처음 드리는 예물인 '비단'을 의미했다. '염불보다 잿밥'에 더 의미를 두다 보니 '見舅姑禮'가 아닌 '폐백'이란 말로 쓰고 있는 것이다.

見자는 '뵈다'의 뜻으로 쓰일 때는 '현'의 음으로

見舅姑禮의 설명說明에서 언급言及했듯 見자는 아랫사람이 윗사람을 본다는 의미인 '뵈다'의 뜻으로 쓰일 때는 그 음이 '현'으로 읽힌다. 따라서 지체가 높고 귀한 사람을 찾아가 뵙는 일로, 흔히 '신하臣下가 임금을 향해 아뢰고[謁] 뵙다[見]'라는 말인 謁見(알현)[17]의 見자도 그 음을 '현'으로 읽는다.

알현 모습

뿐만 아니라 見자는 '나타나다'의 뜻을 지닌 現[나타날 현]자를 대신해 쓰일 때도 그 음을 '현'으로 읽는다. 讀書百遍義自見(독서백편의자현)[18]의 見자가 그런 뜻과 음으로 쓰였다.

讀書百遍義自見은 '글[書] 읽기[讀]를 백번[百] 두루[遍] 하면 뜻[義]이 저절로[自] 나타나다[見]'라는 의미로, 내용이 어려운 글도 자꾸 되풀이해 읽으면 저절로 깨우쳐 알게 됨을 이른다. 곧 되풀이하여 몇 번이고 숙독熟讀하면 뜻이 통通하지 않던 글도 저절로 알게 된다는 말이다. 시험試驗에 자주 등장하는 말이므로 잘 알아두는 것이 좋겠다.

콜럼버스의 신대륙 재발견

콜럼버스

신대륙에 상륙한 콜럼버스

아울러 見자는 눈으로 어떤 대상對象을 보았는데 보인다 하여 '보이다'의 뜻을 지니기도 한다. 한데 보고 싶어도 잘 보이지 않는 경우도 있다. 그럼에도 굳이 드러내 보이는 게 바로 發見(발견)[19]이다.

좀 더 구체적具體的으로 말하면 '아직 밝혀지지 못했거나 알려지지 않은 사물이나 현상, 사실 등을 찾아 드러내[發] 보이는[見] 것'이 發見이다. 혹은 이미 밝혀졌었으나 잊혔던 것을 다시 찾아 드러내 보이는 경우에도 發見이라 하는데, 이때는 '다시[再] 드러내[發] 보이는[見] 것'이니 '다시'를 뜻하는 再[다시 재]자를 덧붙여 再發見(재발견)[20]이라 하는 것이 더 분명한 표현이라 하겠다.

오늘날 적지 않은 사람들이 이탈리아 탐험가探險家 콜럼버스Columbus가 1492년 아메리카 대륙大陸인 신대륙新大陸을 發見했다고 한다. 그러나 이미 2만 5천 년 전에 얼어붙은 베링Bering 해협海峽을 걸어서 건넜던 몽골리안 원주민原住民들이 신대륙을 發見해 살고 있었다. 그러니 콜럼버스의 신대륙 發見은 再發見이라 해야 하는 게 옳다 하겠다.

몽골리안의 신대륙 이동 경로

시이불견과 청이불문

또 마음에 있어야 꿈을 꾸는 데도, 꿈만 있고 마음이 없으면 보아도 보이지 않게 된다. 해서 이를 두고 視而不見(시이불견)[21]이라 한다.

視而不見은 '보았다[視]. 그러나[而] 보이지[見] 않았다[不]'는 말이다. 흔히 '들었다[聽]. 그러나[而] 들리지[聞] 않았다[不]'는 말인 聽而不聞(청이불문)과 어울려 쓰이고 있다.

결국 마음에 없으면 무언가 보더라도 소 닭 보듯 건성으로 보게 되어 보이지 않게 되고, 한 귀로 듣고 한 귀로 흘려 들리지 않게 된다. 그러니 집중集中해 얻을 수 있는 것을 얻지 못하고, 결국 아무런 성과成果 없이 빈손이 되는 것이다. 빈손이 된 뒤에 후회後悔하는 어리석은 사람이 되면 안 되겠다.

見자는 '견해'의 뜻

대체로 사람은 눈으로 어떤 대상對象을 보고, 그 대상의 본질本質에 대해 생각하며 무언가 깨닫게 된다. 그렇게 보고[見] 깨닫는[解] 바와 관련해 見자는 '견해見解'의 뜻을 지니기도 한다.

나아가 見解(견해)[22]는 '어떤 사물이나 현상에 대해 보고[見] 깨달은[解] 자신의 의견이나 생각'을 이르기도 한다. 그런 見解로, '어떤 문제問題에 대해 개인個人이 가지는 하나[一]로 정해진 전문가[家]와 같은 견해[見]'를 一家見(일가견)[23]이라 한다. 一家見은 "그는 이번 대회에서 배꼽 패션이라는 유행어를 만들었을 정도로 패션에 일가견이 있다"와 같은 말에서처럼 활용活用되고 있다.

또 '어떤 대상에 대해 이미 마음속에 먼저[先] 들어[入] 있는 견해[見]'는 先入見(선입견)[24]이라 한다. 다시 말하면 先入見은 고정적固定的인 관념觀念이나 관점觀點을 말한다.

미국 남부를 덮치는 허리케인

슈퍼마켓을 약탈하는 사람들

그 先入見은 대개 偏見(편견)[25]을 낳는데, 偏見은 '공정하지 못하고 한쪽으로 치우친[偏] 견해[見]'를 이른다. 곧 상대相對에 공감共感하지 못하는 태도態度를 가리키는 말이 偏見이다.

예컨대 2005년 8월에 미국美國 남부南部를 허리케인hurricane이 덮쳤을 때에 언론言論에서 백인白人 수재민水災民이 슈퍼마켓에서 그냥 식량食糧을 가져오면 '확보確保'로 보도報道했고, 흑인黑人 수재민이 슈퍼마켓에서 식량을 가져오면 '약탈掠奪'로 보도했던 일이 바로 그런 경우다.

이는 색안경色眼鏡을 끼고 세상世上을 보는 것과 같다.

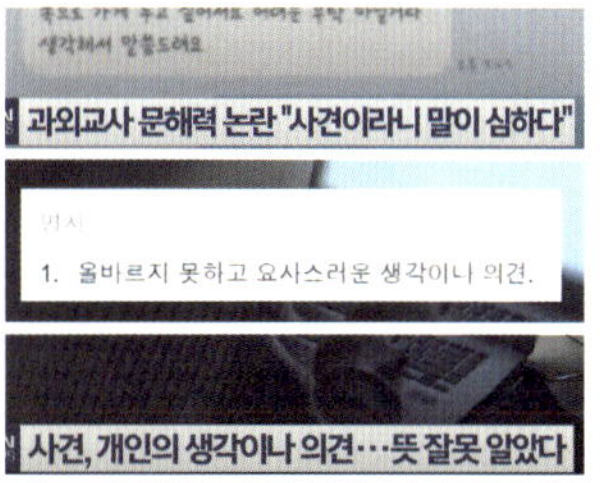

KNN뉴스 캡쳐 일부
(2024.1.28)

그렇게 누구나 색안경을 끼고 세상을 보면 남과 다르게 보일 수밖에 없다. 그처럼 '다르게 보이는 시각視覺에 의해 갖게 되는 남과 다른[異] 견해[見]'는 異見(이견)[26]이고, 그것이 '남과 다른 자기의 사사로운[私] 견해[見]'라면 이는 私見(사견)[27]이 된다. 또 그 견해가 '짧은[短] 생각이나 의견을 담은 견해[見]'라면 短見(단견)[28]이 된다. 아울러 '보잘것없는 옹졸한[拙] 견해[見]'라면 拙見(졸견)[29]이 된다.

반면에 '두드러진 뛰어난[卓] 견해[見]'는 卓見(탁견)[30]이 되며, '사리에 밝은 통달한[達] 견해[見]'는 達見(달견)[31]이 되고, '의견이나 생각이 뛰어난 고상한[高] 견해[見]'는 高見(고견)[32]이 된다.

高 [높을 고] 조선의 대표적인 고대광실

〈어머님 은혜〉 악보

높고 높은 하늘이라 말들 하지만
나는 나는 높은 게 또 하나 있지
낳으시고 기르시는 어머님 은혜
푸른 하늘 그보다도 높은 것 같애

〈어머님 은혜〉 노래 가사歌詞다. 가사에 높고 높은 하늘보다 더 높은 것이 어머님 은혜恩惠라 했지만 사실事實 어머님 은혜는 눈으로 볼 수 없는, 눈에 보이지 않는 것이다.

그처럼 '높다'라는 뜻도 눈에 보이지 않는 것이기에 이를 표현表現하는 한자는 '높다'의 의미를 피부皮膚로 느낄 수 있는 어떤 대상對象을 빗대어 표현할 수밖에 없다. 그것이 무엇일까?

가장 높은 사람이 가장 높게 만든 집을

군주시대君主時代에 나라에서 가장 높은 사람은 임금이었다. 그 임금이 사는 집은 위엄威嚴을 드러내기 위해 나라에서 가장 높게 지었다. 그렇게 나라에서 가장 높은 사람이 가장 높게 만든 집을 짓고 산 것이다.

경복궁과 청와대

집을 높게 지으면 자연히 크기도 커질 수밖에 없다. 따라서 높은 집은 큰 집이 되었다. 그 집은 일반 백성百姓들이 보기에도 인위적人爲的으로 만든 구조물構造物 가운데 가장 높고 큰 건물建物이 될 수밖에 없다.

고대광실 근정전

옛날 가장 높고 큰 건물에 살았던 우리나라 임금을 '殿下(전하)'라 했고, 임금이 될 세자世子를 '邸下(저하)'라 했는데 이때 殿[큰 집 전]자와 邸[큰 집 저]자도 높게 지은 '큰 집'과 관련이 있다.

그런 집의 대표적인 예로, 조선朝鮮의 정궁正宮인 경복궁景福宮의 정전正殿인 근정전勤政殿이 있다. 근정전은 조선의 대표적인 고대광실高臺廣室이었다. 그 '고대광실'의 '고'는 한자로 '高[높을 고]'자를 쓴다.

高자는 높은 토대 위의 높이 지은 집

그렇게 高자는 고대광실高臺廣室의 누대樓臺처럼 석축石築 등의 위에 지어진 높은 집을 나타냈다. 따라서 그 뜻이 '높다'가 되었다.

갑골문 高자 금문 高자 소전 高자

높은 건물

높게 하늘에 닿을 수 있는 집인 마천루

〈바벨탑〉(브뤼헐)

예부터 사람들은 높게 하늘[天]에 닿을[摩] 수 있는 집[樓]인 마천루摩天樓를 지으려 했다.

구약성서舊約聖書의 창세기創世記에도 아주 높게 거대巨大한 구조물構造物을 쌓아 하늘에 닿으려 했던 인간人間 이야기가 실려 있다.

신神은 인간의 그런 오만傲慢한 행동行動에 분노憤怒해 본래 하나였던 언어言語를 여럿으로 나누는 저주咀呪를 내렸다. 그렇게 인간이 쌓으려 했던 구조물이 바로 '바벨탑Babel塔'인데, '바벨탑'을 쌓는 일은 결국 혼돈混沌 속에서 막幕을 내렸다. 그리고 서로 교감交感하지 못한 인간들은 오해誤解와 불신不信 속에 서로 다른 언어와 함께 전全 세계世界로 뿔뿔이 흩어져 살게 되었다.

고층건물과 초고층건물

바벨탑만큼은 아니겠지만 오늘날에도 하늘을 찌를 듯 高層建物(고층건물)[1]이 세상世上 곳곳에 세워지고 있다. 高層建物은 '높은[高] 층[層]으로 세워지는[建] 건축물[物]'로, 우리나라에서는 층수層數가 30층 이상以上이거나 높이가 120m 이상인 건축물建築物을 말한다.

예전에는 주거용住居用이 아닌 상업용商業用 건물建物에서 주로 볼 수 있었으나, 최근에는 주거용 건물도 高層으로 세워지고 있다. 이는 땅을 고밀도高密度·집약적集約的으로 이용할 수 있는 데다 조망권眺望權이나 일조권日照權이 뛰어나기 때문이다. 최근에는 高層建物의 층수가 경쟁적競爭的으로 높아지면서 더 나아가 超高層建物(초고층건물)까지 세워지고 있다.

超高層建物은 50층 이상이거나 높이 200m 이상인 건축물을 말한다. 따라서 층수로 49층까지 高層建物로 여겨지기 때문에 2010년대 이후 지어진 높은 건물 중에는 49층인 경우가 많다. 그 이유는 50층 이상이면 超高層建物로 분류分類되어 30층 단위單位로 피난안전구역避難安全區域을 설치設置해야 할 뿐만 아니라 지진地震이나 테러terror를 대비對備하는 시설施設을 마련하는 데도 많은 비용費用이 들기 때문이다.

초고층 아파트

2022년 우리나라에서 가장 높은 건물은 서울 송파구松坡區에 있는 123층의 롯데월드타워LOTTE WORLD TOWER다.

롯데월드타워

롯데월드타워는 높이가 554.5m다. 海拔高度(해발고도)[2]와 합쳐 479.7m인 남산서울타워南山Seoul Tower보다 더 높다. 남산서울타워는 탑신塔身과 철탑鐵塔을 포함한 높이가 236.7m인데, 海拔高度가 243m이다.

海拔高度의 高度(고도)[3]는 '어떤 기준면基準面을 0으로 하고 측정測定한 지표면地表面의 높은[高] 정도[度]'를 말하고, 海拔高度는 '바다[海] 물에 표면의 평균 높이를 기준으로 어떤 지점까지 빼어난[拔] 높은[高] 정도[度]'를 말한다.

最高보다 最古가 더 중요

아래에서부터 위까지 사이를 두고 最高(최고)[4]는 '가장[最] 높다[高]'는 의미다. 으뜸인 것, 또는 으뜸이 될 만한 것을 이르기도 한다. 결국 어떤 분야分野에 으뜸이 되는 것이 最高인 것이다.

흔히 부모父母나 주변周邊의 어른들이 자식이나 집안의 총생들에게 "최고의 사람이 되라"고 바라는 것을 볼 수 있다. 분명 이때에 말하는 '최고'는 한자로 '最古(최고)'가 아닌 '最高'일 것이다. 하지만 最高보다 最古가 더 중요重要하다.

부르즈 할리파

2024년 지구상地球上에서 最高 건물建物은 아랍에미리트 두바이에 있는 828m 높이의 부르즈 할리파Burj khalifa다.

그러나 이 最高 건물이 계속繼續해서 最高 지위地位를 유지維持할 수는 없다. 후대後代에 더 높은 最高의 건물이 지어질 게 분명하기 때문이다. 그렇게 되면 最高였던 부르즈 할리파는 그 지위를 잃게 된다.

달에 맨 처음 발자국을 남긴 암스트롱

반면에 最古가 되면 그 가치價値를 잃게 되는 일은 없다. 最古는 가장[最] 오래된[古] 것인데, 그 이후에 아무리 더 좋은 것이 나오더라도 最古로서의 가치를 잃지 않기 때문이다.

달나라에 맨 먼저 발자국을 남긴 닐 암스트롱이 오늘날 사람들의 기억記憶에 잊히지 않는 것도 最古였기 때문이다. 最高는 후대에 그 最高를 이룬 사람이 다시 나타나면 자연스럽게 잊히는 존재가 된다. 설마 잊히지 않는 最古보다 잊히는 最高가 더 중요하다 하는 이들은 없을 것이다.

그러니 자식이나 어린 총생들에게 "남들이 안 하는 짓은 하지 마라"라고 말할 것이 아니라, "남들이 안 하는 일을 해 보라"라고 해야 한다. 남들이 안 하는 짓을 해야 最古가 되고, 최초最初가 되어 후세에 길이길이 남는 존재가 되기 때문이다.

고소공포증과 폐소공포증

아울러 '높은[高] 곳[所]'은 高所(고소)[5]고, 그렇게 '높은[高] 곳[所]에 있으면 두려워하는[恐怖] 증세[症]'는 高所恐怖症(고소공포증)[6]이다. 사실事實 高所에서 두려워하는 것은 사람의 자연自然스런 생존본능生存本能이다.

번지점프

예컨대 번지점프를 하려 할 때에 두려움을 느끼는 것은 자기보호본능自己保護本能을 가진 정상적正常的인 인간人間이라면 누구나 갖게 되는 것으로, 이는 공포증恐怖症이 아닌 공포감恐怖感이다. 진짜 高所에서 恐怖症이 있는 사람이라면 아예 번지점프대에도 오르지 못한다.

실제로 高所恐怖症이 있는 사람은 안전安全이 보장保障된 높은 지대인 高地帶(고지대)에서도 발작發作을 일으킨다. 이는 일종一種의 정신병精神病으로, 일상생활日常生活까지 어렵게 만든다. 그래서 문제問題인 것이다.

高所가 높은 곳인데 반反해 閉所(폐소)는 '닫힌[閉] 곳[所]'이다. 그렇게 '닫힌[閉] 곳[所]에 있으면 두려워하는[恐怖] 증세[症]'는 閉所恐怖症(폐소공포증)이라 한다. 한데 우리말에 '폐소'란 말보다 '폐쇄閉鎖'를 더 흔하게 사용하다 보니 '폐쇄공포증'으로 잘못 부르는 이들이 적지 않다. 더구나 '폐쇠공포증'라 하는 이들도 있다. 이 또한 한자를 모르기 때문이다.

고지와 고산과 고원

옛날 백마고지와 철원평야

나아가 '높은[高] 곳의 땅[地]'은 高地(고지)[7]로, 高地는 이뤄야 할 목표目標를 의미하기도 한다.

시인詩人 노산鷺山 이은상李殷相의 시詩에 "高地가 바로 저긴데 예서 말 수는 없다. 넘어지고 깨어지고라도 한 조각 심장만 남거들랑 부둥켜안고 가야만 하는 겨레가 있다"의 高地가 바로 이루어야 할 목표를 의미하는 高地라 하겠다.

최고봉(침보라소산)

대개 군사용어軍事用語로 쓰이며 "적의 高地를 탈환하다", "高地를 사수하다"라는 말로 활용되고 있다.

高地는 주로 산山으로 이뤄진 지형地形이다. 그런 지형에서 '높은[高] 산[山]'은 高山(고산)[8]이고, 高山에서 '가장[最] 높은[高] 봉우리[峰]'는 最高峰(최고봉)[9]이다.

最高峰은 다시 어느 한 분야分野에서 最高의 경지境地에 오른 사람, 또는 물건物件 등에 칭稱하는 말로 쓰이기도 한다. 비슷한 말로 '일인자一人者', '신神의 경지境地' 등이 있다.

개마고원

또 '보통普通 해발고도 600m 이상의 높은[高] 곳에 넓은 벌판[原]'은 高原(고원)[10]이라 한다. 그 高原 가운데 한반도

韓半島의 지붕이라 할 곳이 바로 백두산白頭山 아래 주변周邊의 蓋馬高原(개마고원)이다.

반면에 낮은 곳의 땅은 주로 평야平野로 이뤄진다. 따라서 지형의 높은 곳은 산이고, 낮은 곳은 평야라 할 수 있는데, 우리나라 지형은 주로 동녘에 높은 산과 산맥山脈이 있고, 서녘에 평야가 있다.

따라서 우리나라 땅의 형세形勢는 '동녘[東]은 높고[高] 서녘[西]은 낮다[低]'는 東高西低(동고서저)[11]의 지형이라 할 수 있다.

반면에 중국中國의 지형은 우리나라와 달리 서녘에 높은 산과 산맥이 있고, 동쪽에 평야가 있다. 따라서 중국의 지형은 '서녘[西]은 높고[高] 동녘[東]은 낮다[低]'는 西高東低(서고동저)[12]의 지형이라 할 수 있다.

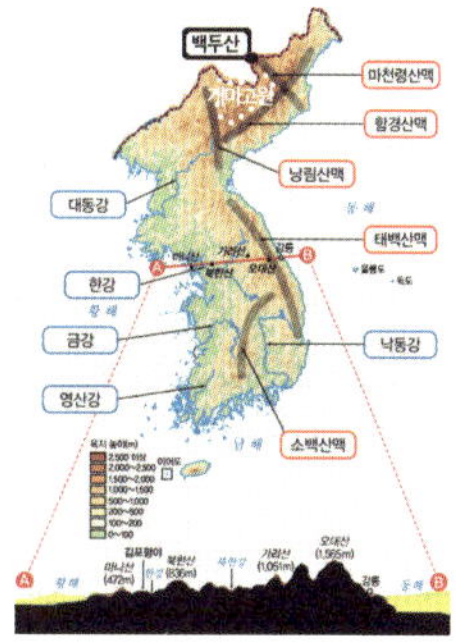

한국 지도와 지형 단면도

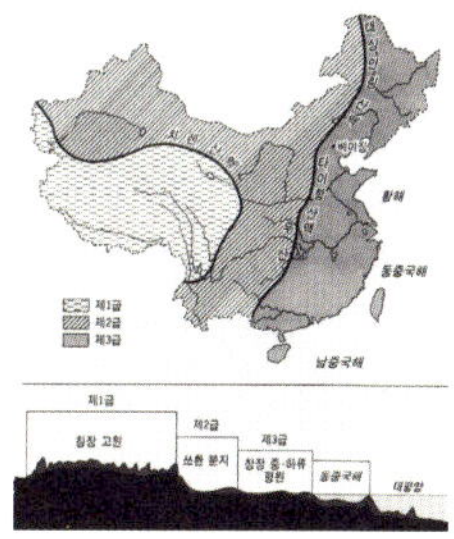
중국 지도와 지형 단면도

高자는 일부 명사 앞에 붙어 '높은'의 뜻

또 高자는 일부 명사名詞 앞에 붙어 '높은'의 뜻인 접두사接頭辭로 쓰일 때가 적지 않다.

高姿勢(고자세)·高次元(고차원)·高學歷(고학력)·高所得(고소득)·高品格(고품격)·高彈力(고탄력)·高品質(고품질)·高地帶(고지대)·高性能(고성능)·高强度(고강도)·高學年(고학년)·高濃度(고농도)·高氣壓(고기압)·高收益(고수익)·高油價(고유가) 등의 말이 그렇게 쓰였다.

그 외에 경제經濟 3고高라 하는 高賃金(고임금)·高物價(고물

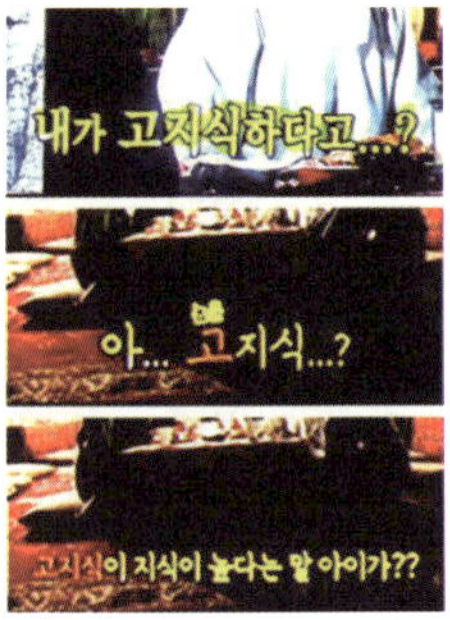

'고지식' 관련 방송 캡처 일부

가)·高金利(고금리)나 질병疾病 3고高라 하는 高血壓(고혈압)·高血糖(고혈당)·高脂血(고지혈)의 高자도 접두사로 쓰였다.

그처럼 '고지식하다'의 '고지식'을 왼쪽 자료에서 보듯 '高(고)'와 '知識(지식)'이 합쳐진 한자어 '高知識'으로 잘못 알고 있는 이들이 적지 않다. 하지만 '고지식'은 순우리말이다.

순우리말도 한자어를 알아야 서로 구분해 분명히 알 수 있는데, 한자어도 순우리말도 모르고 있는 것이다.

'고지식하다'는 말은 오늘날 '성질이 외곬으로 곧아 융통성이 없다'는 의미로 쓰이고 있다. 옛말은 '고디식다, 고디식다'인데, 본래 '진실하다', '정직하다'의 의미를 지녔다. '곧-'에 '-이식-', '-이식-'이 결합한 말로 분석할 수 있으며, '곧-'은 '곧이곧대로'의 '곧'과 같은 의미를 갖고 있다. 따라서 '고지식하다'는 '곧이곧대로 하다'의 의미와 같다. 그러니 '성질이 외곬으로 곧아 융통성이 없다'는 의미를 지니게 된 것이다.

"청백리의 전통을 고지식하게 지켜 온 마 씨 댁에서 어육魚肉의 비린내가 제법 풍기는 날이란 일 년 열두 달 설과 추석뿐이었고……『마록열전(서기원)』"에서처럼 활용되고 있다.

高자가 접미사로 쓰일 때는 '높이'의 뜻

반면에 高자가 일부 명사名詞 뒤에 붙어 접미사接尾辭로 쓰일 때도 적지 않은데, 波高(파고)·層高(층고)·殘高(잔고)·物價高(물가고)·賣上高(매상고)·生産高(생산고)·漁獲高(어획고)·豫想高(예상고)·保有高(보유고)·物價高(물가고)·販賣高(판매고)·通貨發行高(통화발행고) 등에서처럼 쓰이고 있다. 이때의 高자는 양量이나 액수額數와 관련된 '높이'의 뜻으로 풀이할 수 있다.

그처럼 等高線(등고선)[13]의 高자도 '높이'의 뜻을 지닌다. 等高線은 '지도에서 같은[等] 높이[高]를 연결한 선[線]'을 말한다. 평면도平面圖에 땅의 높고 낮음을 표시標示하는 가장 좋은 방법이다.

등고선

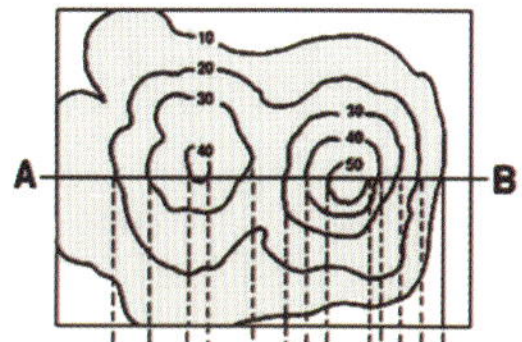

단면도

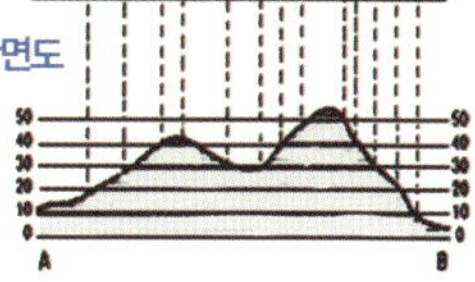

등고선과 단면도

나아가 氣高萬丈(기고만장)[14]은 '기운[氣]의 높이[高]가 만장[萬丈]'이라는 의미로, 펄펄 뛸 만큼 크게 성이 나거나 또는 일이 뜻대로 잘되어 우쭐하며 뽐내는 기세氣勢가 대단함을 이른다.

그렇게 본래 의미는 해당 말 그대로 기운氣運이 매우 대단하다지만, 오늘날은 상대相對가 쓸데없이 자만自滿에 차 있다는 것을 비하卑下하는 말로 흔히 쓰이고 있다. 말도 하나의 생명체生命體처럼 세월歲月이 흐름에 따라 끊임없이 변하기 때문에 그 의미도 따라 바뀐 것이다.

谷
[골 곡]

골로 가다

안개 낀 골 관련 그림

오, 날개여, 깁부채같이 펴고서
산으로 날아가자, 님 계신 산으로—
푸른 안개 술같이 골에 넘치우는.

수주樹州 변영로卞榮魯의 시詩 '오, 날개여' 일부一部다. 그 시 말미末尾에 등장登場하는 말인 '골'은 국어사전國語辭典에 보면 "1. 산과 산 사이에 움푹 패어 들어간 곳. 2. 물체에 얇게 팬 줄이나 금. 3. 깊은 구멍. 4. 큰길에서 들어가 동네 안을 이리저리 통하는 좁은 길. 5. '고랑'의 준말. 6. 물결이나 음파 따위에서 가장 낮은 부분. 7. 파도의 작용으로 조간대 해안이 침식되어 육지 쪽으로 파인 고랑." 등의 여러 의미意味로 풀이하고 있다.

골 명
[옛말] 궤. 널.

'골'의 뜻

대부분 그 의미가 움푹 들어간 모양과 관련 있음을 알 수 있는데, 왼쪽 자료에서 보듯 옛말에 움푹한 모양의 궤나 궤처럼 생긴 널도 '골'이라 했다. 한데 널은 한자로 棺[널 관]이라 하기도 한다.

따라서 '골로 가다'라고 하면 관棺 속으로 들어가는, 곧 죽어서 관 속으로 들어가는 사람이 되었다는 의미를 지니게 된 것으로 보인다. 이를 두고 일부에서는 '골로 가다'의 '골'을 '산골'의 '골'로 보면서 '죽어 산골에 가 묻히다'와 연관聯關된 말로 보기도 한다. 하지만 '산골'의 '골'도 산과 관련해 역시 움푹 들어간 곳을 이르는 것은 마찬가지라 하겠다.

산이 높아야 골이 깊다

뿐만 아니라 '골'의 쓰임은 속담俗談에서도 볼 수 있다. 품은 뜻이 높고 커야 품은 생각도 크고 깊음을 비유적으로 이르는 "산이 높아야 골이 깊다", 논밭을 살 때에 물의 피해를 받을 위험이 있는 곳은 사지 말아야 함을 이르는 "전답을 사도 물소리 들리는 골에 것은 안 산다", 뛰어난 사람이 없는 곳에서 보잘것 없는 사람이 득세得勢함을 비유적으로 이르는 "범 없는 골에 토끼가 스승이라", 외탁을 한 필자筆者와 상관相關없지만 외숙과 조카가 매우 소원疏遠한 관계임을 비유적으로 이르는 "외삼촌 사는 골에 가지도 말랬다"에서도 그 쓰임을 볼 수 있다.

물이 흘러나오는 골

谷자는 골로부터 물이 흘러나오는 모양과 어귀

한자 谷[골 곡]자는 바로 그 '골'을 뜻한다. 갑골문이나 금문 자형으로 살피면 위의 움푹 파인 골로부터 물이 흘러나오는 모양[仌의 형태]과 아래에 물이 흘러 이르

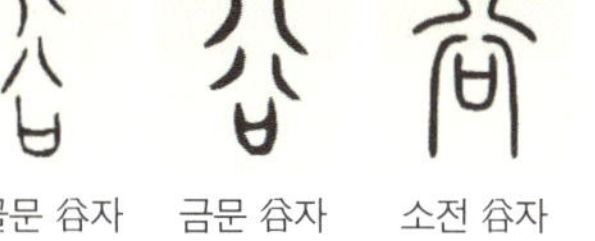

갑골문 谷자 금문 谷자 소전 谷자

는 골의 어귀[口의 형태]를 나타낸 것으로 보인다.

계곡과 협곡

뱀사골 계곡

그랜드 캐니언의 협곡

침식곡

'골'은 '골짜기'라고도 하며, '시내[溪]가 흐르는 골짜기[谷]'는 溪谷(계곡)[1]이라 한다.

溪谷은 덧붙여진 溪[시내 계]자가 谿[시내 계]자와 동자同字가 됨으로 谿谷으로 바뀌 쓰이기도 한다. 골[谷]에 흐르는 물[水(氵)]인 시내를 뜻하는데 水(氵)자를 덧붙여 溪자로도, 谷자를 덧붙여 谿자로도 쓴 것이다.

골은 주로 산山과 산 사이에 형성形成된다. 그렇게 산과 산 사이에 형성된 골을 뜻하는 한자가 山[뫼 산]자를 덧붙인 峽[골짜기 협]자다. 그 峽자가 같은 뜻의 谷자와 어울린 峽谷(협곡)[2]은 '절벽絕壁이나 급경사면急傾斜面 사이로 흐르는 물살에 오랫동안 노출됨으로 인해 시내 바닥 부분이 심하게 침식浸蝕되어 생기는 험한 골짜기[峽谷]'를 의미한다.

미국美國에서는 峽谷을 캐니언canyon이라고 하는데, 깊이 1,500m를 넘는 그랜드 캐니언Grand Canyon이 대표적代表的인 곳이다.

또 골(골짜기)은 형성 원인原因에 따라 浸蝕谷(침식곡)[3]이나 褶曲谷(습곡곡)[4]이나 斷層谷(단층곡)[5] 등으로 구분하기도 한다.

'하천河川이나 빙하氷河에 의해 젖고[浸] 갉아 먹히면서[蝕] 점차적으로 깊이 패어 이뤄진 골짜기[谷]'는 浸蝕谷이라 하고, '지각地殼의 움직임으로 주름[褶]처럼 굽은[曲] 곳의 낮아진 부분에 이뤄진 골짜기[谷]'는 褶曲谷이라 하고, '외부의 힘을 받은 지각이 두 개의 조각으로 끊어져[斷] 어긋난 층[層] 사이의 오목한 곳에 형성된 골짜기[谷]'는 斷層谷이라 한다.

습곡곡(상)과 단층곡(하)

심산유곡과 진퇴유곡

대개 골은 산山과 산 사이에 움푹 패인 곳에 이뤄지기에 산과 어울리는 말을 만들기도 한다. "산이 높아야 골이 깊다"라는 속담이 그런 경우다. 또 그와 비슷한 의미를 지닌 성어成語가 바로 深山幽谷(심산유곡)[6]이다. 深山幽谷은 '깊은[深] 산[山]과 깊은[幽] 골[谷]'을 의미한다.

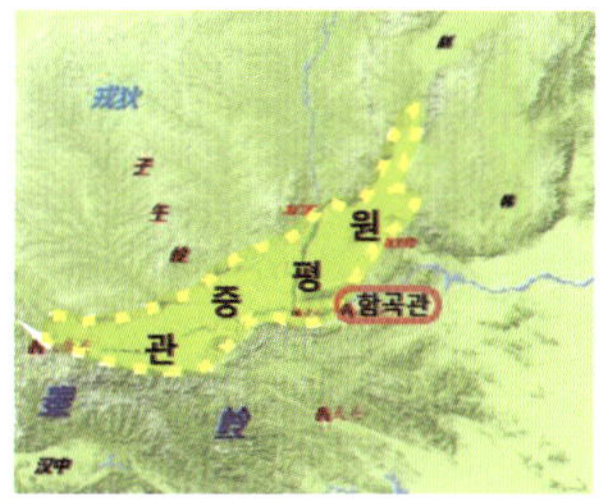

함곡관 주변 지형도

게다가 골이 깊으면 궁지窮地가 되기 쉬운데, '나아가도[進] 물러서도[退] 오직[維] 골[谷]이다'를 의미하는 進退維谷(진퇴유곡)[7]이 바로 그런 궁지를 이르는 말이다.

그와 같은 궁지를 옛날에는 군사상軍事上의 요충지要衝地로 삼아 성城을 쌓거나 관문關門을 만들어 방비防備를 하는 데 활용하기도 했다. 천하제일天下第一의 험관險關으로 명성名聲이 자자藉藉한 중국中國 函谷關(함곡관)[8]의 谷이 바로 進退維谷의 궁지라 할 수 있다.

함곡관 조형물

函谷關의 函[함 함]은 '옷이나 물건 따위를 넣을 수 있도록 네모지게 만든 나무로 된 상자'인데, 函谷關은 마치 그 '함[函]처럼 생긴 골짜기[谷]에 세워진 관문[關]'을 말한다.

그곳의 벼랑은 황토黃土로 이뤄져 있어 젖은 상태든 마른 상태든 미끄러워 기어오를 수 없는데다 골짜기 폭幅도 겨우 마차馬車 한 대가 지나갈 만해 장정壯丁 한 명이 막아서면 만 명의 장정도 뚫을 수 없다는 말이 있을 정도다. 函谷關은 이런 지형地形의 특성特性 때문에 난공불락難攻不落의 요새要塞 역할을 하며, 천하제일天下第一의 험관險關으로 명성을 얻게 되었다.

곡풍과 산풍

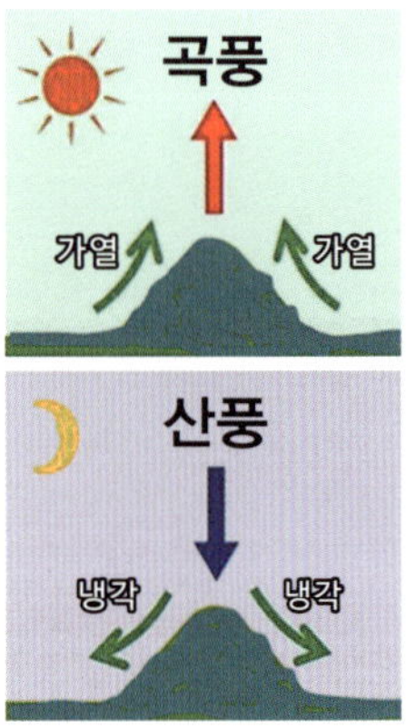

곡풍과 산풍

뿐만 아니라 골은 물의 통로通路가 되기도 하지만 바람의 통로가 되기도 한다. 하나 물은 위에서 아래로만 흐르는데 바람은 위로도 흐르고 아래로도 흐른다. 산山 위쪽과 골짜기 아래쪽의 서로 다른 온도溫度로 인해 생기는 기압氣壓 차이에 바람의 방향方向이 영향을 받기 때문이다.

낮에는 산 위쪽이 골짜기 아래쪽보다 더 빠르게 가열加熱되면서 온도가 높아져 공기空氣 밀도密度가 낮아지는 반면, 밤에는 산 위쪽이 골짜기 아래쪽보다 빠르게 냉각冷却되면서 온도가 낮아져 공기 밀도가 높아진다. 따라서 낮에는 '골짜기[谷] 아래쪽에서 산 위쪽으로 부는 바람[風]'인 谷風(곡풍)[9]이 불고, 밤에는 산 위쪽에서 골짜기 아래쪽으로 부는 바람인 山風(산풍)이 분다.

필자筆者 고향故鄕 마을 지명地名이 '목동木洞', 우리말로 '나무골'이다. 앞쪽에 지리산智異山이 보이고, 옆쪽에 덕유산德裕山

을 끼고 있는 곳으로 주변周邊에 나무가 많아 그처럼 이름이 붙여졌다. 많은 나무로 인해 바람이 많이 일어나는 탓인지 마을 뒷산 이름은 '바람골'인 풍곡風谷이다.

풍곡(남원시 산동면 목동리)

그곳에 유감遺憾스럽게도 2012년 옆 산에서 발화發火된 산불이 번진 적이 있었다. 금방今方 산 아래 마을까지 삼킬 정도로 불길이 번지다가 반대反對로 방향이 바뀌어 산 정상頂上으로 향하는 불길을 다행多幸히 잡았다.

풍곡(부안김씨 세거지 표지석)

그때 부안김씨扶安金氏 세거지世居地로 오랫동안 삶의 터전을 일궈오던 마의태자麻衣太子 후손後孫인 마을 어르신들이 조상님이 돌봐 마을까지 불길이 번지지 않았다 했으나 기실其實은 谷風이 불었기 때문이다.

2012년 목동리 산불 진화
(노컷뉴스)

동요童謠 가사歌詞에 '산 위에서 부는 바람 시원한 바람'의 바람은 뒤에 이어지는 '여름에 나무꾼이 나무를 할 때 이마에 흐른 땀을 씻어 준대요'로 그 이치理致를 제대로 따지면 '산 위에서 부는 바람 시원한 바람'이 아니라 '산 밑에서 부는 바람 시원한 바람'이라 해야 한다. 나무꾼이 나무를 할 때가 낮일 것이고, 낮에는 골짜기 아래쪽인 산 밑에서 바람이 산 위로 불기 때문이다. 고향 마을을 향해 내려오며 번지던 불길도 바로 그 바람이 산 위로 불었기 때문에 방향이 바뀌었던 것이다.

지명에는 谷자를 사용하는 경우

고향 마을에 풍곡風谷이 있는 것처럼 예부터 사람은 물이 나는 골을 끼고 고을을 이루며 살았기 때문에 지명地名에는 谷자를 사용하는 경우가 적지 않다. 한데 그 지명은 골(골짜기)이 어떤 형상形狀으로 보이며, 어떤 물질物質과 관련關聯이 있느냐에 따라 정定해지기도 한다.

경남慶南 창녕昌寧에 온천溫泉 관광지觀光地로 널리 알려져 있는 釜谷(부곡)[10]은 '가마솥[釜] 같은 골[谷]'이라는 데서 그와 같은 지명이 이뤄졌다. 또 경기京畿 파주坡州의 이이李珥 선생先生의 호號와 관련된 栗谷(율곡)[11]은 '밤나무[栗]가 우거진 골[谷]'이라는 데서 그와 같은 지명이 이뤄졌고, 충남忠南 공주公州의 寺谷(사곡)[12]은 '마곡사麻谷寺라는 절[寺]이 있는 골[谷]'이라는 데서 그와 같은 지명이 이뤄졌다.

마곡사와 사곡 주변 지형도

骨 [뼈 골] 돌아올 수 없어서 아픈 뼈

그들의 뼈가 아파서 내가 울었다.
아픈 뼈 보이지 않아서 울었다.
아픈 뼈 볼 수가 없어서 울었다.
두들겨 맞아 아픈 뼈,
곤봉 대검 총알 폭탄 맞아 아픈 뼈,
피투성이 상처로 아픈 뼈,
돌아올 수 없어서 아픈 뼈,
해골이 되어 울고 있을 뼈,
그들의 뼈와 살이 아파서 내가 울었다.

세월호의 침몰

이영춘李榮春 시인詩人의 「그 뼈가 아파서 울었다」라는 시詩의 일부一部 내용內容이다. 그 시에 보이는 시어詩語 '해골骸骨'에 대해 많은 이들이 두개골頭蓋骨로 연상聯想하고 있다. 해골 물을 마셨다는 원효대사元曉大師 이야기에 등장登場하는 그 두개골로 생각하는 것이다.

한데 '해골'의 '해'는 한자漢字로 '뼈 해(骸)'자고, '골'도 '뼈 골(骨)'자다. 해골은 그냥 '뼈'를 의미하고, 그 뼈는 온몸의 뼈를 말한다.

그럼에도 해골을 두개골로 연상하는 것은 성장成長한 사람이 몸에 지닌 뼈 206개 가운데 두개골에 있는 뼈가 가장 많기 때문으로 보인다.

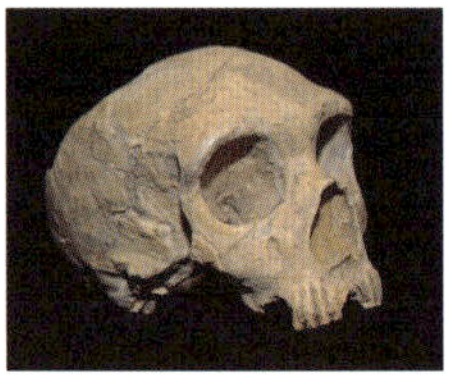
두개골

두개골에 뼈가 그처럼 많은 것은 머리의 뇌腦가 사람 몸에서 가장 중요重要한 부위部位이기 때문이다. 두 팔과 두 다리가 없어도 당장 죽지 않지만 연약軟弱한 뇌는 그렇지 않다. 그 뇌를 보호保護하기 위해 뼈가 몰려 있는 것이다.

해골바가지

게다가 죽어 오래된 사람의 뼈를 보면 신체身體의 다른 부위는 많이 사라졌지만 두개골은 눈이나 코의 살만 문드러져 없어지고, 대부분 남아 그 형체形體를 유지維持하고 있는 경우가 많다. 그런 형체를 본 이들이 해골하면 거개擧皆가 두개골로 연상聯想한 것이다.

파열된 뼈

그러나 엄밀嚴密히 말하면 두개골은 '해골'이 아닌 '해골바가지'와 관련이 있고, 두개골의 뼈뿐만 아니라 살이 문드러져 없어지고 남은 온 몸의 뼈를 통틀어 이르는 말은 해골이다.

소전 骨자

骨자는 뼈가 파열된 모양

갑골문 冎자

갑골문 肉자

한자에서 해골과 관련된 '뼈'를 뜻하는 骨[뼈 골]자는 위가 좁고 아래가 넓은 뼈가 파열破裂된 모양模樣을 나타낸 冎[살 바를 과]자에 살을 나타내는 肉[고기 육]자에서 변형變形된 月[육달월]이 덧붙여졌다. 骨자가 살[肉(月)]이 있었던 뼈[冎]임을 드러낸 것이다. 그렇게 뼈를 나타낸 데서 骨자는 '뼈'의 뜻을 지니게 되었다.

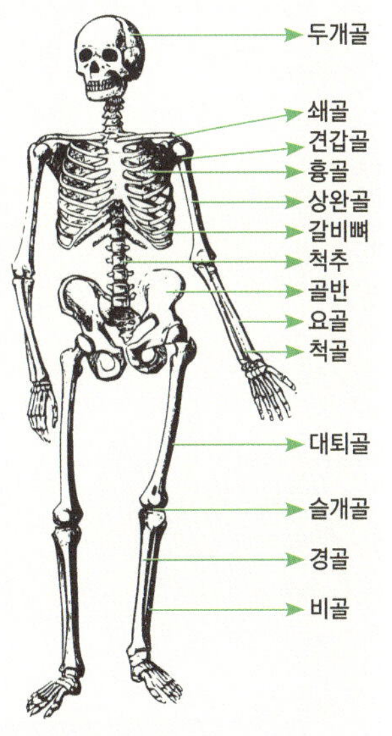

인체의 중요 부위 뼈

두개골의 모습은 '죽음'을 상징

뼈는 척추동물脊椎動物의 살 속에서 그 몸을 지탱支撑하며 장기臟器를 보호保護하는 단단한 물질物質이다. 사람의 경우境遇 11주週 된 태아胎兒일 때는 나중에 뼈로 변變하게 될 부분部分이 800개 정도程度에 이르지만 모태母胎 속에서 어느 정도 뼈가 자라 태어날 무렵에 450개로 줄고, 태어나서 어른이 되면 뼈끼리 융합融合되면서 결국結局 206개의 뼈만 남게 된다.

그런 뼈 가운데 '뇌腦를 보호保護하기 위해 머리[頭]를 덮고[蓋] 있는 뼈[骨]'가 頭蓋骨(두개골)[1]이다. 頭蓋骨은 머리의 뼈 28개 가운데 23개의 뼈로 이뤄져 있다.

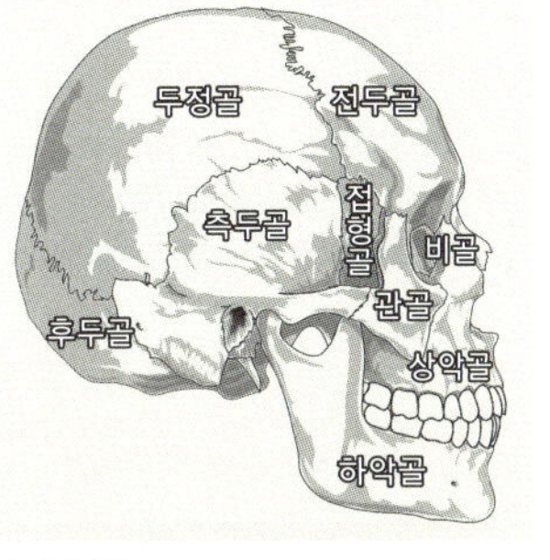

머리의 뼈

그 頭蓋骨은 사람이 살아 있을 때는 볼 수 없고, 죽은 뒤에만 볼 수 있다. 또 죽은 뒤에도 뼈들이 쉽게 분리分離되지 않아 오랫동안 그 본래 형태形態를 유지維持하고 있는데, 그런 頭蓋骨의 모습은 '죽음'을 상징象徵하기도 한다.

독극물 경고에 그려진 두개골

잘못 알고, 또는 실수失手로 마시게 되면 죽게 되는 농약農藥 등의 독극물毒劇物에 頭蓋骨 그림을 그려 넣는 것도 그 때문이다.

후골과 미골

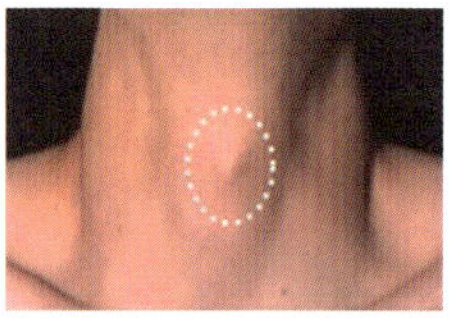

후골

또 사람의 뼈 206개 가운데에는 喉骨(후골)[2]이 있다. 喉骨은 '목구멍[喉]에서 튀어 나온 뼈[骨]'로, 대부분 성인成人 남성男性의 목 가운데에 솟아난 부분部分과 관련이 있다. 어린이나 여성은 겉으로 크게 드러나지 않는다. 이를 '목젖'으로 잘못 이르는 이들도 있으나 순우리말로 이른다면 '울대뼈'라 해야 한다. 영어로는 'Adam's apple(아담의 사과)'이라 한다. 그처럼 'Adam's apple'이라 한 것은 "선악과善惡果를 먹지 마라"는 하나님의 경고警告를 잊고 아담이 그 선악과를 먹다가 목에 걸려서 喉骨이 생겼다고 본 데서 비롯된 명칭名稱이다.

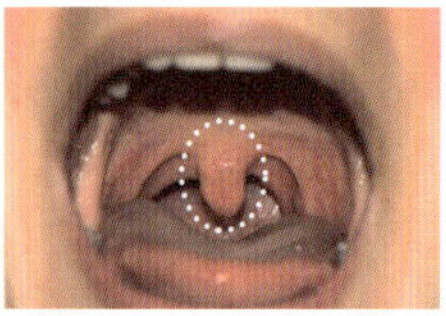

목젖

또 남에게 잘 보이려 할 때에 '꼬리 친다'고 한다. 하지만 겉으로 드러나는 꼬리가 없는 사람은 실제로 신체身體에 4개의 꼬리뼈를 가지고 있다.

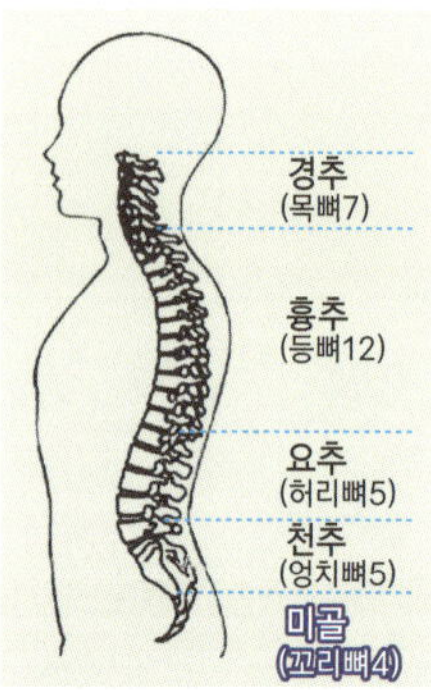

경추에서 미골까지

그 뼈는 최초最初의 인류人類가 꼬리가 있었음을 방증傍證하는 것이다. 그러나 사람이 직립直立을 하면서 그 꼬리는 점점 퇴화退化되어 꼬리뼈만 흔적기관痕迹器官으로 남게 되었다. 그 꼬리뼈, 즉 '꼬리[尾]의 뼈[骨]'는 한자로 尾骨(미골)[3]이라 한다.

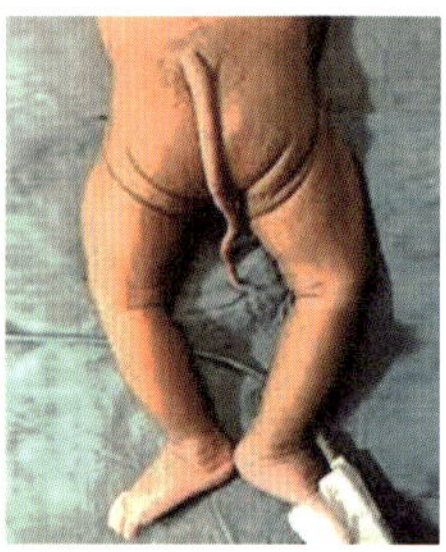

꼬리가 있는 아이

尾骨은 예전에 아무 의미 없는 기관器官으로 생각되었다. 그러나 인체人體 기능機能에 대한 이해理解가 높아지면서 체중體重을 지탱支撐하는 기능을 한다는 것이 알려졌다. 특히 앉을 때에는 체중의 대부분을 지탱한다는 뼈이다. 따라서 尾骨이 다치면 사람은 누구나 앉을 때 매우 불편不便함을 느끼게 된다.

드물게 오늘날 돌연변이突然變異로 꼬리가 보이는 아이가 태어나기도 한다. 하지만 10~20cm 정도로 그다지 길지 않고, 사람들의 시선視線이나 앉거나 누울 때 통증痛症이 발생發生하기 때문에 수술手術로 제거除去하고 있다.

그 외에 인체人體에는 鎖骨(쇄골)·尺骨(척골)·肩胛骨(견갑골)·胸骨(흉골)·上腕骨(상완골)·肋骨(늑골)·脊椎骨(척추골)·骨盤(골반)·腰骨(요골)·大腿骨(대퇴골)·膝蓋骨(슬개골)·脛骨(경골)·腓骨(비골) 등의 다양한 뼈들이 있다. 이들 뼈를 쉽게 이해하려면 骨자와 함께 쓰인 한자를 알면 큰 도움을 받을 수 있을 것이다.

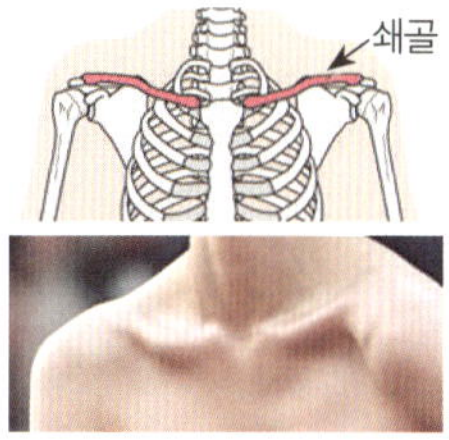

쇄골

유골과 백골

사람은 흙에서 나서 흙으로 돌아간다고 한다. 어차피 죽어서 언젠가 흙으로 돌아가는 주검이 된다. 그 '주검에서 살이 문드러져 없어지고 남은[遺] 뼈[骨]'가 바로 遺骨(유골)[4]이다. 또 화장터에서 그 주검을 태우고 남은 뼈 역시 遺骨이라 한다.

납골당에 모신 선친(호국원)

아울러 화장터에서 '주검을 화장火葬한 후에 들여서[納] 유골[骨]을 모셔놓는 집[堂]'은 納骨堂(납골당)[5]이라 한다. 하지만 우리나라 법률法律에서 納骨堂은 일본식日本式 한자漢字라 하여 봉안당奉安堂이라 하고 있다.

일본 납골당

그 외에 '遺骨이 오래되어 희게[白] 보이는 뼈[骨]'는 白骨(백골)[6]이라 한다. 白骨은 다시 죽음을 의미하기도 한다. 따라서 '죽어서 백골[白骨]이 되어도 잊기[忘] 어렵다[難]'는 말이 白骨難忘(백골난망)[7]이고, 白骨難忘은 흔히 남에게 큰 은덕恩德을 입었을

백골부대 상징마크

백골공원 기념비

때 고마움을 드러내는 데 쓰이고 있다.

6·25전쟁六二五戰爭 직전 월남越南한 북한北韓 청년靑年들이 입대入隊해 '白骨이 되어서라도 고향故鄕을 되찾겠다'는 각오覺悟로 철모鐵帽에 白骨을 그려 넣으면서 '白骨部隊(백골부대)'가 된 부대部隊 명칭에서도 그 쓰임을 엿볼 수 있다.

白骨部隊는 1950년 10월 1일 최초最初로 38선線을 넘어 북진北進한 전설적傳說的인 부대다. 10월 1일인 '국군의 날'은 바로 이 부대로부터 비롯되었다.

아울러 조선朝鮮 후기後期에, '백골[白骨]이 된 죽은 사람 이름을 세금稅金 대장臺帳에 올려놓고 군포[布]를 징수하던[徵] 일'은 白骨徵布(백골징포)[8]라 한다. 조선 후기 삼정문란三政紊亂의 한 사례事例로, 군정軍政의 폐해弊害를 알려주는 말이다.

골자와 골수

'뼈'는 한자어漢字語로 骨子(골자)[9]라 하기도 한다. 骨子는 '뼈'를 뜻하는 骨자와 椅子(의자)나 帽子(모자)나 册子(책자)의 子[아들 자]자처럼 의미意味가 없는 접미사接尾辭로 이뤄진 말이다.

오늘날 骨子는 "영국은 일본과 다른 나라와 교전하게 될 때 서로 중립을 지킬 것을 골자로 하는 영일 동맹을 맺었다『북간도(안수길)』"에서처럼 활용活用되고 있다. 곧 骨子는 '몸에서 뼈[骨]와 같은 역할을 하는 요긴要緊한 부분部分'을 의미하는 데 쓰이기도 하는데, 사전辭典에는 이를 '말이나 일의 내용에서 중심이 되는 줄기를 이루는 것'으로 풀이하고 있다.

또 뼈는 그 표면表面이 뼈막으로 덮여 있고, 속에는 骨髓(골수)[10]로 채워져 있다. 뼛속에 채워져 있는 骨髓는 부드럽고 연軟한 조직組織으로, 적혈구赤血球나 백혈구白血球와 같은 혈구血球를 만들어 낸다. 그렇게 '혈구를 만들기 위해 뼈[骨]의 속[髓]에 있는 조직'이기에 髓[뼛속 수]자를 덧붙여 骨髓라 한다.

골수로 채워진 뼈

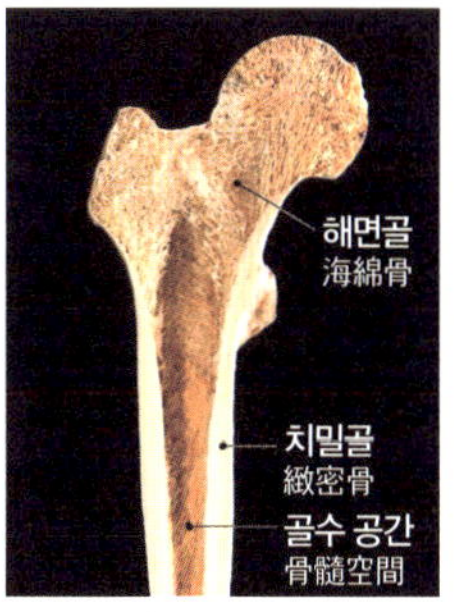

골수 공간

결국 몸속에 뼈가 있고, 뼛속에 骨髓가 있는 것이다. 그렇게 骨髓는 뼈에서도 더 안쪽에 있다는 점 때문에 깊숙한 곳을 비유적比喩的으로 이르고, 깊숙한 곳과 관련해 조직의 요점要點이나 핵심核心 등을 의미하기도 한다. 또 마음속 깊은 곳을 의미하기도 한다.

따라서 '骨髓에 맺히다'는 '잊히지 아니하고 마음속 깊이 응어리져 있다'라는 말이 되었고, '骨髓에 박히다'는 '어떤 생각이나 감정이 빠져나갈 수 없게 마음속 깊이 자리 잡히다'라는 말이 되었다.

나아가 '어떤 조직체組織體의 이념理念을 마음속 깊이 철저히 신봉信奉하는 사람'을 속俗되게 이르는 말인 骨髓分子(골수분자)[11]에서도 그 쓰임을 엿볼 수 있다.

뿐만 아니라 '원한[怨]이 골수[骨髓]에 들어[入] 사무치다'라는 의미로, 몹시 원망怨望함을 이르는 말인 怨入骨髓(원입골수)[12]에서도 그 쓰임을 엿볼 수 있다. 아울러 '병[病]이 골수[骨髓]에 깊이 스며들다[入]'라는 의미로, 병이 깊고 위중危重함을 이르는 말인 病入骨髓(병입골수)[13]에 쓰이기도 한다.

그 외에 骨髓는 '단 한곳으로만 파고드는 사람'을 이르는 '외

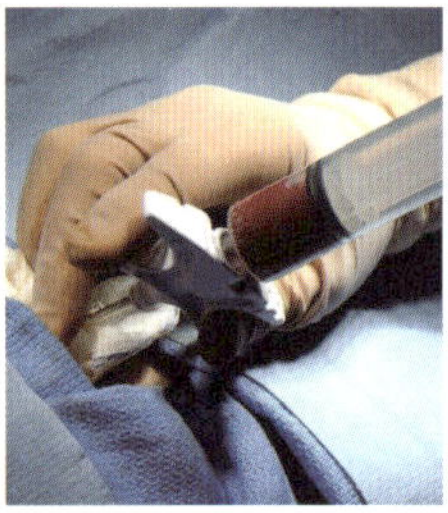
골수이식의 과정

골수'와 '연예인이나 무언가를 광적으로 좋아하며 오랜 기간 동안 지지하는 사람'인 '골수팬'이란 말에 활용되기도 한다.

또 '건강한 사람의 골수[骨髓] 세포細胞를, 혈구血球 형성形成을 자극하기 위해 백혈구白血球에 이상이 있는 환자患者에게 이식[移植]함'을 이르는 말인 骨髓移植(골수이식)[14]에서도 그 쓰임을 살펴볼 수 있다.

골육과 피골과 모골

骨자는 뼈가 살 속에서 몸을 지탱支撑하는 단단한 물질物質이기에 살과 관련된 한자인 肉[고기 육]자와 어울려 骨肉(골육)[15]이란 말로 쓰이기도 한다.

결국 骨肉은 '뼈[骨]와 살[肉]을 아울러 이르는 말'인데, 오늘날은 그 뼈와 살을 물려주고 물려받은 가까운 혈족血族인 부모父母와 자식子息, 또는 부모에게 이를 동일同一하게 물려받은 형제兄弟를 이르기도 한다. 더 나아가 같은 민족民族을 이르기도 한다.

골육지친

따라서 骨肉之親(골육지친)[16]은 '뼈[骨]와 살[肉]을 같이 나눈 떨어질 수 없는 친족[親]'이란 의미로, 부자父子와 형제 또는 그와 가까운 혈족을 이른다. 또 骨肉之情(골육지정)[17]은 '뼈[骨]와 살[肉]을 같이 나눈 가까운 혈족 사이의 정분[情]'을 이른다.

아울러 骨肉相爭(골육상쟁)[18]은 '뼈[骨]와 살[肉]을 나눈 이들이 서로[相] 다툼[爭]'을 이르는데, 형제나 같은 민족民族끼리 서로 다툼을 의미한다. 骨肉相殘(골육상잔)[19]도 '뼈[骨]와 살[肉]을 나눈 이들이 서로[相] 해침[殘]'을 이르고, 부자나 형제 또는 같은 민족끼리 서로 싸움을 의미한다.

골육상잔

뿐만 아니라 骨자는 살 밖의 살갗(살가죽)과 관련된 皮[가죽 피]자와 어울려 皮骨(피골)로도 쓰이고, 살갗(살가죽)에 나는 터럭과 관련된 毛[터럭 모]자와 어울려 毛骨(모골)로도 쓰이고 있다.

다시 皮骨은 '살갗[皮]과 뼈[骨]가 서로[相] 접할[接] 정도로 몹시 말랐음'을 이르는 '皮骨이 相接(상접)하다[20]'에, 毛骨은 '아주 끔찍한 일을 보거나 당하여 털[毛]과 뼈[骨]가 곤두설 정도로 두려움[悚然]'을 이르는 '毛骨이 悚然(송연)하다[21]'에 활용되고 있다.

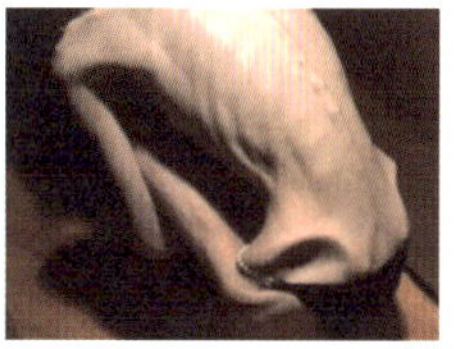

피골이 상접한 사람

'곯았다'의 '곯'과 骨자의 '골'의 음이 비슷

그 외에 骨자는 鷄卵有骨(계란유골)[22]이란 말에서도 그 쓰임을 엿볼 수 있는데, 이는 '닭[鷄] 알[卵]에 뼈[骨]가 있다[有]'는 말이다. 한데 일상생활日常生活에서 사람들이 섭취攝取하는 닭의 알, 계란鷄卵에는 뼈가 없다.

필리핀의 곤계란

그런 계란에 뼈가 있을 수 있는 상황狀況은 부화孵化하기 직전直前의 '곤계란'에서나 볼 수 있다. 사실 '곤계란'은 다 자란 병아리가 든 계란을 그대로 삶은 것으로, 공식公式 명칭名稱은 '부화중지란孵化中止卵'이라 한다. 이를 달리 '곤달걀', 또는 '보신란補身卵'이라 부르기도 한다.

예전에 보약補藥의 개념槪念으로 우리나라 일부一部 지역地域에서 이를 먹기도 했다. 오늘날은 베트남이나 필리핀의 길거리 등에서 오리알로 곤계란처럼 만든 먹을거리를 팔고 있다.

황희 정승 초상화

한데 鷄卵有骨의 계란은 그처럼 만들어진 게 아니었다. 믿거나 말거나 이는 황희黃喜 정승政丞과 관련해 민간民間에 전해지는 아래의 야사野史를 통해 그 유래由來를 알아볼 수 있다.

조선朝鮮 초기初期, 세종世宗 때에 영의정領議政을 지낸 황희가 집안 형편이 좋지 않자 임금이 명命으로 하루 동안 숭례문崇禮門으로 들어오는 물품物品은 모두 사서 황희 집으로 보내라 했다. 그러나 그날은 종일 폭풍우暴風雨가 몰아쳐 아무것도 들어오는 게 없었고, 그나마 저녁 때에 계란 한 꾸러미가 들어왔다. 그런데 계란을 삶아 놓고 보니 모두 곯아서 먹을 수가 없었다.

해서 '곯았다'의 '곯'과 骨자의 음인 '골'이 비슷하므로 이로써 骨자를 덧붙인 鷄卵有骨이란 말이 만들어져 전해지게 되었다는 것이다. 오늘날 鷄卵有骨은 일이 공교롭게 틀어짐, 또는 운수運數가 나쁜 사람은 모처럼 좋은 기회機會를 만나도 역시 일이 잘 안 됨을 이르는 말로 쓰이고 있다.

골골하는 사람

또 骨자는 骨生員(골생원)이란 말에서도 그 쓰임을 엿볼 수 있다. 하지만 한자사전漢字辭典에 '용렬하고 낡아빠진 사람을 가리켜 일컫는 말', 또는 '병으로 인하여 골골하는 사람'으로 풀이한 骨生員에서 骨자는 무슨 의미意味로 쓰였는지 분명分明치 않다. 다만 그 풀이에서 보듯 '골골하다'라는 말의 '골'과 같은 음音을 지닌 骨자를 덧붙여 쓴 게 아닐까 짐작斟酌된다. 일부一部에서는 '뼛속까지 든 병'과 관련해 骨자를 덧붙였다 하기도 한다.

骨자는 '골격'의 뜻

뼈는 또 몸의 틀을 구성構成하는 데 중요한 역할을 한다. 따라서 뼈 모양이나 크기에 따라 겉으로 드러나는 사람의 골격骨格도 같지 않게 되고, 이는 또 사람의 풍모風貌나 풍채風采를 결정決定짓는 데 의미가 있는 요소要素로 작용作用된다. 때문에 뼈를 뜻하는 骨자는 '골격'의 뜻을 지니기도 한다.

따라서 玉骨(옥골)[23]은 '옥[玉]같이 깨끗한 골격[骨]'이라는 의미로, 고결高潔한 풍채風采를 이르기도 한다. 이는 또 玉骨仙風(옥골선풍)[24]이나 氷肌玉骨(빙기옥골)[25]이란 말에도 활용되고 있다.

玉骨仙風은 '옥[玉]같이 깨끗한 골격[骨]을 지닌 신선[仙]과 같은 풍채[風]'를 말한다. 氷肌玉骨도 '얼음[氷]과 같이 맑은 살결[肌]과 옥[玉]같이 깨끗한 골격[骨]'을 의미하며, 맑고 깨끗한 미인美人을 비유적으로 이른다. 아울러 매화梅花의 곱고 깨끗함을 비유적으로 이르기도 한다.

빙기옥골의 눈 맞은 매화

철골 구조

뿐만 아니라 骨자는 사람이 아닌 물체物體의 골격을 이를 때도 쓰이고 있다. 그런 말에 鐵骨(철골)[26]이 있다. 鐵骨은 '철재[鐵]로 된 건축물의 골격[骨]'를 이른다. 또 '건물의 골격[骨]를 이루는 데 도움이 되는 재료[材]'인 骨材(골재)[27]나 '骨材로 이뤄진 뼈대[骨]의 조직[組]'을 이르는 骨組(골조)[28]에서도 그 쓰임을 엿볼 수 있다.

骨자는 '몸'의 뜻을 지니기도

또 骨자가 뜻하기도 하는 '골격'은 달리 '뼈대'라 할 수 있는데, '뼈대'는 몸을 이루는 데 중요한 역할을 한다. 따라서 骨자는 '몸'의 뜻을 지니기도 한다.

그처럼 骨자가 '몸'의 뜻으로 쓰이는 말에 弱骨(약골)[29]은 '약한[弱] 몸[骨]', 또는 약한 몸을 지닌 사람을 이른다. 壯骨(장골)[30]은 '씩씩하고[壯] 기운이 센 몸[骨]', 또는 그런 몸을 지닌 사람을 이른다. 俊骨(준골)[31]은 '준수하게[俊] 생긴 몸[骨]', 또는 그런 몸을 지닌 사람을 이른다.

경주 황성공원의 박혁거세상

아울러 신라시대新羅時代에 부모父母가 모두 왕계王系인 사람으로, 시조始祖 혁거세赫居世부터 28대 진덕여왕眞德女王까지는 '성스러운[聖] 몸[骨]을 지닌 사람'이라 하여 聖骨(성골)[32]이라 했다. 부계父系와 모계母系 가운데 어느 한쪽이 왕족王族인 집안의 사람은 眞骨(진골)이라 했다.

나아가 그렇게 '지체가 있는 몸[骨]의 혈통血統에 따라 품계

[品]를 나눠 신분을 따지는 제도[制度]'가 바로 骨品制度(골품제도)[33]였다.

骨자는 '기백과 골격'을 아울러 이르는 '기골'의 뜻

아울러 몸의 골격에 따라 겉으로 드러나는 사람의 기백氣魄도 달라질 수 있는데, 이는 사람의 기백이 골격 크기에 영향을 받기도 하기 때문이다. 따라서 骨자는 '기백과 골격'을 아울러 이르는 '기골氣骨'의 뜻을 지니기도 한다.

뼈 없는 사람이 없음에도 '뼈[骨] 없는[無] 벌레[蟲]'를 의미하는 無骨蟲(무골충)[34]이 오늘날 마치 기골이 없이 무르게 행동하는 사람을 놀림조로 흔히 이르는 말로 쓰이는 데서 그런 쓰임을 엿볼 수 있다. 이는 기골이 없음을 뼈가 없음으로 나타낸 것이다.

無骨好人(무골호인)[35]도 '기골[骨]이 없는[無] 좋은[好] 사람[人]'이라는 말로, 성질性質이 아주 순順하여 어느 누구의 비위脾胃에나 두루 맞는 사람을 이른다.

아울러 '어떤 권력權力이나 권위權威에 따르지 않고 거스르는[叛] 기골[骨]', 또는 그런 기골을 지닌 사람을 일러 叛骨(반골)[36]이라 하고, '굽히지 아니하고 강하게[強] 버티는 기골[骨]', 또는 그런 기골을 지닌 사람을 일러 強骨(강골)[37]이라 하며, '색[色]을 지나치게 좋아하는 기골[骨]', 또는 그런 기골을 지닌 사람을 일러 色骨(색골)[38]이라 한다.

骨자는 '기백'과 비슷한 '의기'의 뜻

앞서 '기백氣魄과 골격骨格'을 아울러 이르는 '기골氣骨'의 뜻으로 쓰인 骨자는 '기백'과 비슷한 '의기意氣'의 뜻을 지니기도 한다.

말에도 뼈가 있을 리 없지만 言中有骨(언중유골)[39]은 '말[言] 속[中]에 뼈[骨]가 있다[有]'라는 의미로, 예사例事롭게 표현表現하는 말 속에 만만치 않은 의기가 담겨 있음을 이른다. 言中有骨의 骨자를 '의기'라는 뜻으로 풀이한 것이다. 그처럼 의기가 담긴 말은 인생人生을 현명賢明하게 살아가는 데 도움을 주는 격언格言이나 속담俗談 등에서 많이 볼 수가 있다.

工
[장인 공]

자물쇠를 푸는 장인

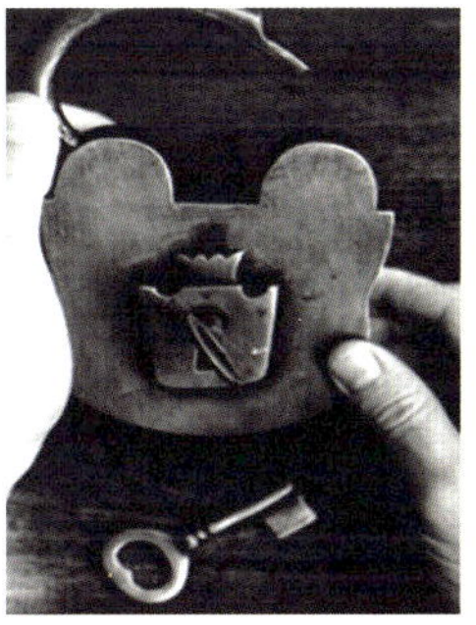
열쇠로 자물쇠를 푸는 모습

꽉 잠긴 자물쇠를 푸는 기술技術을 가진 노련老鍊한 장인匠人이 있었다. 기술이 뛰어나 많은 사람이 문제問題가 생길 때마다 그를 찾았다.

어느 날 그 장인이 은퇴隱退를 결심決心하고 여태껏 기술을 전수傳授한 두 제자弟子를 불렀다. 그리고 "시험試驗을 치러 후계자後繼者를 정하마"라고 말하며 금고金庫 두 개를 놓아두고 각자各自 하나씩 자물쇠를 풀어 열게 했다.

한 제자는 얼마 지나지 않아 금고를 열었지만 다른 제자는 시간이 꽤 지나고 나서야 겨우 금고를 열었다.

장인이 물었다. "금고 안에 무엇이 있었느냐?" 먼저 금고를 연 제자가 대답對答했다. "금고 안에 금괴金塊가 있었습니다." 뒤늦게 금고를 연 제자도 대답했다. "저는 안에 무엇이 들었는지는 보지 못했습니다. 자물쇠를 푸는 데만 신경을 쓰다 보니……."

장인은 뒤에 금고를 연 제자를 후계자로 정했다. 그리고 먼저 금고를 연 제자에게 말했다. "자물쇠를 푸는 장인은 마음속에 자물쇠를 푸는 것만 있어야지 다른 게 있어서는 안 되네."

한 우물만 파는 것

조선시대 장인(은공)

장인의 기술技術과 노동勞動은 많은 재물財物에 관심關心을 두고 모으는 데 있는 게 아니라 고유固有한 문화유산文化遺産을 남기기 위해 의미意味 있는 일을 하는 데 있다.

할 수 있는 일이 돈 버는 일밖에 없는 사람은 돈 버는 일에만 매달릴 수밖에 없고, 돈 버는 일이라면 이 일 저 일 마다하지 않는 사람이 된다.

하지만 장인은 한 가지 일에만 전념專念하는 이들이다. 한 우물만 파는 것이다. 비록 그 일이 힘들고 어렵더라도 자부심自負心을 갖고 의미意味가 있는 어느 한 분야分野 일에 전력全力을 다해 몰두沒頭하는 이가 바로 장인인 것이다. 필자筆者가 35년 동안 오로지 문자학文字學 관련關聯 서적書籍 집필執筆 하나에만 매달린 것도 같은 이유理由다.

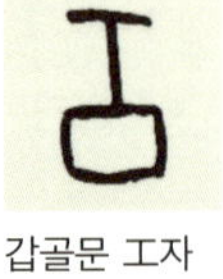
갑골문 工자

工자는 장인과 관련된 도구와 관련

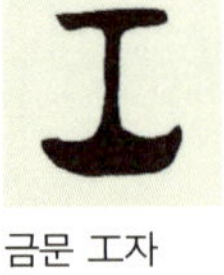
금문 工자

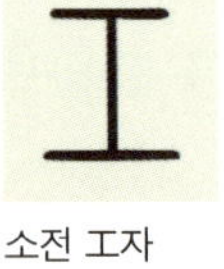
소전 工자

한자에서 工[장인 공]자는 바로 그 '장인'을 뜻하지만 어떤 형태形態에서 비롯된 자형字形인지 분명치 않다. 일부 문자학자文字學者들은 그림쇠나 곱자를 나타냈다 하지만 도끼나 절굿공이,

또는 수준기水準器를 나타냈다고 하기도 한다. 어떤 견해見解를 따르든 장인과 관련된 도구道具와 관련이 있음은 분명하다. 따라서 工자는 '장인'의 뜻을 지니게 되었다.

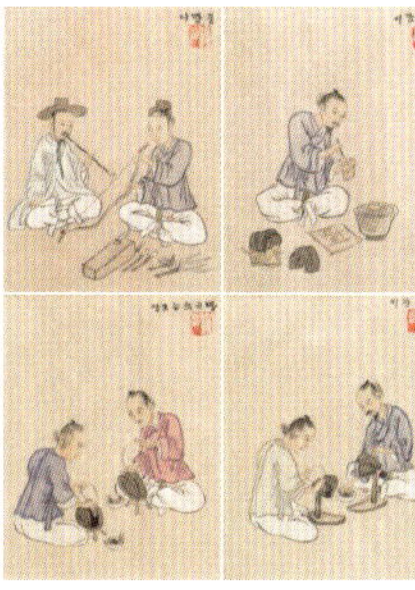

여러 물건을 만드는 장인

장인은 무엇을 다루어 만드느냐

장인은 무엇을 다루어 만드느냐에 따라 부르는 그 명칭名稱이 정定해진다.

'나무[木]를 다루는 장인[工]'은 木工(목공)[1], '돌[石]을 다루는 장인[工]'은 石工(석공)[2], '흙[土]을 다루는 장인[工]'은 土工(토공)[3], '질그릇[陶]을 다루는 장인[工]'은 陶工(도공)[4], '쇠[鐵]를 다루는 장인[工]'은 鐵工(철공)[5], '악기[樂]를 다루는 장인[工]'은 樂工(악공)[6], '칠[漆]을 다루는 장인[工]'은 漆工(칠공)[7], '양철[洋鐵]을 다루는 장인[工]'은 洋鐵工(양철공)[8]이라 한다.

1. 그림과 대화의 내용으로 보아 ㉠에 들어갈 것은? [1점]

교사: 조선 후기 화가 윤두서의 작품을 감상해 볼까요?
수민: 두 사람이 돌을 깨는 일을 하는 모습이네요.
우림: 망치를 휘두르는 사람의 근육이 매우 인상적입니다. 앉아서 정을 잡고 있는 사람은 돌이 튈까 봐 얼굴을 돌리고 있네요.
교사: 그래요. 돌을 다루는 일을 직업으로 삼는 (㉠)을/를 잘 묘사한 그림이랍니다.

① 木手 ② 石工 ③ 商人 ④ 牧童 ⑤ 漁夫

2022년 대학수학능력시험 문제

그 외에 어디서 어떻게 일하느냐에 따라 그 명칭이 정해지지기도 한다.

'옷감 짜는[織] 일을 하는 장인[工]'은 織工(직공)[9], '대장간에서 쇠 불리는[冶] 일을 하는 장인[工]'은 冶工(야공)[10], '그림 그리는[畫] 일을 하는 장인[工]'은 畫工(화공)[11], '모래사장[沙(砂)]에 배를 부리는 장인[工]'은 沙工(사공)[12]이라 한다.

또 무슨 일을 하느냐에 따라 그 명칭이 정해지기도 한다.

'배관[配管] 일을 하는 장인[工]'은 配管工(배관공)[13], '주물[鑄物] 일을 하는 장인[工]'은 鑄物工(주물공)[14], '도장[塗裝] 일을 하는 장인[工]'은 塗裝工(도장공)[15], '수선[修繕] 일을 하는 장인[工]'은 修繕工(수선공)[16], '인쇄[印刷] 일을 하는 장인[工]'은 印刷工(인쇄공)[17], '날염[捺染] 일을 하는 장인[工]'은 捺染工(날염공)[18], '배[船] 만드는[造] 일을 하는 장인[工]'은 造船工(조선공)[19]이라 한다.

공업과 공학

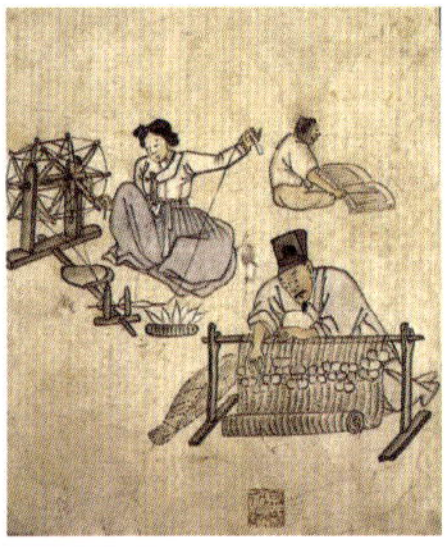

〈자리짜기〉(김홍도)

그 외에 수많은 장인이 있지만, 시대가 바뀌면서 예부터 전해오던 고유固有한 문화유산文化遺産을 만들던 기술技術을 지닌 장인들은 오히려 점점 사라지고 있다. 오늘날은 필요한 물건을 공장工場에서 기계機械를 이용利用해 대량大量으로 만드는 방식方式으로 바뀌었기 때문이다.

곧 옛날에 '집[家] 안[內]에서 손수[手] 장인[工]이 물건을 만드는 일[業]'이었던 家內手工業(가내수공업)[20]이 거의 사라져 가고 있는 것이다. 대신에 주로 혼자서 장인[工]이 하던 일[業]이 '여러 사람이 하는 공장[工]의 일[業]'로 바뀐 工業(공업)[21]이 다양多樣한 분야分野의 산업産業으로 발전發展되었다.

軍需工業(군수공업)·化學工業(화학공업)·機械工業(기계공업)·精密工業(정밀공업)·金屬工業(금속공업)·食品工業(식품공업)·琉璃工業(유리공업)·石炭工業(석탄공업)·紡績工業(방적공업)·染色工業(염색공업)·製鐵工業(제철공업)·鐵鋼工業(철강공업)·纖維工業(섬유공업)·石油工業(석유공업)·織物工業(직물공업)·木材工業(목재공업)·製紙工業(제지공업)·自動車工業(자동차공업)·半導體工業(반도체공업)·

航空機工業(항공기공업) 등이 바로 그런 산업이다.

나아가 '공업[工]에 대한 학문[學]'이 바로 工學(공학)[22]이고, 工學은 다시 食品工學(식품공학)·人體工學(인체공학)·道路工學(도로공학)·航空工學(항공공학)·制御工學(제어공학)·遺傳工學(유전공학)·環境工學(환경공학)·衛生工學(위생공학)·建築工學(건축공학)·船舶工學(선박공학)·軍事工學(군사공학)·都市工學(도시공학)·心理工學(심리공학)·土木工學(토목공학)·遺傳子工學(유전자공학) 등의 다양한 학문學問으로 구분되고 있다.

工자는 '일'의 뜻을 지니기도

뿐만 아니라 工자는 물건物件 만드는 일과 관련되기에 '일'의 뜻을 지니기도 한다. 따라서 '물건을 손수[手] 만드는 일[工]'은 手工(수공)[23]이라 하고, 手工으로 하는 일 가운데 잔손을 많이 들여 '세밀하게[細] 만드는 일[工]'은 細工(세공)[24]이라 한다.

금세공

나아가 細工할 때 무엇을 다루는지에 따라 다시 여러 분야로 구분하고 있다.

예컨대 '금[金]을 세밀히[細] 다뤄 만드는 일[工]'은 金細工(금세공)[25], '은[銀]을 세밀히[細] 다뤄 만드는 일[工]'은 銀細工(은세공)[26], '대[竹]를 세밀히[細] 다뤄 만드는 일[工]'은 竹細工(죽세공)[27], '뿔[角]을 세밀히[細] 다뤄 만드는 일[工]'은 角細工(각세공)[28]이라 한다.

죽세공

공사와 공장

건설공사

또 '일'의 뜻으로도 쓰이는 工자는 같은 뜻으로 쓰이는 事[일 사]자와 어울려 '무언가 만들거나 고치는 일[工事]'과 관련된 工事(공사)[29]란 말로도 흔히 쓰이고 있다.

뿐만 아니라 工事는 다시 土木工事(토목공사)·砂防工事(사방공사)·建設工事(건설공사)·假設工事(가설공사)·河川工事(하천공사)·電氣工事(전기공사)·治水工事(치수공사)·埋立工事(매립공사)·下水工事(하수공사)·灌漑工事(관개공사)·地盤工事(지반공사)·護岸工事(호안공사)·塗裝工事(도장공사)·建築工事(건축공사)·干拓工事(간척공사)·道路工事(도로공사)·外裝工事(외장공사)·水道工事(수도공사)·防音工事(방음공사)·陣地工事(진지공사)·掘鑿工事(굴착공사)·防水工事(방수공사)·煖房工事(난방공사)·配管工事(배관공사)·內裝工事(내장공사)·造景工事(조경공사)·浚渫工事(준설공사) 등의 다양한 말로 활용되고 있다.

아울러 '원료原料나 재료材料를 가공加工해 물건 만드는 일[工]을 하는 곳[場]'인 工場(공장)[30]의 工자도 '일'의 뜻으로 쓰이고 있다. 工場은 다시 무엇을 어떻게 만드느냐에 따라 여러 분야의 工場을 나타내는 말에 덧붙여 쓰이고 있다.

자동차공장

그런 말로는 軍需工場(군수공장)·染織工場(염직공장)·道程工場(도정공장)·釀造工場(양조공장)·紡織工場(방직공장)·石炭工場(석탄공장)·鑄物工場(주물공장)·冷凍工場(냉동공장)·家具工場(가구공장)·製氷工場(제빙공장)·洋襪工場(양말공장)·製絲工場(제사공장)·製菓工場(제과공장)·牛乳工場(우유공장)·製鐵工場(제철공장)·煉炭工場

(연탄공장)·精油工場(정유공장)·紡績工場(방적공장)·印刷工場(인쇄공장)·自動車工場(자동차공장) 등이 있다.

인공의 工자도 '일'의 뜻

그 외에 人工(인공)[31]의 工자도 '일'의 뜻으로 쓰이고 있다. 人工은 '사람[人]이 하는 일[工]', 또는 '사람[人]의 힘으로 자연에 대해 가공하거나 작용을 하는 일[工]'을 의미한다.

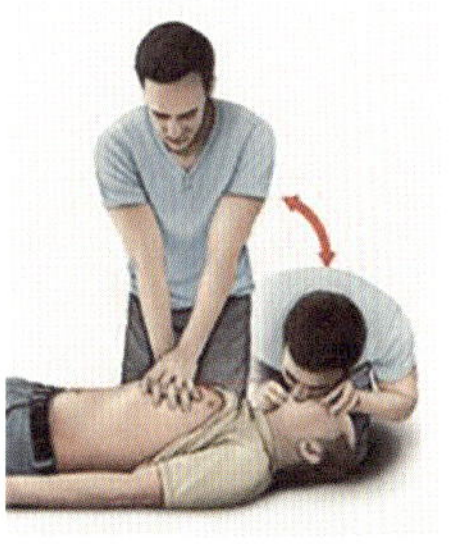

가슴압박과 인공호흡
(대한심폐소생협회)

人工衛星(인공위성)·人工知能(인공지능)·人工受精(인공수정)·人工呼吸(인공호흡)·人工照明(인공조명)·人工降雨(인공강우)·人工透析(인공투석)·人工關節(인공관절)·人工孵化(인공부화)·人工纖維(인공섬유)·人工交配(인공교배)·人工分娩(인공분만)·人工行星(인공행성)·人工人間(인공인간)·人工色素(인공색소) 등의 말로 활용되고 있다.

아울러 '일'을 뜻하는 工자가 덧붙여진 말인 工程(공정)[32]은 국어사전國語辭典에 '일[工]의 진척되는 과정이나 정도[程]'라 풀이되었는데, 이는 영어英語로 말하면 프로젝트project라 한다.

따라서 '중국中國이 추진推進한 동북[東北]쪽 변경 지역의 역사와 현상에 관한 연구 프로젝트[工程]'는 東北工程(동북공정)[33]이라 한다.

동북3성과 한반도

東北工程은 중국에서 만주滿洲 지방의 지리地理·역사歷史·민족民族 문제 따위를 연구하는 국가 연구 프로젝트로, 오늘날의 중국 영토領土에서 전개展開된 모든 역사를 중국의 역사로 만들

중국 역사책에 표기된 고구려

기 위해 2002년부터 추진했다. 그 프로젝트의 궁극적窮極的 목적目的은 중국의 전략지역인 동북지역, 특히 고구려高句麗·발해渤海 등 한반도韓半島와 관련된 역사를 중국의 역사로 만들어 한반도가 통일統一되었을 때 일어날 가능성이 있는 영토분쟁領土紛爭을 미연未然에 방지防止하는 데 있는 것으로 보인다.

문제는 만일 고구려의 역사가 중국의 역사에 편입編入된다면 오늘날 우리나라의 정체성正體性에 심대甚大한 타격打擊이 주어진다는 것이다.

세계적世界的으로 알려진 우리나라의 영문英文 표기表記가 Korea이고, Korea는 고구려에서 비롯된 명칭名稱이기 때문이다. 한데 고구려의 역사가 중국의 역사로 바뀐다면 오늘날 우리나라(Korea)는 중국에 속하는 나라로 세상 사람들에게 인식認識될 여지餘地가 생기게 된다. 따라서 이를 좌시坐視하고 있으면 안 된다는 것을 알 수 있다.

工자는 '만들다'의 뜻을 지니기도

칠보공예

또 工자는 장인이 물건을 만드는 사람이기에 '만들다'의 뜻을 지니기도 하는데, 工藝(공예)[34]의 工자가 그런 뜻으로 쓰였다. 工藝는 '물건을 솜씨 있게 만드는[工] 재주[藝]'를 이르는 말이기 때문이다.

나아가 工藝는 木工藝(목공예)·竹工藝(죽공예)·漆工藝(칠공예)·玉工藝(옥공예)·琉璃工藝(유리공예)·金屬工藝(금속공예)·纖維工藝

(섬유공예)·七寶工藝(칠보공예)·染織工藝(염직공예)·金銀工藝(금은공예)·貝殼工藝(패각공예)·螺鈿工藝(나전공예)·骨角工藝(골각공예)·家具工藝(가구공예)·寶石工藝(보석공예)·皮革工藝(피혁공예)·鑄造工藝(주조공예)·雪糖工藝(설탕공예)·韓紙工藝(한지공예)·粘土工藝(점토공예)·畫角工藝(화각공예)·染色工藝(염색공예) 등에서 그 쓰임을 볼 수 있다.

화각공예

공부란 말

아울러 工자의 쓰임은 오늘날 학생들의 화두話頭가 되는 工夫(공부)란 말에서도 엿볼 수 있다.

工夫는 오랫동안 애쓴 일이 소용이 없게 되어 처음 상태로 되돌아간 것과 같음을 이르는 말인 '십 년 공부 도로 아미타불'이라는 말에서 볼 수 있듯 불가佛家에서 나온 말로 알려져 있다.

불가에서 工夫는 원래 '시간과 노력을 들여서 불법佛法을 열심히 닦는다'는 의미로 사용했다. 그러나 후대에 유가儒家에서도 이를 따라 사용했고, 오늘날 우리나라에서는 '학문學問이나 기술技術을 배우고 익힌다'는 의미로 사용하고 있다.

금동아미타여래좌상(불국사)

한데 '십 년 공부 도로 아미타불'은 한자로 '十年工夫 徒勞阿彌陀佛'로 쓰고 있지만 이는 사실 '십념공부도로아미타불十念工夫都盧阿彌陀佛'에서 온 말로 알려져 있다.

'십념공부도로아미타불'은 사람이 생生을 다하게 되어 죽을 때 '아미타불'을 열[十] 번 정성精誠을 들여 외우면[念] 어떤 중생衆生이든지 극락왕생往生極樂할 수 있다는 의미다.

그런데 '십념공부도로아미타불'이 '십 년 공부 도로 아미타불'로 바뀌면서 십념(十念)은 '십 년(十年)'으로, '도로'의 한자는 都盧에서 徒勞로 바뀌면서 그 의미도 변화되어 쓰이게 된 것이다.

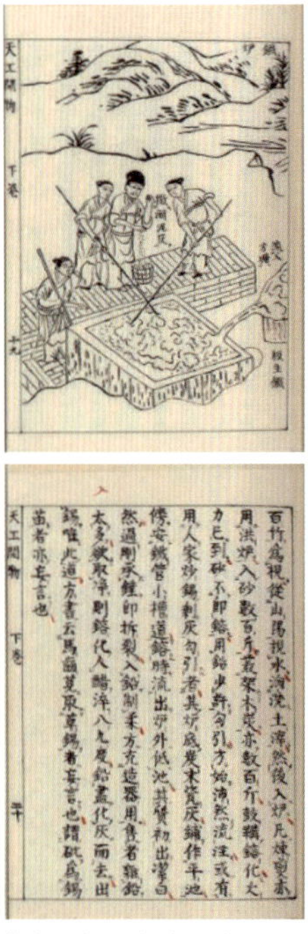
『천공개물』의 일부 내용

工자는 '공교하다'의 뜻을 지니기도

뿐만 아니라 工자는 장인이 물건을 공교工巧하게 만드는 일을 하기에 '공교하다'의 뜻을 지니기도 한다.

중국 명明나라 때에, 학자學者 송응성宋應星이 지은 책인 『天工開物(천공개물)[35]』의 工자가 바로 '공교하다'의 뜻으로 쓰였다.

天工開物은 '하늘[天]의 공교함[工]을 이용해 물건[物]을 개발[開]하다'라는 의미다. 곧 자연自然의 원리原理를 이용해 이를 인공人工과 배합配合, 사람의 일상생활에 필요한 많은 물건을 개발開發하고 제조製造해 낸다는 것이다.

口 [입 구] 먹고, 그리고 말하고

블그스레한 그대의입
가짓피인 장미(薔薇)인듯
그빗갈 그맵시에
내눈은 황홀하야
뒤흔들이는 가슴을 쓸어안고
가든길 그대로 일헛노라.

마릴린 먼로

일제강점기日帝强占期 활동했던 권구현權九玄 시인詩人의 시詩 「입」의 일부一部다. 시에서 이야기한 입은 크게 두 가지 역할役割을 한다. 먹고, 그리고 말하고…….

입을 통해 들고나는 것이 지나치면

먹는 것은 입을 통通해 들어가고, 말하는 것은 입을 통해 나온다. 이렇게 입을 통해 들고나는 것이 지나치면 문제問題가 된다.

'입이 포도청捕盜廳'이라고 사람은 먹지 않으면 죽게 된다. 문

먹이를 먹는 사자

제는 다른 동물動物처럼 적당히 먹지 않는 것이다. 다른 동물은 배가 부르면 더 이상 먹지 않는데 사람은 배가 부른데도 불구不拘하고 먹기를 그치지 않는 경우境遇가 적지 않다. 그렇게 먹는 것을 적당히 그치지 않으면 결국 비만肥滿을 초래招來한다. 비만은 만병萬病의 주범主犯이 된다.

먹는 행위行爲는 사람이 아닌 다른 동물도 하지만 말하는 행위는 사람만 가능可能하다. 한데 말하는 것이 지나쳐도 재앙災殃을 초래한다. 그 재앙은 자신自身뿐 아니라 주변周邊 사람에게까지 미친다.

그러니 口禍之門(구화지문)이라 해서 '입[口]은 재앙[禍]의[之] 문[門]'이라 했다. 사람에게 '입이 보배'라 하기도 하는데, 오히려 '입이 원수'가 되는 상황狀況이다.

사람의 귀가 둘이고 입이 하나인 것은 귀로는 많이 듣고, 입으로는 적게 말하라는 것이라 한다. 속담俗談에도 "말하면 백 냥 금이요, 입 다물면 천 냥 금이라" 했다. 더 나아가 "침묵沈默은 금"이라 했다.

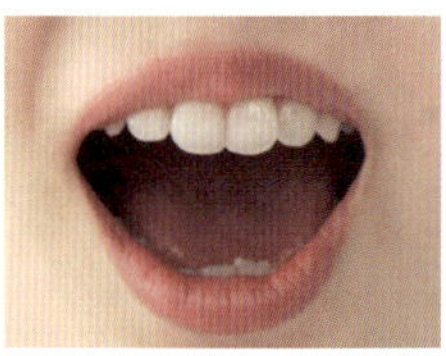

口자는 입을 나타낸 한자

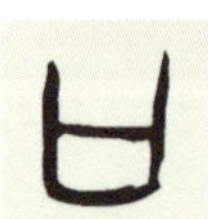
갑골문 口자

금문 口자

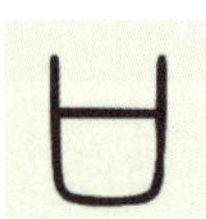
소전 口자

口[입 구]자는 바로 그 입을 나타낸 한자다. 따라서 '입'의 뜻을 지니게 되었다. 입의 큰 두 역할과 관련해 먹거나 말할 때는 벌려야 하기 때문에 벌린 입으로 나타냈다.

이목구비와 인구

사람 낯에서 '귀·눈·입·코의 중요한 네 기관器官'인 耳目口鼻(이목구비)[1] 가운데 하나가 입이다. 그런 '사람[人]의 입[口]'은 한자로 人口(인구)[2]라 한다.

따라서 "人口에 膾炙(회자)되다[3]"라고 하면 이는 '세상 사람[人]의 입[口]에 날고기[膾]나 구운 고기[炙]처럼 오르내리는 이야깃거리가 되다'라는 것이다. 이때 膾炙의 膾[회 회]자는 썰어 놓은 날고기, 炙[구울 자]자는 불에 구운 고기를 말한다.

〈야연〉(성협)

고기가 귀貴했던 옛날에 膾炙는 사람 입에 오르내리는 맛있는 음식飮食이었다. 그런 음식처럼 다시 시문詩文 등이 사람들의 입에 많이 오르내리고 찬양讚揚을 받을 때에 "人口에 膾炙된다" 하고 있다.

하지만 오늘날 人口는 '일정한 지역에 사는 사람의 수'를 의미하는 말로 더 자주 사용되고 있다.

입은 먹다와 관련된 말

경구투약의 모습

입은 먹는 역할을 하기 때문에 먹다와 관련된 말에 쓰이는데, 經口投藥(경구투약)[4]이 그런 말이다. 經口投藥은 '입[口]을 통해[經] 약[藥]을 투여하다[投]'라는 의미로, 간편하여 가장 많이 사용하는 투약방법投藥方法이다.

또 입은 상황狀況에 따라 손의 역할을 대신하기도 한다. 두

구필화가의 모습

손만으로 부족不足한 경우에 입을 사용하거나 불운不運하게 손을 못 쓰는 사람들이 입을 손처럼 사용하기 때문이다.

그처럼 '손을 못 쓰는 사람들 가운데 입[口]에 붓[筆]을 물고 그림을 그리는 화가[畫家]'는 口筆畫家(구필화가)[5]라 한다.

아울러 입이 말하는 행위와 밀접한 관련이 있기 때문에 口자는 '말(말씀)'을 뜻하는 言[말씀 언]자와 어울려 쓰이기도 하는데, 一口二言(일구이언)[6]이나 有口無言(유구무언)[7]이 바로 그런 말이다.

一口二言은 '한[一] 입[口]으로 두[二] 말[言]을 하다'라는 의미로, 한 가지 일에 대하여 말을 이랬다저랬다 함을 이르는 말이다.

有口無言은 '입[口]은 있어도[有] 말[言]은 없다[無]'라는 의미로, 변명辨明할 말이 없거나 변명을 못 함을 이르는 말이다.

그 외에 많은 사람인 무리[衆]의 입[口]은 衆口(중구)라 하는데, 衆口(중구)는 다시 衆口難防(중구난방)[8]이나 衆口鑠金(중구삭금)[9]의 말로 활용되고 있다.

衆口難防은 '무리[衆]의 입[口]을 막기[防] 어렵다[難]'라는 의미로, 말을 막기 어려울 정도로 여럿이 마구 떠들어댐을 이르는 말이다.

衆口鑠金은 '무리[衆]의 입[口]이 쇠[金]도 녹이다[鑠]'라는 의미로, 여론輿論의 힘이 큼을 이르는 말이다.

口자는 '주둥이'나 '아가리'의 뜻

입은 사람이 아닌 물고기나 짐승에게도 있는데, 물고기나 짐승의 입은 흔히 '주둥이'라 한다. 또 그릇이나 어떤 물체에서 입과 같은 역할을 하는 좁고 길쭉하게 생긴 구멍의 어귀 부분은 '아가리'라 한다. 바로 그 '주둥이'나 '아가리'는 사람의 입을 속俗되게 이르는 말로도 쓰이고 있다. 따라서 입을 뜻하는 口자는 '주둥이'나 '아가리'의 뜻을 지니기도 한다. 그 외에 새의 입인 '부리'의 뜻을 지니기도 한다.

대구의 주둥이

해서 '큰[大] 주둥이[口]의 물고기'는 大口(대구)[10]라 한다. 나아가 大口는 그 요리와 관련해 大口湯(대구탕)·大口膾(대구회)·大口脯(대구포)·大口粥(대구죽) 등의 말로도 활용되고 있다.

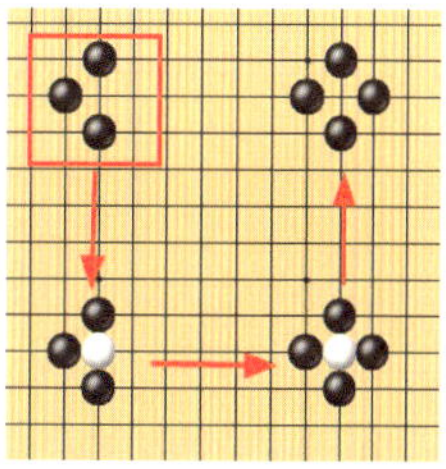
호구(흰 돌을 두는 곳)

아울러 '범[虎]의 주둥이[口]'는 虎口(호구)[11]라 한다. 만약 虎口에 먹잇감이 놓여 있다면 이는 죽음을 앞둔 위태危殆로운 상태狀態라 볼 수 있다. 그처럼 바둑에서도 돌을 두자마자 상대相對에게 잡혀 먹히는 위태로운 곳을 虎口라 한다.

뿐만 아니라 남에게 잡아 먹힐 만큼 '어수룩하여 이용하기 좋은 사람'도 虎口라 한다. 한데 우리말에는 虎口처럼 못난 사람을 이르는 말이 적지 않다. 바보·병신·등신·천치·백치·숙맥·맹물·맹탕·밥통·얼간이·머저리·찌질이·꺼벙이·멍청이·촌뜨기·못난이·얼뜨기·핫바지·빙충이·봉·밥·졸 등 수많은 말이 있다. 이들은 모두 虎口를 달리 표현할 수 있는 말이라 하겠다.

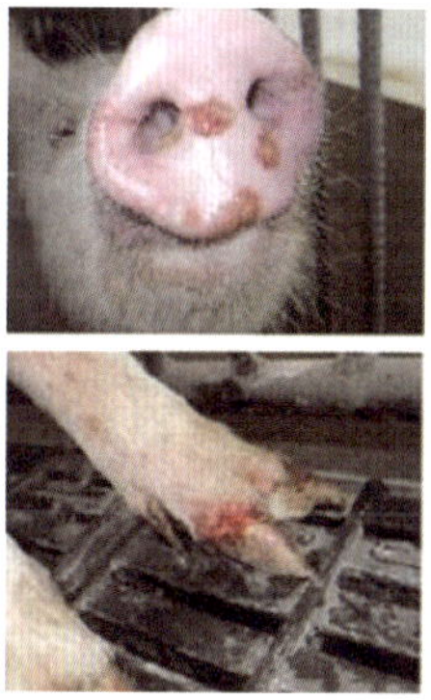
구제역에 걸린 돼지

또 '소나 돼지 주둥이[口] 점막이나 발굽[蹄] 사이 피부에 물집이 생기는 전염병[疫]'인 口蹄疫(구제역)[12]의 口자도 '주둥이'의 뜻으로 쓰이고 있다.

저작하는 메뚜기

뿐만 아니라 메뚜기나 잠자리와 같은 '곤충의 턱이 단단하여 먹이를 씹어[咀嚼] 먹기 알맞게 된 주둥이[口]'를 咀嚼口(저작구)[13]

라 한다. 咀嚼口의 咀[씹을 저]자와 嚼[씹을 작]자는 '씹다'는 뜻을 지니는 한자다. 그 咀嚼은 "책을 저작하고 소화하듯 꼼꼼히 읽다"에서처럼 활용되기도 한다.

황구와 계구와 총구

황구의 어린 새

아울러 새의 새끼가 대개 누런[黃] 부리[口]인 데서 '어린 새'를 黃口(황구)라 하고, 黃口는 다시 의미가 확대되어 '어린아이'를 이르기도 한다.

19세기 조선朝鮮 왕조王朝에 세도정치勢道政治가 이뤄지면서 매관매직賣官賣職으로 벼슬자리에 오른 탐관오리貪官汚吏들이 조세제도租稅制度를 문란紊亂하게 하면서 심지어 '어린아이[黃口]까지 장정[丁]으로 군적軍籍에 올려[簽] 군포軍布를 징수徵收하던 일'을 黃口簽丁(황구첨정)[14]이라 했다.

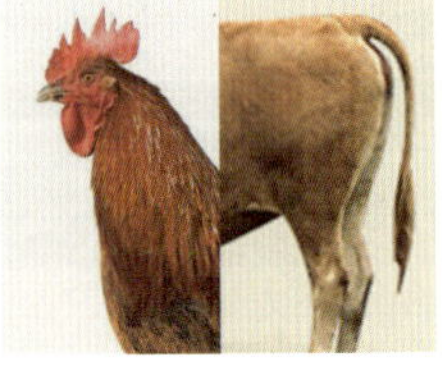

계구와 우후

또 '닭[鷄]의 부리[口]'는 鷄口(계구)라 한다. 鷄口는 작은 가축家畜인 닭의 몸체에서 맨 앞에 있기에 다시 작은 단체團體의 우두머리를 비유적比喩的으로 이르는 말로도 쓰이고 있다. 반면에 큰 가축인 '소[牛]의 맨 뒤[後]'를 이르는 말은 牛後(우후)인데, 牛後는 세력勢力이 큰 단체의 맨 뒤에 있는 사람을 비유적으로 이르는 말로도 쓰이고 있다.

결국 鷄口와 牛後를 합친 鷄口牛後(계구우후)[15]는 '닭[鷄]의 부리[口]와 소[牛]의 맨 뒤[後]'라는 의미인데, 이는 큰 단체 끝자리보다 작은 단체 우두머리가 되라는 말이다.

또 口자는 앞에서 언급言及했듯 어떤 물체物體에서 입과 같은 역할役割을 하는 좁고 길쭉하게 생긴 구멍의 어귀 부분인 '아가리'를 뜻하기도 하는데, 銃口(총구)[16]의 口자가 그처럼 쓰이고 있다.

銃口는 '총알이 나가는 총[銃] 앞쪽 끝부분의 아가리[口]'를 이르기 때문이다.

나아가 銃口 부분의 길이와 관련된 지름을 나타내는 말도 口자를 써서 口徑(구경)이라 하고, 그 口徑이 작으면 小口徑(소구경)이라 한다.

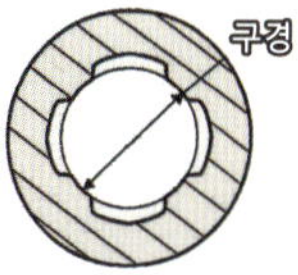

총구의 구경

소구경 권총

口자는 '사람'의 뜻

그 외에 口자는 입 없는 사람이 없기에 '사람'의 뜻을 지니기도 한다. 사람의 입이 사람을 대표代表한 것이다. 해서 사람[人]의 입[口]을 의미하는 人口란 말을 사용해 "人口가 몇 명이냐?"라는 물음은 "사람이 몇 명이냐?"와 같은 말로도 받아들여지고 있다.

송아지를 돌보는 모습

그처럼 家口(가구)나 戶口(호구)의 口자도 '사람'의 뜻으로 쓰이고 있다. 아울러 食口(식구)[17]도 '한집에서 함께 살면서 끼니[食]를 같이하는 사람[口]'을 의미한다. 또 예부터 집에서 기르는 짐승인 소나 돼지나 개 등을 사람처럼 여겨 口자를 덧붙여 生口(생구)라 하며, 소나 돼지 등이 새끼를 낳으면 자식을 얻은 것처럼 기뻐하면서 마치 食口가 늘어난 것처럼 여겼다.

口자는 '구멍'이나 '어귀'의 뜻

용암이 끓고 있는 분화구

뿐만 아니라 입에 말이나 음식이 드나들듯 무언가 드나들 수 있는 상태狀態나 상황狀況으로 말미암아 口자는 '구멍'이나 '어귀'의 뜻을 지니기도 한다.

港口(항구)·浦口(포구)·窓口(창구)·噴火口(분화구)·出入口(출입구)·突破口(돌파구)·非常口(비상구)·改札口(개찰구)·噴出口(분출구)·換氣口(환기구)·通風口(통풍구)·逃避口(도피구)·排水口(배수구)·排出口(배출구)·投藥口(투약구)·出納口(출납구)·投入口(투입구)·賣票口(매표구) 등의 말에서 그런 뜻의 쓰임을 살펴볼 수 있다.

물이 찬 백두산 분화구

弓
[활 궁]

우리나라는 활의 나라

산山이 많은 우리나라는 왜적倭敵이나 오랑캐가 쳐들어오면 산성山城에 들어가 진陣을 치고 활을 쏘며 싸웠다.

그런 활쏘기는 고구려高句麗 무용총舞踊塚 수렵도狩獵圖를 봐도 꽤 오래전부터 이뤄졌음을 알 수 있다. 삼국시대三國時代에는 인구가 적었지만 사냥할 동물이 비교적 풍부했다. 따라서 사냥하며 활 쏘는 기회를 많이 가졌다. 또 전쟁도 잦았기에 그런 상황을 통해 활 솜씨를 닦았다.

그렇게 하며 우리나라는 점차 활을 잘 쏘는 활의 나라가 되었다. 반면에 중국中國은 창槍의 나라가 되었고, 일본日本은 칼의 나라가 되었다.

성에서 활 쏘는 모습(〈동래부순절도〉)

고구려 무용총 수렵도

전해지는 활에 대한 이야기

활의 나라인 우리나라가 올림픽 양궁경기洋弓競技에서 많은 금메달을 따는 것도 다 이 같은 전통에 뿌리를 두고 있다. 그 때문인지 우리나라는 예부터 전해지는 활에 대한 이야기가 적지 않다.

그 가운데 고구려를 세운 동명성왕東明聖王이 있다. 동명성왕은 원래 이름이 주몽朱蒙이었다. 주몽은 재능才能이 남달리 뛰어났는데, 특히 활쏘기에 능能했다. 그 이름 '주몽'도 '활을 잘 쏘는 사람'이라는 의미다.

또 조선朝鮮을 세운 태조太祖 이성계李成桂도 활을 잘 쏘았다. 이성계가 왕王이 되기 전에 왜장倭將 아지발도阿只拔都가 많은 왜구倭寇를 이끌고 우리나라를 쳐들어와 어지럽힌 적이 있었다. 그때 이성계가 남원南原 운봉雲峰의 황산荒山에서 갑옷을 차려입고 투구를 쓴 아지발도를 제압하기 위해 활로 투구를 맞혔고, 부하部下 이지란李之蘭이 마무리하도록 해 죽였다.

그 외에 조선의 정조正祖도 활을 잘 쏘았다. 기록記錄에 의하면 여러 차례에 걸쳐 50발 가운데 49발을 맞히고 일부러 한 발은 과녁에서 빗나가게 쏘았다고 한다. 이는 스스로 겸손謙遜하기 위해서라고 정조 자신이 밝힌 바 있다.

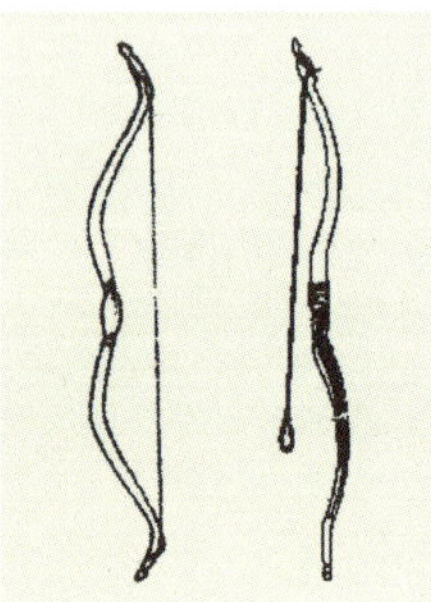

얹은활과 부린활

弓자는 시위가 없는 활대 모양

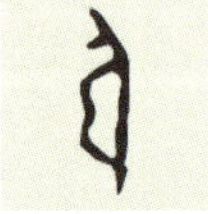

갑골문 弓자

금문 弓자

소전 弓자

그런 '활'을 뜻하는 弓[활 궁]자는 갑골문 자형을 보면 활대에 시위가 매어져 있거나 없는 모양模樣으로 표현되어 있다. 후에 시위가 없는 활대 모양만의 활이 오늘날 자형의 바탕이 되었다. 활의 생명력生命力은 화살을 멀리 쏘아 보내는 데 있는데, 이는 활대의 탄성彈性으로 인한 것이지 시위의 탄성으로 인한 것이 아니다. 따라서 더 중요한 부위部位인 활대만으로 활을 나타면서 '활'의 뜻을 지닌 弓자가 이뤄진 것이다.

새가 앉은 횃대와 불타는 횃불

나아가 '활'은 횃대나 횃불의 '홰'와 관련이 있는 말로 보인다. '횃대'나 '횃불'의 '홰'는 나무 막대를 이르고, '화이'의 준말이다. 또 '화이'는 '화리'로도 쓰이는데, '화리'의 어근語根이 '활'이 되었기에 활도 나무 막대를 이른다 하겠다. 곧 활은 나무 막대와 관련된 물건인 것이다. 마치 '회초리'의 '회'가 나무 막대와 관련이 있는 것처럼.

탄궁과 석궁

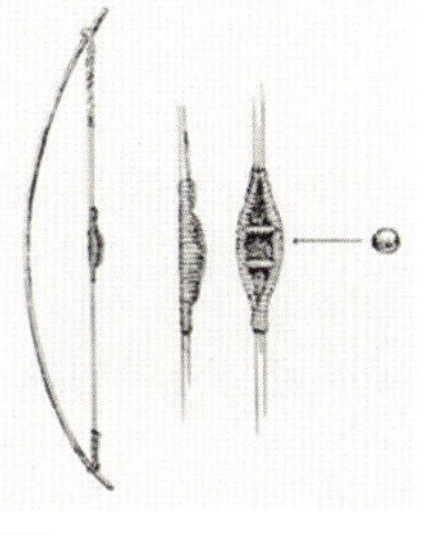
탄궁

아주 오래전에 인류人類는 사냥을 할 때에 가까운 거리에 있는 사냥감을 향해 돌을 던졌다. 그러다 시간이 흐르면서 마치 어려서 작은 돌을 쏘며 가지고 놀았던 새총처럼 돌을 쏘는 도구道具를 만들어 사용했는데, 그것이 바로 '작은 돌덩이를 탄알[彈]로 삼는 활[弓]'인 彈弓(탄궁)[1]이었다. 그처럼 중세中世 유럽에서도 '돌[石]을 쏘는 데 사용하는 활[弓]'인 石弓(석궁)[2]이 있었다.

석궁

하지만 彈弓은 사정거리射程距離가 짧고 명중률命中率이 떨어지는 한계限界가 있었다. 이에 彈丸를 사용하는 대신에 '화살[箭]을 사용하는 활[弓]'인 箭弓(전궁)[3]처럼 오늘날 흔히 사용하는 활이 만들어졌다.

단궁과 각궁과 국궁과 양궁

박달나무

각궁을 만드는 여러 재료

국궁하는 여궁사 모습

箭弓은 처음에 대나 나무만으로 만들어지다 탄력彈力을 더하기 위해 뿔과 같은 물질物質을 더해 만들어지기도 했다. 나무로 만들 때는 흔히 뽕나무나 박달나무를 사용했다.

그중에 '박달나무[檀]로 만들어지는 활[弓]'은 '박달나무'를 뜻하는 檀[박달나무 단]자를 덧붙여 檀弓(단궁)[4]이라 한다. 박달나무는 재질材質이 치밀緻密하고 단단하기에 활 만드는 재료材料로 쓰인 것이다.

또 '물소의 뿔[角]을 이용해 만들어지는 활[弓]'은 '뿔'을 뜻하는 角[뿔 각]자를 덧붙여 角弓(각궁)[5]이라 한다. 角弓에는 뿔 외에 뽕나무도 사용되며, 소 힘줄과 민어 부레풀을 이용해 만들어지고 있다.

그렇게 만들어진 角弓은 전통적傳統的으로 사용하고 있는 '고유固有한 우리나라[國]의 활[弓]'이기에 國弓(국궁)[6]이라 하기도 한다. 또 '화살이 멀리 나가는 강한[强] 활[弓]'이기에 强弓(강궁)[7]으로 여겨지고 있다. 반면에 '서양[洋] 방식으로 만든 활[弓]'은 洋弓(양궁)[8]이라 한다.

올림픽 경기에서 활쏘기

오늘날 세계인世界人의 스포츠 제전祭典인 올림픽 경기競技에서 활쏘기는 바로 그 洋弓으로 치러지고 있다.

그 洋弓競技에서 우리나라는 어느 나라도 따라올 수 없는 대기록大記錄을 세우고 있다. 특히 여자단체전女子團體戰의 경우境遇 1988년 서울 올림픽 이후以後부터 10번 연속連續해 우리나라 선수選手들이 금메달을 따고 있다.

올림픽에서 과녁을 조준하는 모습

2020년 도쿄 하계올림픽 양궁경기

그런 선수 가운데 4개의 올림픽 금메달을 딴 김수녕金水寧 선수는 '귀신[神]과 같은 재주로 활[弓]을 잘 쏘는 사람'이라 하여 神弓(신궁)[9]의 소리까지 듣고 있다. '활[弓]을 쏘는 사람[手]'인 弓手(궁수)[10] 중에서도 가장 뛰어난 弓手를 일러 神弓이라 하고 있는 것이다.

그처럼 우리나라는 올림픽에서 금메달을 따면서 神弓으로 불리는 사람들의 계보系譜가 있는데, 그 계보는 서향순(1984년, 로스엔젤레스)-김수녕(1988년, 서울)-조윤정(1992년, 바르셀로나)-김경욱(1996년, 애틀랜타)-윤미진(2000년, 시드니)-박성현(2004년, 아테네)-기보배(2012년, 런던)-장혜진(2016년, 리우)-안산(2020년, 도쿄)-임시현(2024년, 파리) 선수로 이어지고 있다.

이들은 모두 '이름[名]이 나게 활[弓]을 잘 쏘는 사람'이기에 名弓(명궁)[11]이라 하기도 한다.

조선은 '활의 나라'

우리나라 사람들이 그렇게 神弓이나 名弓 소리를 듣게 된 것은 결코 우연이 아니다. 조선시대朝鮮時代 때도 우리나라 사람들은 남녀노소男女老少를 가리지 않고 활쏘기에 관심關心을 가져

〈활쏘기〉(김홍도)

'활[弓] 쏘는 기술[術]'인 弓術(궁술)[12]을 익혔다.

일반 사람들이 벼슬길에 나아가기 위해 치러야 하는 무과武科 시험試驗에서는 물론, 문과文科 공부工夫하는 선비들도 활쏘기가 유학자儒學者의 덕목德目 중 하나인 육예六藝에 속하기에 열심히 弓術을 익혔다. 심지어 노인老人들이나 기생妓生들까지 활을 쏴서 내기를 할 정도로 조선은 '활의 나라'였다.

단원檀園 김홍도金弘道의 그림 〈활쏘기〉에서 훈련訓練을 받고 있는 사람들을 보면 그런 모습을 잘 알 수 있다.

金 [쇠 금] 지휘자 '금난새'

세모시 옥색치마 금박물린 저 댕기가
창공을 차고 나가 구름 속에 나부낀다.
제비도 놀란 양 나래 쉬고 보더라.

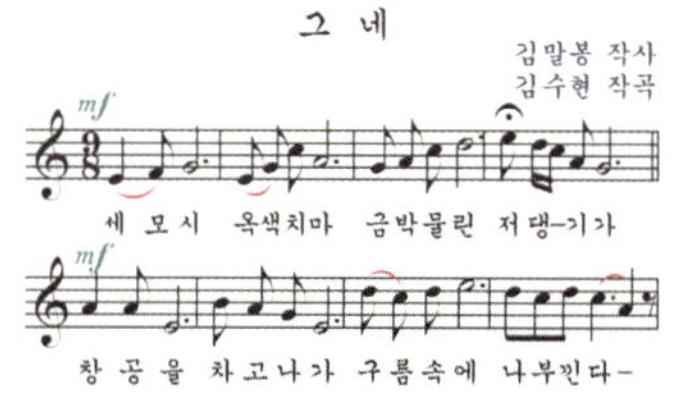

〈그네〉 악보 일부

지휘자 금난새

학창시절學窓時節 거의 모든 사람이 배우고 불렀던 〈그네〉라는 노래의 가사歌詞다. 그 노래의 작곡가作曲家는 오른쪽 자료인 악보樂譜 우측右側 상단上段을 보면 '김수현'으로 표기되어 있다.

한데 바로 그분의 아들이 우리나라에서 잘 알려진 지휘자指揮者 '금난새'다. 아버지는 성姓을 '김'으로 쓰고 있는데, 아들은 '금'으로 쓰고 있다. 성이 '금'으로도, '김'으로도 읽히는 한자인 金자기 때문이다.

하지만 아버지도 젊었을 때에 이미 성을 '금'으로 썼다고 한다. 다만 당시에는 법률상法律上 金씨의 성씨 표기表記를 '김'으로만 할 수 있었기에 사회생활社會生活에서는 '금'으로 썼던 것이다.

애초에 금난새 지휘자도 가족관계등록부家族關係登錄簿와 주민등록증住民登錄證, 여권旅券과 운전면허증運轉免許證 등에는 '김난새'로 쓰여 있었다. 그러나 이로 인해 재산財産 상속相續 과정過程 등에 문제問題가 발생하자, 결국 2018년 국가國家를 상대로 소송訴訟을 제기했다.

이에 대해 대법원大法院에서는 광복光復 직후直後부터 금수현-금난새 집안이 성의 한자 독음讀音을 '금'으로 사용해 왔고, 이를 사회적社會的로도 사용해 왔기 때문에 이들 집안에 한限해 가족관계등록부에 성씨의 한자 독음을 '금'으로 바꿔 쓸 수 있다고 판결判決했다.

'김'은 원나라나 송나라 때쯤의 발음

金 쇠 금, 8획
① 금속 ② 돈 ③ 황금
발음 [jīn]

金자 관련 자료

그런 金자가 언제부터 성姓으로 쓰일 때에 '김'으로 읽히게 되었을까.

金자를 오늘날 중국어中國語로 발음發音하면 '진Jīn'인데, 청淸나라나 명明나라 때는 '긴kin'으로 발음했고, 원元나라나 송宋나라 때는 '김kim'으로 발음했다. 오늘날 '김'을 영문英文으로 'kim'이라 표기하니 金자를 성으로 '김'이라 한 것은 원나라나 송나라 때쯤에 발음되었던 중국中國 음音에 영향을 받은 것으로 보인다.

중국 광동성

한자가 처음 우리나라로 전해질 때는 金자의 음을 '금'이라고만 했는데, 후대에 변화된 중국 음에 영향을 받아 성이나 지명地名을 지칭할 때는 '김'으로도 읽히게 된 것이다. 일부에서는 좀 더 구체적으로 고려高麗 말기末期에 원나라의 지배를 받을 때에 영향을 받았다 하고 있다. 오늘날에도 중국 남방南方의 말인 광동어廣東語로 金자는 '깁'과 비슷하게 발음되고 있다.

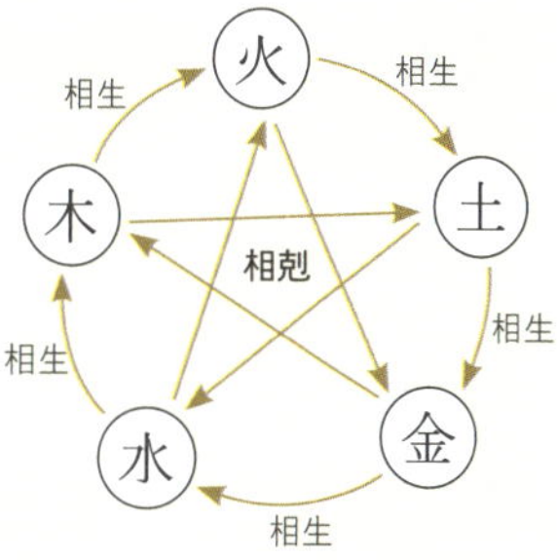

오행 상생상극도

그러나 일부에서는 金자를 성으로 발음할 때에 '김'이라 한 것은 조선朝鮮이 건국된 뒤에 음양오행설陰陽五行說에 영향을 받았기 때문이라 하기도 한다. 오행五行의 水[물]·木[나무]·火[불]·土[흙]·金[쇠]에서 木(목)은 土(토)를 이기고, 土는 水(수)를, 水는 火(화)를, 火는 金(금)을, 金은 木(목)을 이긴다는 상극相剋의 원리原理가 있는데, 바로 조선을 건국한 이씨李氏가 음양오행설의 木과 관련이 있고, 이 木를 이기는 것이 金이기 때문에 그 음을 바꿔 '금'이 아닌 '김'으로 성씨를 읽게 했다고 한 것이다. 하지만 이는 金자의 음만 바뀐 것이지 木을 이기는 金의 자형字形이 바뀐 게 아니니 아무 소용이 없다. 따라서 오행과 관련된 견해見解는 타당성 없는 것으로 보인다.

金자는 무언가 주조하기 위한 원료인 쇳물

갑골문 弓자　금문 弓자　소전 弓자

金자 휘호문자

성에 '김'의 음으로 읽히는 金[쇠 금]자는 원래 '쇠'를 뜻하면서 '금'의 음으로 읽히는 한자다.

자연自然에서 취取한 쇠붙이는 녹여서 주조鑄造해야 필요한 도구道具를 만들 수 있다. 따라서 金

쇳물로 기물을 주조하는 모습

자는 금문 자형字形으로 살피면 그냥 무언가 주조하기 위해 원료原料인 쇳물을 두 덩이로 나타내다가 쇠로 주조하는 틀(거푸집), 또는 도끼와 같은 주조물로 보이는 자형이 덧붙여진 형태로 나타낸 것으로 보인다. 그렇게 쇠와 관련해 그 자형이 이뤄진 데서 金자는 '쇠'의 뜻을 지니게 된 것이다.

최초에 金자가 뜻하는 쇠는 '구리'

구리

사람이 맨 처음 쇠를 이용했던 때는 청동기시대青銅器時代였다. 주로 돌을 이용해 도구를 만들었던 석기시대石器時代를 지나 비로소 청동青銅의 쇠를 이용해 도구道具를 만들어 사용했던 것이다.

따라서 최초에 金자가 뜻하는 쇠는 青銅(청동)의 銅[구리 동]자와 관련된 '구리'였다. 그러나 나중에 金자는 모든 '쇠'를 총칭總稱했고, 그렇게 총칭해 '쇠[金]로 이뤄진 무리[屬]'에 속하는 金屬(금속)[1]은 다시 다섯 종류로 구분區分해 사용했다.

옛날에는 학문學問의 체계體系가 세워지지 않았기 때문에 오늘날처럼 원자량原子量이나 화학化學 성분成分으로 여러 종류의 쇠를 구분할 수 없었다. 따라서 쇠의 색깔로 그 종류를 구분했는데, 그렇게 해서 구분된 다섯 종류의 쇠가 바로 白金(백금)의 銀(은), 赤金(적금)의 銅(동), 青金(청금)의 錫(석)과 鉛(연), 黑金(흑금)의 鐵

금속 용융점 온도

금속 색깔	금속	원소기호	녹는 온도
黃金황금	金금	Au	1063도
白金백금	銀은	Ag	962도
赤金적금	銅구리	Cu	1083도
青金청금	錫주석	Sh	232도
青金청금	鉛납	Pb	327도
黑金흑금	鐵철	Fe	1530도

(철), 그리고 黃金(황금)의 金(금)이었다. 그 가운데 예부터 오늘날에 이르기까지 사람들은 '누런빛[黃]의 쇠[金]'인 黃金(황금)[2]을 쇠 가운데 가장 좋은 것으로 여겼다. 때문에 오늘날 金자는 주로 '黃金'의 '金'으로 일컬어지고 있다.

황금

金자는 '황금'의 뜻

見金如石(견금여석)[3]의 金자가 바로 그 '黃金'의 뜻으로 쓰이고 있다. '황금[金] 보기[見]를 돌[石] 같이[如] 하다'를 의미하는 말인 見金如石은 지나친 욕심을 절제하다, 또는 대의大義를 위해 부귀영화富貴榮華를 돌보지 않는다는 의미를 지니기도 한다.

자연산 금덩이

또 兄弟投金(형제투금)[4]의 金자도 '황금'의 뜻으로 쓰이고 있는데, '형제[兄弟]가 황금[金]을 버렸다[投]'는 의미의 이 말에는 전傳해지는 이야기가 있다.

〈최영 무신도〉(인왕산 국사당)

"옛날 어떤 형제가 있어, 함께 길을 가다가 黃金 두 덩이를 주워 나눠 가졌다. 그리고 함께 배를 타고 강을 건넜는데, 갑자기 아우가 黃金을 강물에 던져 버렸다. 이에 형이 놀라 그 이유를 묻자 아우가 '제가 평소에 형님을 무척 공경했는데, 오늘 黃金을 나누고 보니 꺼리는 마음이 생겨 상서롭지 않은 물건이라 여겨 버렸습니다'라고 했다. 그러자 형도 '네 말이 맞다' 하며 자신의 黃金도 강물에 던져 버렸다"는 데서 온 말이 바로 兄弟投金인 것이다. 세상에는 분명 黃金보다 중요한 게 있다. '지금 이 순간'의 '지금'이다. '지금'이 없다면 '黃金'도 필요 없기 때문이다.

金은 경도가 낮다

금메달을 입에 물어보는 모습

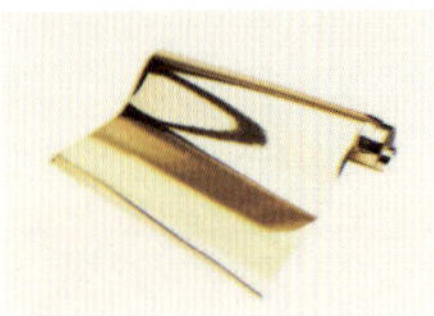
금박지

금동미륵보살반가사유상

黃金의 '금金'은 치아齒牙로 물면 잇자국이 날 정도로 경도硬度가 낮다. 흔히 운동선수運動選手가 금메달金medal을 딴 뒤에 치아로 물어 보는 장면場面을 종종 볼 수 있는데, 이때 잇자국이 나면 이는 진짜 금이라 할 수 있다.

아울러 금은 강도強度가 매우 뛰어나 최대한 얇고 넓게 펴서 활용할 수도 있다. 예컨대 엄지손가락 정도의 금으로 3층 건물建物의 겉을 모조리 뒤덮을 수 있을 정도다. 1만분의 1mm 이하以下 두께도 가능하며, 뒤가 비쳐 보일 정도로 얇게 만들 수도 있다.

따라서 '금[金]으로 발[箔]처럼 가늘고 넓게 만든 종이[紙]'인 金箔紙(금박지)[5]를 만들기도 하고, 생각보다 비싸지 않게 '물체의 겉에 금[金]을 얇게 올리는[鍍] 일'인 鍍金(도금)[6]을 할 수도 있다.

실제로 金銅彌勒菩薩半跏思惟像(금동미륵보살반가사유상)의 金銅(금동)은 銅(동)으로 만든 불상佛像 겉에 금을 올려 鍍金했음을 말한다.

K라는 단위

그처럼 뛰어난 금속金屬인 금金은 오늘날 다른 광물鑛物과 마찬가지로 대부분 '금[金]을 캐내는 광산[鑛]'인 金鑛(금광)[7]을 통해 채굴採掘되고 있다. 일부는 '물가나 물 밑의 모래[沙] 속에 섞인 금[金]'인 沙金(사금)[8]의 형태로도 채취採取된다.

그처럼 채굴이나 채취에 의해 얻게 된 금의 순도純度를 나타낼 때는 오늘날 우리에게 익숙한 %가 아니라 K(캐럿carat)라는 단위單位를 쓰고 있다. 그래서 '다른 금속金屬이 섞이지 아니한 순수한[純] 금[金]'인 純金(순금)[9]을 표시할 때는 24K로 나타내고, 다른 금속이 섞인 금은 18K와 14K로 표시한다. 이를 다시 한자로 나타낼 때에 24K는 二十四金(이십사금), 18K는 十八金(십팔금), 14K는 十四金(십사금)이라 한다. 한데 왜 금의 순도를 나타내는 데 純金을 숫자 100으로 표시하지 않고 24로 표시했을까?

사금을 채취하는 옛 사람

캐럿은 지중해地中海 연안沿岸에서 자라는 식물植物의 한 종류種類인 '캐럽Carob'에서 유래由來했다. 캐럽은 콩과 식물의 나무열매인데, 콩과 비슷하게 생겼으며 놀랍게도 저울추를 대신할 정도로 무게가 일정一定해 다이아몬드의 무게를 측정測定하는 데 사용되기도 했다. 따라서 캐럽 열매 한 개의 무게인 0.2g에 준準해서 오늘날 1캐럿은 200mg으로 정해져 있다. 한데 예전에 지중해 연안 사람들은 말린 캐럽을 한 손에 쥔 정도를 기준基準으로 금이나 소금 등의 물건物件을 교환交換했다. 캐럽이 무게를 재는 기준이 됐던 것이다.

캐럽이 달린 나무

다이아몬드 1캐럿과 1캐럽

그 캐럽은 보통 어른의 손으로 쥐면 24개가 잡히는데, 순도가 가장 높은 純金을 24K라 표시한 것은 바로 거기에서 유래했다. 18K는 24분의 18의 순도이므로 75%가 금이고, 나머지 25%는 은이나 구리 등 다른 금속이 들어 있다는 의미가 된다. 14K는 58.5%의 금이 들어있다는 것으로, 장식품이나 만년필 펜촉이나 치과용으로 사용되고 있다.

24개의 캐럽

금은 영원불변의 특징

신라의 금관

금반지와 금시계와 금시저

24K로 표시되는 순수純粹한 금金은 오랜 시간이 지나도 부식腐蝕되지 않는 영원불변永遠不變의 특징特徵을 가지고 있다.

우리나라 삼국시대三國時代에 '금[金]으로 만든 관[冠]'인 金冠(금관)[10]이 오랜 시간이 지나도 거의 변變치 않고 원형原形 그대로 발굴發掘된 것도 그 때문이다.

보통의 금속金屬들은 쉽게 녹슬지만, 金은 쉽게 녹슬지 않는다. 따라서 예전에는 金으로 金盞(금잔)이나 金貨(금화)를 만들었고, 오늘날에는 金半指(금반지)·金時計(금시계)·金匙箸(금시저→금수저) 등을 만들고 있다.

그 외에 金本位制(금본위제)[11]의 金자도 '黃金'의 '금'의 뜻으로 쓰이고 있다. 金本位制는 '일정한 무게의 금[金]을 근본[本]으로 통화의 표준 단위[位]가 정해져 있는 화폐제도[制]'를 말한다.

金자는 모든 '쇠'를 통칭

하지만 언급했듯 金자가 주로 '黃金'의 뜻으로 쓰이기 전에는 모든 '쇠'를 통칭統稱했다. 冶金術(야금술)[12]이나 鍊金術(연금술)[13]의 金자가 바로 그 '쇠'의 뜻으로 쓰였다. 衆口鑠金(중구삭금)[14]의 金자도 마찬가지다.

冶金術은 '광석鑛石에서 뽑아낸 쇠[金]를 불리어[冶] 필요한 모양으로 만드는 기술[術]'을 말한다. 또 冶金術과 관련關聯이 있는 鍊金術은 '불에 달구어진 쇠[金]를 두드려 단련하는[鍊] 기술[術]'을 말한다.

고대 중국의 야금술 관련 그림

중세기中世紀 유럽에서 '구리·납 따위의 비금속卑金屬으로 금金이나 은銀 등等의 귀금속貴金屬을 만들고, 늙지 않고 오래 사는 영약靈藥까지 만들려고 했던 기술技術'이 바로 鍊金術이다.

衆口鑠金은 '뭇사람[衆]이 입[口]으로 하는 말은 쇠[金]도 녹는다[鑠]'라는 의미로, 여론輿論의 힘이 큼을 이르는 말이다.

고대 중국의 연금술 관련 그림

쇠로 만든 종정과 같은 물건

뿐만 아니라 金자는 쇠로 만든 악기나 칼과 같은 무기 외에 심지어 말방울에 이르는 물건의 뜻으로도 쓰이며, 특히 쇠로 만든 종정鐘鼎(鐘鑼)과 같은 물건을 이르는 뜻으로도 쓰인다. 따라서 한자 자형을 연구할 때에 '쇠[金]로 된 종정에 새겨진 문자[文]'는 金文(금문)[15]이라 한다.

金聲玉振(금성옥진)[16]의 金자도 종정의 鐘[쇠북 종]자와 관련이 있다. 반면에 玉[구슬 옥]자는 磬[경석 경]자와 관련이 있다. 결국 金聲玉振은 '쇠[金]로 만든 鐘(종)으로 소리[聲]를 퍼뜨려 시작하고 옥[玉]으로 만든 磬(경)으로 소리를 거두어들여[振] 끝내다'라는 의미로, 사물事物을 집대성集大成함을 비유적比喩的으로 이르는 말이다. 나아가 지智와 덕德을 아울러 갖춘 상태를 비유적으로 이르는 말이

중국 공묘의 금성옥진

기도 하다.

金자는 '돈'의 뜻을 지니기도

또 쇠는 부피가 작더라도 가치價値가 높으며 휴대携帶하거나 저장貯藏하기 용이容易하기 때문에 예부터 돈으로 사용했다. 따라서 金자는 '돈'의 뜻을 지니기도 한다.

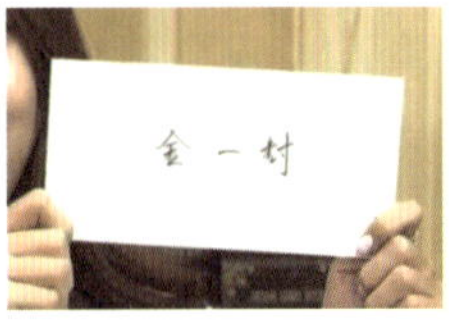

금일봉

'돈[金]을 넣은 하나[一]의 봉투[封]', 또는 '돈[金]을 조금[一] 넣어 봉하다[封]'의 의미를 지닌 金一封(금일봉)[17]이나 '돈[金]을 최고의 가치로 여기고 숭배하여[拜] 삶의 목적을 돈 모으기에 두는 경향이나 태도[主義]'를 의미하는 拜金主義(배금주의)[18]의 金자가 바로 그런 뜻으로 쓰였다.

금권선거

아울러 '돈[金]의 힘[力]'을 의미하는 金力(금력)[19]이나 '金力[金]을 바탕으로 한 권력[權]'을 의미하는 金權(금권)[20]의 金자도 그런 뜻으로 쓰였다. 나아가 金權은 金權萬能(금권만능)이나 金權選擧(금권선거)의 말로 활용되고 있다.

뿐만 아니라 아주 많은 수數로 여겨지는 千(천)이나 萬(만)을 써서 많은 돈을 이르는 千金(천금)이나 萬金(만금), 또는 千萬金(천만금)의 金자도 그런 뜻으로 쓰이고 있다.

千金은 다시 一刻千金(일각천금)·一言千金(일언천금)·一字千金(일자천금), 一攫千金(일확천금)의 말로, 萬金(만금)도 '집[家]에서 보낸 편지의 글[書]이 만금[萬金]의 값어치가 있다'라는 의미인 家書萬金(가서만금)[21]의 말로 활용되고 있다.

또 萬金은 세계에서 가장 긴 방조제防潮堤로 기네스북에 등재登載되어 있는 '새만금새萬金'에서도 그 쓰임을 엿볼 수 있다. 한데 '새만금'은 김제金堤와 만경萬頃의 평야平野를 동시에 일컬어 왔던 '금만평야金萬平野'의 '금만'을 '만금'으로 바꾸고 '새롭다'의 '새'를 덧붙여 만들어진 말이다.

새만금 주변 지도

金자를 덧붙인 각종 명목의 돈

그 외에 金자는 우리나라에서 사용하는 숱하게 많은 각종各種 명목名目의 돈을 이르는 말에 덧붙여 쓰이고 있다.

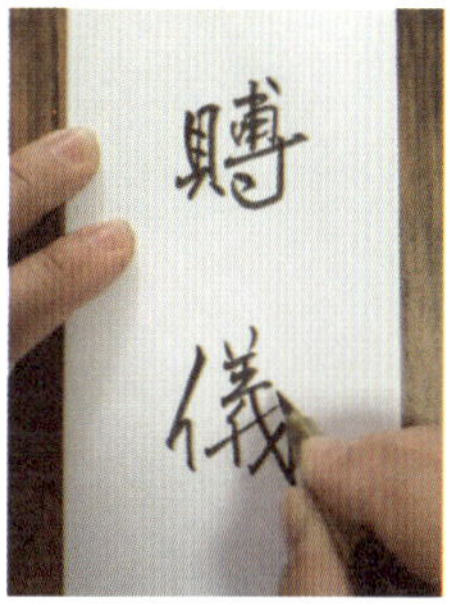

부의금 봉투

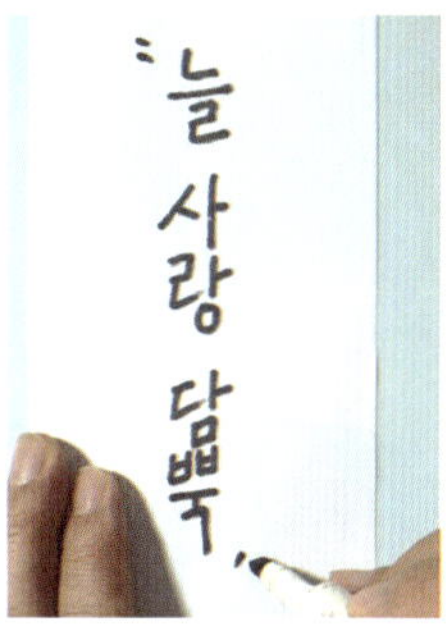

필자 축의금 봉투

賻儀金(부의금)·餞別金(전별금)·內帑金(내탕금)·懸賞金(현상금)·祕資金(비자금)·領置金(영치금)·軍資金(군자금)·月謝金(월사금)·持參金(지참금)·供託金(공탁금)·割賦金(할부금)·解約金(해약금)·祝儀金(축의금)·都賣金(도매금)·義捐金(의연금)·奬學金(장학금)·弔意金(조의금)·公課金(공과금)·犯則金(범칙금)·過徵金(과징금)·扶助金(부조금)·寄附金(기부금)·褒賞金(포상금)·寄託金(기탁금)·補償金(보상금)·交付金(교부금)·贊助金(찬조금)·保險金(보험금)·着手金(착수금)·工作金(공작금)·學資金(학자금)·賣上金(매상금)·收益金(수익금)·常備金(상비금)·未納金(미납금)·權利金(권리금)·月賦金(월부금)·滯拂金(체불금)·救護金(구호금)·拂入金(불입금)·移越金(이월금)·賠償金(배상금)·救恤金(구휼금)·出捐金(출연금)·社納金(사납금)·滯納金(체납금)·慰勞金(위로금)·賞與金(상여금)·分擔金(분담금)·契約金(계약금)·登錄金(등록금)·損失金(손실금)·

補充金(보충금)·委託金(위탁금)·配當金(배당금)·納付金(납부금)·資本金(자본금)·當籤金(당첨금)·賣出金(매출금)·約定金(약정금)·雜賦金(잡부금)·後援金(후원금)·慰藉金(위자금)·元利金(원리금)·保證金(보증금)·喜捨金(희사금)·割增金(할증금)·入會金(입회금)·預置金(예치금)·獎勵金(장려금)·入學金(입학금)·豫約金(예약금)·違約金(위약금)·加算金(가산금)·借入金(차입금)·出資金(출자금)·未收金(미수금)·下賜金(하사금)·延滯金(연체금)·非常金(비상금)·退職金(퇴직금)·控除金(공제금)·謝禮金(사례금)·傳貰金(전세금)·公納金(공납금)·納入金(납입금)·弔慰金(조위금)·激勵金(격려금)·恩賜金(은사금) 등이 그런 말이다.

金자는 '귀중하다'의 뜻을 지니기도

뿐만 아니라 쇠가 돈으로 사용될 정도로, 쇠 가운데 黃金은 귀중貴重한 존재存在이기 때문에 金자는 '귀중하다'의 뜻을 지니기도 한다.

金言(금언)[22]의 金자가 바로 그런 뜻으로 쓰였다. '삶에 본보기가 될 만한 짧은 귀중한[金] 말[言]'을 의미하는 金言은 "피로 쓰라고 한 니체의 말은 글 쓰는 자가 명심해야 할 금언이다『사색인의 향연(안병욱)』"처럼 활용되고 있다.

그 외에 金枝玉葉(금지옥엽)[23]이나 金科玉條(금과옥조)[24]의 金자도 겉의 뜻은 '黃金'의 '금'의 뜻으로 쓰이지만 속의 뜻은 '귀중하다'와 관련이 있다.

따라서 '금[金]과 같은 가지[枝]와 옥[玉]과 같은 잎'을 의미하는 金枝玉葉은 귀중한 왕족王族이나 출신이 고귀한 집안의 자식子息을 이른다. 또 '금[金]과 같은 조목[科]과 옥[玉]과 같은 조항[條]'을 의미하는 金科玉條는 귀중히 여기고 반드시 지켜야 할 규칙規則이나 교훈敎訓을 이른다.

金자는 '단단하다'의 뜻을 지니기도

아울러 쇠가 단단하기 때문에 金자는 金石之交(금석지교)[25]나 金蘭之交(금란지교)[26]에서처럼 '단단하다'의 뜻을 지니기도 한다.

金石之交는 '쇠[金]나 돌[石]처럼 단단한 사귐[交]'이라는 의미로, 변變함이 없는 사귐을 말한다.

金蘭之交는 '단단하기가 쇠[金]와 같고 향기롭기가 난초[蘭]와 같은 사귐[交]'이라는 의미로, 두 사람 간에 서로 마음이 맞고 교분交分이 두터워서 아무리 어려운 일이라도 해 나갈 만큼 우정友情이 깊은 사귐을 이르는 말이다.

성곽과 해자

그 외에 '굳게 방비할 단단한[金] 성[城]'을 이르는 金城(금성)[27]의 金자도 '단단하다'의 뜻으로 쓰이고 있다. 金城은 다시 金城湯池(금성탕지)[28]·金城鐵壁(금성철벽)·金城千里(금성천리) 등의 말로 활용되고 있다.

金城湯池는 '단단한[金] 성[城]과 끓인 물[湯]로 가득 찬 못[池]'이란 의미로, 방어防禦 시설施設이 잘되어 있는 성을 비유적으로 이른다. 金城鐵壁과 金城千里도 그와 비슷한 의미다.

金자는 '황금빛'의 뜻을 지니기도

금귤(금감·낑깡)

나아가 黃金의 빛으로 이뤄진 쇠와 관련해 金자는 金色(금색)에서처럼 '황금빛'의 뜻을 지니기도 한다. 金髮(금발)[29]이나 金橘(금귤)[30]의 金자가 바로 그런 뜻으로 쓰이고 있다.

실제로 金髮은 '황금빛[金]의 머리털[髮]'을 이르고, 金橘은 '열매가 황금빛[金]을 띠는 귤[橘]'을 이른다.

중국中國 광동성廣東省이 원산지原産地인 金橘은 일본日本으로 전해지면서 橘[귤나무 귤]자 대신에 柑[감자나무 감]자로 바뀌어 金柑(금감)이라 했고, 이를 일본어日本語로는 '낑깡きんかん'이라 하고 있다.

이집트 피라미드와 스핑크스

그 외에 金자는 길이 후세後世에 남을 뛰어난 업적業績을 비유적으로 이르는 말인 金字塔(금자탑)[31]에서도 그 쓰임을 엿볼 수 있다. 金字塔은 '金자[金字] 모양의 탑[塔]'이라는 의미인데, 피라미드가 金자처럼 생긴 데서 비롯된 말이다. "역사에 길이 남을 금자탑을 이룩하다"와 같은 말로 활용되고 있다.

김알지와 김수로왕의 탄생설화

인류人類가 최초最初로 쇠를 다루던 시대에 쇠를 사용하는 사람은 한 집단集團의 우두머리일 수밖에 없었다. 당시 쇠를 녹여 도구道具를 만드는 일은 쉽지 않아 많은 사람이 동원動員되고, 대량大量의 땔감을 이용해 높은 온도로 불을 지펴 쇠를 녹여야 했기 때문이다. 그렇게 만든 도구는 우두머리의 상징물인 청동도끼와 같은 무기武器였다. 따라서 우두머리와 관련된 王[임금 왕]자가 도끼 모양에서 그 자형字形이 비롯된 것도 그 때문이다.

금문 王자

나아가 바로 그런 우두머리의 상징물象徵物인 청동도끼를 사용할 만한 존재가 신라김씨新羅金氏의 시조始祖가 되는 金閼智(김알지)나 가야김씨伽倻金氏의 시조가 되는 金首露王(김수로왕)이었을 것이다.

옛날의 청동도끼

이들이 성姓으로 金자를 쓴 것은 절대 우연히 아니었다. 사실 金閼智와 金首露王의 탄생설화誕生說話는 금金과 관련이 있다. 두 인물人物의 탄생이 금으로 된 궤짝, 상자에서 비롯되었기 때문이다.

〈김알지 금궤도〉(조속)

그렇게 두 인물로 인해 성으로 쓰이게 된 金자는 오늘날 우리나라에서 가장 많은 사람이 사용하고 있다. "김씨가 한몫 끼지 않은 우물 없다"나 "아무 때 먹어도 김가가 먹을 것이다"라는 속담俗談이 있을 정도로 많다. 실제로 오늘날 우리나라 인구人口 중에서 20% 이상以上이 쓰고 있으며, 그 인구는 1,000만 명 이상이 된다.

한데 앞에서 언급했듯 金자가 성으로 사용될 때는 금난새 집안 외에 그 음을 '김'으로 읽는다. 따라서 金氏(김씨)의 시조始祖가 되는 金閼智나 金首露王도 '김'으로 읽은 것이다.

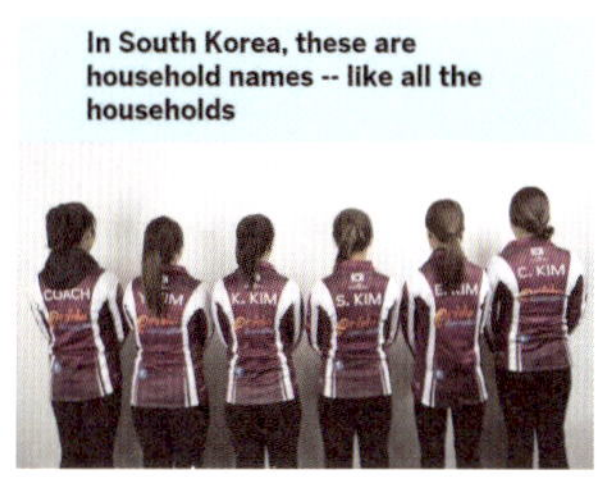

모두가 김씨
(평창 올림픽 컬링 대표팀)

아울러 金자는 金海平野(김해평야)나 金浦空港(김포공항)에서처럼 지명地名으로 쓰일 때도 그 음을 '김'으로 읽고 있다. 金泉(김천)이나 金堤(김제)도 마찬가지다.

하지만 조선朝鮮 세조世祖 때에 김시습金時習이 지은 우

리나라 최초의 한문漢文 소설小說인 金鰲新話(금오신화)와 관련된 金鰲山(금오산)의 지명에서는 '금'의 음으로 읽힌다.

경주 금오산 표지석

金鰲山은 경주慶州의 남산南山과 관련된 이름으로, 〈신라의 달밤〉이라는 옛 노래의 가사歌詞에도 등장한다. 한데 이 노래를 부르는 이들이 '금옥산'으로 잘못 지칭指稱하는 경우가 많다. 金鰲山의 鰲[자라 오]자는 '오'의 음으로 읽히는 한자이므로 '금오산'이라 함이 옳다.

〈신라의 달밤〉 가사 일부

경상북도 구미시龜尾市와 김천시金泉市, 칠곡군漆谷郡의 사이에 있는 산인 '금오산'과는 다른 산이다. 그 산은 한자로 '金烏山'으로 쓰고 있다.

己 [몸 기] 자네 늘 내게 이르길

자네 늘 내게 이르길 둘이 머리 세도록 살다가 함께 죽자 하시더니 어찌하여 나를 두고 자네 먼저 가시나요. 나하고 자식하고 누구 의지하여 어찌 살라고 다 버리고 자네 먼저 가시나요. 자네가 날 향해 마음을 어찌 가지며, 나는 자네 향해 마음을 어찌 가졌나요. 매양 함께 누워서 자네에게 내 이르길 "이 보소! 남도 우리같이 서로 어여삐 여겨 사랑하기가 우리와 같을까?" 하며 자네에게 말했더니, 어찌 그런 일을 생각지 않고 나를 버리고 먼저 가시는고. 자네 여의고 아무리 해도 내가 살 길이 없으니, 곧 자네에게 가고자 하니 날 데려 가소.

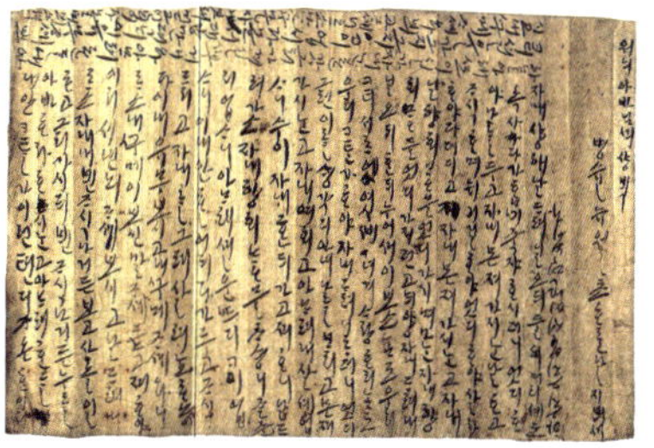
430여 년 전의 「원이 엄마의 편지」

1586년 31세 나이로 죽은 이응태李應台라는 분의 무덤에서 미투리와 함께 나온 그의 아내 편지便紙 내용 일부를 오늘날 말로 재구성再構成했다. 흔히 「원이 엄마의 편지」라고 하는 그 내용에 가장 많이 등장登場하는 말은 '자내(자네)'란 호칭呼稱이다. 오늘날은 아랫사람에게 흔히 쓰는 그 호칭을 당시에는 남편南

원이 엄마가 엮은 미투리

便에게 사용했던 것이다. '자내(자네)'는 임진왜란(1592년) 전까지 상대相對를 높이거나 최소最小한 동등同等하게 대우待遇해 부르는 호칭이었기 때문이다.

'우리 자기'는 '너와 나의 자기'

황혼을 즐기는 부부 모습

하지만 오늘날의 부부夫婦나 연인戀人들끼리는 상대相對에게 '자기'란 말을 흔히 사용하고 있다. 게다가 남과 이야기할 때에 '우리'를 덧붙여 '우리 자기'라 이르기도 한다. '우리'는 국어사전에 '말하는 이가 자기보다 높지 아니한 사람을 상대하여 어떤 대상이 자기와 친밀한 관계임을 나타낼 때 쓰는 말'이라 했기에 그 사용이 무방無妨하지만 듣기에 따라 '너와 나'로 여길 수 있는 말이다.

'자기'도 한자의 뜻대로 풀이하면 '스스로의 몸'이다. 오늘날 '자기'를 '스스로의 몸'처럼 생각하자고 그처럼 부르는 건지 알 수 없지만 거기에 '우리'라는 말은 빼고 달리 사용했으면 좋겠다.

己자는 기다란 굵은 줄을 구부려 나타낸 한자

自己의 뜻이 스스로[自]의 몸[己]이니 己[몸 기]자는 그 자형字形이 '몸'과 관련되어 이뤄진 한자로 여기는 사람들이 적지 않다. 하지만 갑골문과 금문 자형으로 살피면 己자는 사람과 관련된 한자로 보이지 않는다. 오히려 기다란 굵은 줄을 구부려 나타낸 한자로 보인다.

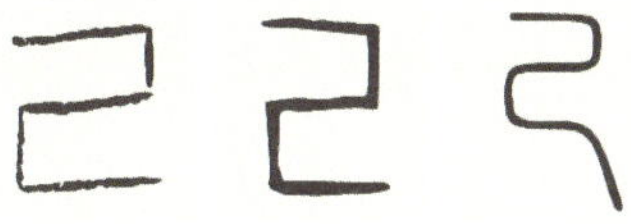

갑골문 己자　　금문 己자　　소전 己자

구부러진 굵은 줄

흔히 굵은 줄은 벼리가 되어 이어져 있는 여러 가는 줄을 다스리는 역할을 한다. 따라서 굵은 줄에서 비롯된 己자의 원래 뜻은 '다스리다'였던 것으로 짐작된다. 하지만 후대에 '다스리다'의 뜻을 다시 糸[실 사]자가 덧붙은 紀[다스릴 기(벼리 기)]자가 대신하고, 己자는 몸을 다스린다는 데서 다시 '몸'의 뜻을 지니게 된 것으로 보인다.

己자는 '자기'의 뜻

그렇게 '몸'의 뜻을 지니게 된 己자는 오늘날 '스스로[自]의 몸[己]'을 이르는 '自己(자기)[1]'의 뜻으로 주로 쓰이고 있다.

따라서 利己(이기)[2]는 '자기[己]만 이롭게[利] 하다'라는 말이 되고, 이는 다시 利己的(이기적)이나 利己心(이기심)의 말로 활용되고 있다.

또 '자기[己]만 이롭게[利] 하려는 주장[主]이나 의식[義]'인 利己主義(이기주의)[3]라는 말에서도 그 쓰임을 살펴볼 수 있고, 그런 의식을 지닌 사람인 利己主義者(이기주의자)로도 쓰이고 있다.

뿐만 아니라 利己主義는 다시 集團利己主義(집단이기주의)[4]나 地域利己主義(지역이기주의)[5], 또는 部處利己主義(부처이기주의)[6] 등의 말로 확대되어 활용되고 있다.

특수학교 설립 반대 시위

集團利己主義는 '자기가 속한 집단集團의 이익만을 추구하고 전체 국민의 이익은 소홀하게 여기는 주장이나 의식'을 말한다.

地域利己主義는 '다른 지역地域의 사정은 돌아보지 않고 자기 지역의 이익이나 행복만 추구하려는 주장이나 의식'을 말한다.

部處利己主義 '소속所屬이 명확하지 않은 어떤 사항이나 일에 대하여, 자기 부처部處에 이익이 되면 자기 관할管轄이라고 우기고 사고 따위로 책임져야 할 상황에서는 자기 관할이 아니라고 떠넘기는 주장이나 의식'을 말한다.

예가 아니면 보지 말며

청소년 극기훈련 모습

공자와 안연

아울러 '자기'의 뜻으로 쓰이는 己자는 克己(극기)[7]란 말에서도 그 쓰임을 엿볼 수 있다.

克己는 '감정感情이나 충동衝動 따위를 통제統制 못하는 자기[己]를 이성적理性的 의지意志로 눌러 이긴다[克]'는 말이다.

나아가 克己는 克己訓鍊(극기훈련)[8]이나 克己復禮(극기복례)[9]의 말로도 활용되고 있다.

克己訓鍊은 '감정이나 충동 따위를 통제 못하는 자기[己]를 이성적 의지로 눌러 이길[克] 수 있게 하기 위해 실시하는 강도 높은 체력 훈련[訓練]'을 말한다.

克己復禮는 '감정이나 충동 따위를 통제 못하는 자기[己]를 이성적 의지로 눌러 이기고[克] 예[禮]로 돌아간다[復]'는 말이다. 공자孔子와 그가 가장 아끼던 제자弟子인 안연顏淵과 관련해 이뤄진 말로, 『논어論語』에 나오는 다음 글에서 비롯되었다.

어느 날 안연이 인仁에 대해 묻자, 자子께서 말씀하셨다. "자기를 이겨 예로 돌아가면[克己復禮] 인이 되니, 하루라도 자기를 이겨 예로 돌아간다면 천하天下가 인한 이에게 돌아갈 것이다. 인을 하는 것이 자기에게 말미암은 것이지 남에게 말미암은 것이겠느냐?"

사물 관련 조형물

안연이 말했다. "바라건대 그 조목條目을 묻겠나이다."

자께서 말씀하셨다. "예가 아니면 보지 말며[非禮勿視], 예가 아니면 듣지 말며[非禮勿聽], 예가 아니면 말하지 말며[非禮勿言], 예가 아니면 움직이지 말라[非禮勿動]."

안연이 말했다. "제가 비록 불민不敏하나 이 말씀을 받아들여 일삼겠습니다."

일본 동조궁의 삼원

지기지우나 십년지기

뿐만 아니라 己자의 쓰임은 知己(지기)[10]란 말에서도 엿볼 수 있다.

知己는 '타인他人이 자기[己]의 속마음을 참되게 알아주다[知]'라는 의미로, "그 사람은 나의 막역한 知己다"에서처럼 쓰이고 있다.

나아가 知己는 知己之友(지기지우)[11]나 十年知己(십년지기)[12]로 활용되고 있다.

지기들과 함께

知己之友는 '자기[己]의 속마음을 참되게 알아주는[知] 벗[友]'을 의미한다. 서로 뜻이 통通하는 친親한 벗을 이르기도 한다.

그런 벗으로 '십년[十年] 정도로 오래 전前부터 자기[己]의 속마음을 참되게 알아준[知] 사람'은 十年知己라 한다.

또 知己는 자신自身이 자기[己]를 안다[知]는 의미이기도 하다. 흔히 '상대[彼]를 알고[知] 자기[己]를 안다[知]'는 말인 知彼知己(지피지기)[13]에서 그런 의미의 쓰임을 엿볼 수 있다. 곧 知彼知己는 적敵의 형편形便과 나의 형편을 자세仔細히 알아야 한다는 것인데, 그래야 백번 싸워도 위태롭지 않다는 것이다.

반구저기와 수기치인과 사기종인

그 외에 화살이 과녁에 적중的中되지 않았을 때 '돌이켜[反] 자기[己]에게서[諸] 원인을 찾는다[求]'는 의미의 말인 反求諸己(반구저기)[14]의 己자도 '자기'의 뜻으로 쓰이고 있다.

퇴계 이황 초상화

反求諸己는 어떤 일이 잘못되었을 때 남을 탓하지 않고 자기 자세姿勢와 실력實力을 탓함을 이르는 말이기도 한데, 諸[모두 제·어조사 저]자를 '제'의 음이 아닌 '저'의 음으로 읽는 데 주의를 해야 한다. 이때 諸자는 어조사語助辭의 역할을 하며, '之於(지어)'를 줄여 표현한 한자漢字로 문장文章에서 '~에'나 '~에서(에게서)'로 풀이된다.

뿐만 아니라 修己治人(수기치인)[15]과 捨己從人(사기종인)[16]의 己자도 '남'을 뜻하기도 하는 人자의 상대相對가 되어 '자기'의 뜻으로 쓰이고 있다.

따라서 修己治人은 '자기[己]를 닦은[修] 후에 남[人]을 다스리다[治]'라는 의미로, 즉 자기를 완성完成한 군자君子가 되어 남에게 덕행德行을 미치도록 한다는 말이다.

捨己從人은 '자기[己]의 이전 행위行爲를 버리고[捨] 남[人]의 선행善行을 따르다[從]'라는 의미로, 즉 자기를 낮추고 남에게 배우려는 자세姿勢를 갖는다는 말이다.

퇴계退溪 이황李滉 선생도 "능히 자기를 버리고 남을 따르지 못하는 것은 배우는 자의 큰 병病이다. 천하天下의 의리義理는 끝이 없는데 어찌 자기만 옳고 남을 그르다고 할 수 있는가?"라고 『퇴계집退溪集』에 썼다.

己자는 '여섯째 지지'로 빌려 쓰이기도

그 외에 己자는 그 자원字源과 상관相關 없이 '여섯째 지지'로 빌려 쓰이기도 한다. '여섯째 지지'는 간지干支의 하나로, 간지는 10간十干과 12지十二支를 조합組合해 예부터 연월일시年月日時 등을 나타내는 데 흔히 사용되고 있다.

그렇게 간지로 己자가 사용되는 해는 己巳(기사)·己卯(기묘)·己丑(기축)·己亥(기해)·己酉(기유)·己未(기미)가 있다.

그중에 우리나라 사람들에게 가장 기억記憶되는 해가 바로 1919년 己未年(기미년)이다. 이 해에는 3월 3일 고종高宗의 장례葬禮를 치르는 인산일因山日에 맞췄다가 이틀 앞서 전국全國에

간지표(60갑자)

1	甲子	31	甲午
2	乙丑	32	乙未
3	丙寅	33	丙申
4	丁卯	34	丁酉
5	戊辰	35	戊戌
6	己巳	36	己亥
7	庚午	37	庚子
8	辛未	38	辛丑
9	壬申	39	壬寅
10	癸酉	40	癸卯
11	甲戌	41	甲辰
12	乙亥	42	乙巳
13	丙子	43	丙午
14	丁丑	44	丁未
15	戊寅	45	戊申
16	己卯	46	己酉
17	庚辰	47	庚戌
18	辛巳	48	辛亥
19	壬午	49	壬子
20	癸未	50	癸丑
21	甲申	51	甲寅
22	乙酉	52	乙卯
23	丙戌	53	丙辰
24	丁亥	54	丁巳
25	戊子	55	戊午
26	己丑	56	己未
27	庚寅	57	庚申
28	辛卯	58	辛酉
29	壬辰	59	壬戌
30	癸巳	60	癸亥

파리강화회의와 윌슨 대통령(상)
2·8독립선언서와 만세운동(하)

서 조선朝鮮의 광복光復을 위해 만세萬歲를 부른 사건事件이 일어났다.

1918년 파리에서 열린 강화회의講和會議에서 미국美國 대통령大統領 윌슨Wilson은 '각 민족民族은 스스로 민족의 운명運命을 결정決定해야 한다'는 민족자결주의民族自決主義를 주창主唱했다.

1919년 2월 8일에는 일본日本 유학생留學生들이 도쿄에 모여 조선의 독립獨立을 주장하는 2·8독립선언서二八獨立宣言書를 발표했다.

바로 그 윌슨의 민족자결주의와 2·8독립선언서의 영향으로 3·1운동이 전개展開된 해가 1919년 己未年이었던 것이다. 그 해에 우리 민족이 일제日帝에 저항抵抗한 만세운동萬歲運動을 己未獨立運動(기미독립운동)이라 하고 있다.

女 [계집 녀] 집과 계집은 가꾸기 탓

여자로 태어나는 것이 아니라
만들어지는 것이다.

프랑스의 여성女性 작가作家인 시몬 드 보부아르Simone de Beauvoir는 "여자로 태어나는 것이 아니라 만들어지는 것이다"라는 말을 했다. 여자의 운명運命은 생물학적生物學的으로 결정되는 것이 아니라 사회적社會的인 요인要因이나 문화적文化的인 요인에 의해 결정된다고 본 것이다.

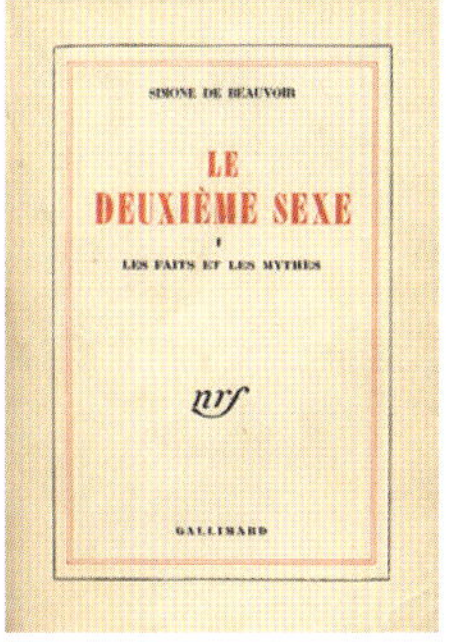

보부아르의 『제2의성』

힘의 논리論理가 지배支配되었던 사회社會에서 여자는 태어나는 순간부터 마치 남자의 종속물從屬物처럼 여겨졌다. 여자는 성장成長해가면서 사회의 강요強要와 구속拘束을 한층 더 노골적露骨的으로 받았다. 그럴수록 여자는 스스로 '여자다움'이란 굴레를 쓰게 되었다.

'보부아르' 우표

여자가 남자의 시각視覺과 가치價值에 의해 그릇되게 규정規定된 것이다. 그렇게 남자가 지배하는 문화文化는 여자를 육체적肉體的·정신적精神的·경제적經濟的·사회적社會的으로 억압抑壓받는 존재存在로 만들었다.

봉건주의적 관점에서 여자

〈여자의 일생〉 악보

'엘레지elegy의 여왕女王'이라는 가수歌手 이미자李美子도 〈여자의 일생〉에서 노래하고 있다. "참을 수가 없도록 이 가슴이 아파도 여자이기 때문에 말 한마디 못하고 헤아릴 수 없는 설움 혼자 지닌 채 고달픈 인생길을 허덕이면서 아아 참아야 한다기에 눈물로 보냅니다. 여자의 일생"

속담俗談에서도 "집과 계집은 가꾸기 탓", "아이하고 여자는 길들일 탓", "여자는 제 고을 장날을 몰라야 팔자가 좋다"고 하며 남성 중심의 봉건주의적封建主義的 관점觀點에서 여자를 그릇되게 바라보고 있다.

그래서인지 조선시대朝鮮時代 초기初期만 해도 여자를 이르는 예삿말이었고, 19세기 말까지도 사내(사나이)의 상대相對가 되는 의미로 사용되었던 말인 '계집'도 오늘날 낮춤말로 쓰이고 있다.

나아가 그 '계집'을 뜻하는 한자인 女[계집 녀]자도 계집이 두 손을 다소곳하게 모으고 무릎을 꿇고 앉은 순종적順從的인 모습을 나타낸 한자漢字라 하고 있다.

두 손을 모으고 길쌈을 하고 있는 모습

실제로 女자의 갑골문 자형을 살피면 그렇게 보이기도 한다. 하지만 필자가 보기에 女자는 절대 순종적인 모습을 나타낸 한자가 아니다.

사람의 삶에 중요重要한 세 가지가 옷과 밥과 집과 관련된 의식주衣食住인데, 의식주의 공통점共通點은 '짓다'이다. 옷[衣]을 짓고, 밥[食]을 짓고, 집[住]을 짓고…….

갑골문 女자 금문 女자 소전 女자

길쌈하는 여자

그 가운데 옛날 사람들이 농경시대農耕時代를 시작하며 정착생활定着生活을 위해 집[住]을 짓고 나면 남는 것이 의식衣食이었다. 그 의식을 해결하기 위해 집 안의 일을 하는 아내는 옷[衣]을 지었고, 집 바깥의 일을 하는 사내는 밥[食]을 짓기 위해 먼저 농사를 지었다.

농사를 짓는 사내를 한자로 농토農土를 나타낸 田[밭 전]자와 옛날 사람들이 사용使用했던 쟁기를 나타낸 力[힘 력]자가 합쳐진 男[사내 남]자로 쓰는 것도 그 때문이다.

갑골문 男자 금문 男자 소전 男자

바로 그 男(남)자가 食(식)을 해결하는 모습과 관련이 있다면 상대相對가 되는 女자는 衣(의)를 해결하는 모습과 관련이 있을 것이다. 그저 점잖게, 얌전하게 남자에게 순종하는 모습을 나타낸 게 아니라 생산적 활동에 임하는 모습으로 女자를 나타낸 것이다. 곧 男자는 농토[田]에서 쟁기질[力]하는 모습으로, 女자는 옷을 짓기 위해 두 손을 모으고 길쌈하는 모습으로 나타낸 것이다. 그렇게 女자는 '계집'을 뜻하는 한자가 되었다.

길쌈하는 계집과 쟁기질하는 사내

'계집'은 혼인을 한 어른인 여자

女자의 본래 뜻인 '계집'은 혼인婚姻을 한 어른인 여자를 이른다. 곧 남편 입장立場에서 보면 '아내'되는 사람이고, 아이 입장에서 보면 '어미'되는 사람이다.

속담俗談에 "계집 때린 날 장모 온다"거나 "이 방 저 방 좋아도 내 서방이 젤 좋고, 이 집 저 집 좋아도 내 계집이 젤 좋다"의 '계집'이 바로 그 아내를 이른다.

갑골문 母자　금문 母자　소전 母자

고문자古文字를 살피면 女자가 母[어미 모]자의 바탕이 되는 것으로도 그 자형이 어른인 여자로 아이 입장에서 '어미'가 되는 사람을 나타내고 있음을 알 수 있다.

또 어미[女]와 아이[子]가 어울린 모습이 좋다 하여 그 뜻이 '좋다'가 된 好[좋을 호]자를 㚎자로 바꿔 쓸 수 있는 데서도 女자가 어른인 여자로 어미를 나타내고 있음을 알 수 있다.

그처럼 女必從夫(여필종부)[1]의 女자도 혼인을 한 어른인 여자와 관련이 있다. 女必從夫는 '계집[女]은 반드시[必] 지아비[夫]

好자 관련 자료(『한자 부수 제대로 알면 공부가 쉽다』)

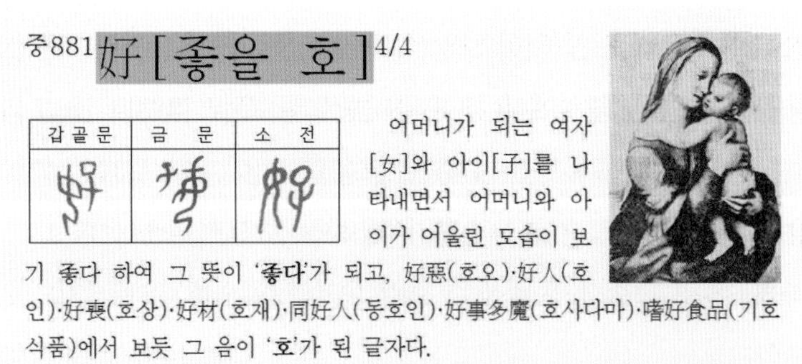

중881 好[좋을 호] 4/4

갑골문	금문	소전

어머니가 되는 여자[女]와 아이[子]를 나타내면서 어머니와 아이가 어울린 모습이 보기 좋다 하여 그 뜻이 '**좋다**'가 되고, 好惡(호오)·好人(호인)·好喪(호상)·好材(호재)·同好人(동호인)·好事多魔(호사다마)·嗜好食品(기호식품)에서 보듯 그 음이 '**호**'가 된 글자다.

를 따른다[從]'라는 의미로, 삼종지도三從之道와 관련된 봉건적封建的 유교儒教 윤리倫理를 담고 있다.

烈女不更二夫(열녀불경이부)[2]도 마찬가지다. '절개가 굳센[烈] 계집[女]은 두[二] 지아비[夫]를 겪지[更] 않는다[不]'라는 의미인 烈女不更二夫는 절개節概가 곧은 혼인한 여자를 이른다.

열녀문

조선시대朝鮮時代에는 그런 여자를 기리기 위해 烈女門(열녀문)을 지어 주었는데, 그로써 수절守節을 강요强要한 것이다. 유독惟獨 여자에게만 정조貞操를 강요하던 이런 차별적差別的인 조선의 풍속風俗은 갑오개혁甲午改革에서 과부寡婦의 재가再嫁가 공식적公式的으로 허용許容되면서 해소解消되는 계기契機가 마련되었다. 또 혼인한 여자를 이르는 말로 女史(여사)[3]가 있다. 女史는 원래 '고대古代 중국中國에서 왕후王后와 관련된 일을 관장管掌하는 여자 벼슬아치'와 관련된 말이었다.

'여사' 관련 자료
(YTN 2021.12.23. 자막)

그것이 일본日本으로 넘어가 혼인한 여자의 성씨姓氏 뒤에 붙이어 존칭어尊稱語처럼 쓰이게 되었고, 우리나라에는 일본에서 사용하는 그대로 들어와 쓰이게 되었다. 그렇게 우리나라에서 女史는 처음에 혼인한 여자에 대한 존칭의 의미로 쓰이게 되었는데, 오늘날 주로 '나이 많은 여자를 높여 이르거나 사회적社會的으로 이름 있는 여자를 높여 이르는 말'로 쓰이고 있다.

女자는 모든 여자를 뜻하기도

이상以上에서 혼인婚姻한 어른인 여자의 뜻으로 쓰인 女자는

〈처녀〉(구스타프 클림트)

〈성모마리아와 아기 예수〉(사소페라토)

다시 그 의미가 확대擴大되어 혼인하지 않은 여자까지 포함한 모든 여자를 뜻하기도 한다.

그런 한자를 덧붙인 말로는 處女(처녀)[4]가 있다. 處女의 處[곳 처]자는 흔히 '곳'의 뜻으로 쓰이지만 '머무르다'의 뜻을 지니기도 한다. 아직 출가出嫁하지 않고 태어난 부모父母 집에 머무르고 있음을 이른 것이다.

따라서 處女는 '출가하지 않고 부모 집에 머물러[處] 있는 여자[女]', 즉 혼인하지 않은 여자를 의미한다.

그렇게 혼인하지 않았으니 같은 뜻의 女자를 덧붙인 童貞女(동정녀)[5]는 '아이[童]의 정조[貞]를 지닌 여자[女]'의 의미를 지닌다. 나아가 童貞女로 예수를 낳은 성모마리아聖母Maria를 이르기도 한다.

아울러 경험이 한 번도 없어 무언가 행하면 이는 처음이 되기에 處女는 일이나 행동을 처음으로 한다는 의미를 지니기도 한다.

處女飛行(처녀비행)·處女優勝(처녀우승)·處女航海(처녀항해)·處女出戰(처녀출전)·處女入港(처녀입항)·處女出版(처녀출판) 등의 處女(처녀)가 그런 의미로 쓰였다. 處女作(처녀작)이나 處女林(처녀림)의 處女도 같은 경우다.

한데 이는 모두 處女의 육체적肉體的 조건條件과 결부結付되어 파생派生된 말로, 성차별적性差別的인 의미를 담고 있다. 따라서 '처녀'란 말 대신에 '첫'으로 바꿔 첫비행(첫飛行)·첫우승(첫優勝)·첫항해(첫航海) 등으로 쓰는 게 바람직하다 하겠다.

성차별적으로 쓰이는 말

그렇게 성차별적性差別的으로 쓰이는 말에는 女弟子(여제자)·女教師(여교사)·女校長(여교장)·女信者(여신자)·女秘書(여비서)·女間諜(여간첩)·女記者(여기자)·女職工(여직공)·女教授(여교수)·女丈夫(여장부)·女社長(여사장) 등도 해당該當된다.

女자와 상대가 되는 男[사내 남]자를 덧붙여 男弟子(남제자)·男教師(남교사)·男校長(남교장)·男信者(남신자)·男秘書(남비서)·男間諜(남간첩)·男記者(남기자)·男職工(남직공)·男教授(남교수)·男丈夫(남장부)·男社長(남사장) 등의 말은 쓰지 않기 때문이다. 예컨대 남자든 여자든 그냥 '제자弟子'라 하면 되는데, 남자 제자는 그냥 '제자'라 하면서 여자 제자에게만 女자를 덧붙여 '여제자'라 하기 때문이다.

또 女性山嶽人(여성산악인)·女性運動家(여성운동가)·女性政治人(여성정치인)·女性勞動者(여성노동자)·女性科學者(여성과학자)·女性代辯人(여성대변인) 등의 '女性(여성)'이 들어간 말도 마찬가지다.

오늘날은 모든 사회활동社會活動에 남녀男女가 구분 없이 동등同等하게 참여參與하는 시대인데, 아직도 여자에 대한 편향偏向된 시각視覺을 갖고 굳이 '여성'을 덧붙인 말을 사용한다는 것이 문제가 되기 때문이다. 여자라는 것을 꼭 밝혀야 할 필요성이 없는데도 이를 굳이 덧붙인다면 차별적인 말이 되므로 그처럼 사용하지 않는 게 좋겠다.

아울러 성차별적 말에는 女流作家(여류작가)·女流詩人(여류시인)·女流畵家(여류화가)·女流文人(여류문인)·女流棋士(여류기사)·

女流小說家(여류소설가)·女流隨筆家(여류수필가)·女流彫刻家(여류조각가) 등의 女流(여류)[6]도 관련되어 있다.

『여류작가소설집』

『여류문학』 창간호(1968)

女流는 국어사전에 '어떤 전문적인 일에 능숙한 여자를 이르는 말'이라 풀이하고 있다. 한데 상대가 될 '男流(남류)'란 말은 없다. 마치 어떤 전문적인 일은 남자만의 일로만 생각하는 발상發想이 '女流(여류)'라는 말을 만들어낸 것이다. 이는 여자의 전문적인 사회활동을 지극히 남성적인 시각視覺으로 바라본 말이다. 여자는 전문적인 일과 동떨어진 존재라는 편견偏見이 담겨져 있는 것이다. 이 또한 구태여 여자라는 사실을 내세울 필요가 없다면 '여류'라는 말을 쓰지 않는 게 좋겠다.

세상의 반쯤은 남자, 세상의 반쯤은 여자다. 남자나 여자나 똑같이 존중尊重받아야 할 인격체人格體로, 상대를 존중해야 존중받는 상대도 될 수 있다. 남자는 여자를, 여자는 남자를 존중해야 한다는 것이다. 날개 하나로 세상을 날 수는 없다.

男자는 女자의 상대

한자로 男[사내 남]자는 女자의 상대가 된다. 그 男子(남자)의 男자와 女子(여자)의 女자는 어울려 여러 사자성어四字成語로 활용되고 있다.

甲男乙女(갑남을녀)[7]·善男善女(선남선녀)[8]·南男北女(남남북녀)[9]·男尊女卑(남존여비)[10]·男負女戴(남부여대)[11]·男左女右(남좌여우)[12] 등이 그런 말이다.

甲男乙女는 '갑[甲]이란 남자[男]와 을[乙]이란 여자[女]'라는 의미로, 평범平凡한 사람들을 이르는 말이다. '성품性品이 착한[善] 남자[男]와 착한[善] 여자[女]'란 의미의 善男善女도 착하고 어진 평범한 사람들을 이르기에 서로 비슷한 말이다. 그처럼 평범한 사람을 이르는 말에는 장삼이사張三李四·필부필부匹夫匹婦·초동급부樵童汲婦도 있다.

南男北女는 우리나라에서 '남녘[南]은 남자[男]가, 북녘[北]은 여자[女]가 잘나다'라는 의미다. 이를 다시 따지면 남자가 잘났음은 사회적社會的 지위地位를 가졌다는 것이고, 여자가 잘났음은 미모美貌가 뛰어남을 이른 것이다.

조선시대朝鮮時代에는 평야지대平野地帶로 산물産物이 풍부한 남녘의 삼남지역三南地域에 남자들이 벼슬길에 많이 나아갔고, 반면에 남녘보다 추운 북녘은 예부터 강계미인江界美人·회령미인會寧美人·함흥미인咸興美人 등의 말이 있는 데서 알 수 있듯 미모가 출중出衆한 여자들이 많았던 것으로 잘 알려져 있다. 이를 바탕으로 南男北女라는 말이 만들어졌을 것이라 생각된다.

이유원 초상화

한데 이 말이 등장하는 조선 후기 문신文臣 이유원李裕元이 1871년에 지은 『임하필기林下筆記』에 의하면 애초에 함경남도咸鏡南道 함주군咸州郡과 홍원군洪原郡의 사이에 있는 고개인 함관咸關의 남녘과 북녘의 사람을 두고 이른 말이라 했다.

男尊女卑는 '남자[男]는 높고[尊] 여자[女]는 낮다[卑]'라는 의미로, 사회적社會的 지위地位나 권리權利에 있어 남자를 여자보다 존중尊重한다는 말이다.

유교문화儒敎文化에서 남자를 '하늘'로 보고, 여자를 '땅'으로 본 의식意識이 반영反映된 것이다. 하지만 시대가 바뀌었다. 웃자고 하는 말이지만 남자는 여전히 ‘하늘’인데, 여자는 ‘하늘님’이 될 정도로 女權(여권)이 신장伸張되었다. 따라서 일부에서는 女尊男卑라는 말을 쓰기도 한다. “암탉이 울면 망한다”가 아니라 “암탉이 울면 알을 낳는다”가 된 것이다.

남부여대한 6·25 피란민

男負女戴는 ‘짐 따위를 남자[男]는 등에 지고[負] 여자[女]는 머리에 인다[戴]’는 의미로, 가난한 사람이나 난리亂離를 당當한 사람들이 살 곳을 찾아 이리저리 떠돌아다니는 것을 이르는 말이다.

6·25전쟁六二五戰爭은 전란戰亂이었고 병란兵亂이었고 동란動亂이었다. 이 난리亂離에서 몸을 피하는 것은 피난避難이 아닌 피란避亂인데, 바로 그 피란을 하는 사람인 피란민避亂民이 등에 지고 머리에 인 모습이 男負女戴를 한 것이다.

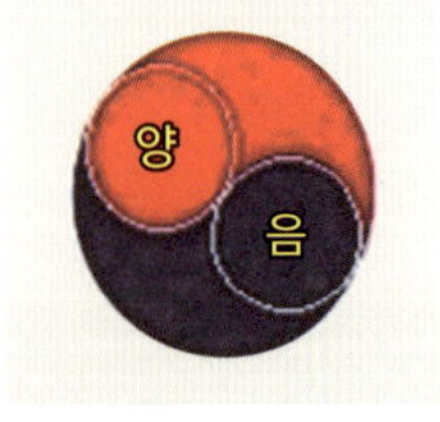

태극의 음양

男左女右는 음양설陰陽說에서 왼쪽은 양陽으로 여기고, 오른쪽은 음陰으로 여긴 데서 비롯된 말이다. 이를 바탕으로 男左女右는 ‘양陽으로 여겨진 남자[南]는 왼쪽[左]이고, 음陰으로 여겨진 여자[女]는 오른쪽[右]이다’라고 한 것이다.

남좌여우의 공수 자세

따라서 예부터 맥을 짚거나 손금을 보거나 자리에 서거나 앉을 때에 남자는 왼쪽을 취했고, 여자는 오른쪽을 취했다. 이는 웃어른에게 절을 할 때 좌우左右 두 손에도 적용適用이 되고 있다. 남자는 왼쪽의 손을 우선 취取하여 오른쪽의 손 위에 포개고, 여자는 오른쪽의 손을 우선 취하여 왼쪽의 손 위에 포갠 모습으로 절을 한다. 다만 죽은 사람에게 절을 할 때는 이와 반대反對 모습을 취한다. 실제 생활에 활용되는 경우가 있기에 이를 잘 기억해 두는 게 좋겠다. 그래야 결혼식結婚式에서도 신랑新郎과 신부新婦의 자리를 두고 우왕좌왕右往左往하지 않을 것이다.

女자는 '딸'의 뜻으로 쓰이기도

그 외에 女자는 여자로 태어나면서 부모父母에 상대相對하여 이르는 말인 '딸'의 뜻으로 쓰이기도 한다.

부모가 낳은 자식子息인 '아들[子]과 딸[女]'을 이르는 子女(자녀)[13]라는 말에서 그런 뜻의 쓰임을 엿볼 수 있다. 아울러 '딸[女]인 아이[兒]'를 이르는 女兒(여아)[14]나 '딸[女]로 태어난 자식[息]'을 이르는 女息(여식)[15]에서도 그런 뜻의 쓰임을 살펴볼 수 있다.

뿐만 아니라 여러 女息 가운데 '맏[長]이 되는 딸[女]'은 長女(장녀)[16]라 하는데, 우리말로는 '맏딸'이라 한다. 옛날에는 살기가 어려웠음에도 대부분 자식을 많이 낳았고, 그런 시절에 맏딸은 살림 밑천이라 하여 동생同生을 위해 희생犧牲을 한 경우가 많았다. 하지만 오늘날은 출산율出産率이 낮아져 자식이 딸 하나뿐인 경우도 적지 않은데, 그렇게 '사내[男] 자식이 없이[無] 홀로[獨]뿐인 딸[女]'은 無男獨女(무남독녀)[17]라 한다. 無男獨女는 흔히 '고명딸'이라 하기도 한다.

아울러 '남의 자식을 데려다가 제 자식처럼 기른[養] 딸[女]'은 養女(양녀)[18]라 하며, 달리 '수양딸收養딸'이라 한다. 또 '황제[皇]의 딸[女]'은 皇女(황녀)[19], '왕[王]의 딸[女]'은 王女(왕녀)[20]라 한다. 王女는 중전中殿의 딸이든 후궁後宮의 딸이든 공주公主나 옹주

모녀지간

翁主로 봉작封爵되기 전에 부르는 명칭名稱이었다.

나아가 '아버지[父]와 딸[女]의[之] 사이[間]'는 父女之間(부녀지간)[21]이라 하고, '어머니[母]와 딸[女]의[之] 사이[間]'는 母女之間(모녀지간)[22]이라 한다.

女자는 그 음이 변하여 '여'로도

이상에서 설명한 말 가운데 處女(처녀)·童貞女(동정녀)·甲男乙女(갑남을녀)·善男善女(선남선녀)·南男北女(남남북녀)·烈女不更二夫(열녀불경이부)는 女자의 음音을 '녀'로 읽고 있다.

한데 우리말에서 女자가 말의 맨 앞에 덧붙여지면 두음법칙頭音法則이 적용適用되면서 그 음이 변하여 '여'로도 읽힌다. 따라서 女史(여사)·女流(여류)·女息(여식)·女必從夫(여필종부)의 女자는 그 음을 '여'로 읽고 있다.

또 女자가 두 말이 합쳐졌을 때 뒷말의 맨 앞에 덧붙여진 경우도 마찬가지로 두음법칙이 적용되어 '여'의 음으로 읽힌다. 男尊女卑(남존여비)·男左女右(남좌여우)·男負女戴(남부여대)가 바로 그런 말이다.

大 [큰 대] 배보다 배꼽이 더 크다

자주 사용하는 관용구慣用句로, 기본基本이 되는 것보다 부수적附隨的인 것이 더 큰 경우를 비유적比喩的으로 이를 때면 "배보다 배꼽이 더 크다"고 하거나 "얼굴보다 코가 더 크다"고 한다.

또 주主가 되는 것보다 부차적副次的인 것이 더 크다 하면서 사리事理에 맞지 않음을 비유적으로 이를 때에 "산보다 호랑이가 더 크다"고 하거나 "산보다 골이 더 크다"고 한다.

〈수묵노호도〉

그런 관용구에서 '배'와 '배꼽', '얼굴'과 '코', 또는 '산'과 '호랑이', '산'과 '골'의 두 존재存在를 놓고 서로 비교比較하면서 '크다'라는 표현表現을 하고 있는데, 그렇게 '크다'는 상대적相對的인 개념概念을 지닌 말이다.

우주만큼

한데 실제實際로 세상世上에서 제일第一 큰 것은 무엇일까?

꽤 오래전부터 어린 아이들에게 누군가를 두고 얼마만큼 사

우주만큼 사랑해요

광대무변의 우주

랑하는지 그 크기를 물어보면 적지 않게 "하늘만큼, 땅만큼"이라 대답對答하고 있다. 제 딴에 하늘이, 땅이 세상에서 제일 크다고 생각하기 때문이다.

그러나 하늘도, 땅도 우주宇宙라는 공간空間 속에 포함되어 있으니, 기실其實 세상에서 제일 큰 것은 '하늘'도 '땅'도 아닌 '우주'다. 해서 이를 알고 있는 요즘 아이들은 대답한다. "우주만큼"이라고.

"우주만큼"이라고 말하는 아이의 마음에는 우주가 담겨 있다. 그처럼 사람의 마음이 우주를 담고 있으면 마음은 또 우주보다 더 크다고 할 수 있다.

그렇게 광대무변廣大無邊의 우주까지 담을 수 있는 사람의 마음은 세상 모든 것, 만물萬物을 포용包容할 수 있으니 사람을 예부터 '만물의 영장靈長'이라 하고 있다.

大[큰 대]자는 두 팔과 두 다리를 크게 벌린 모습

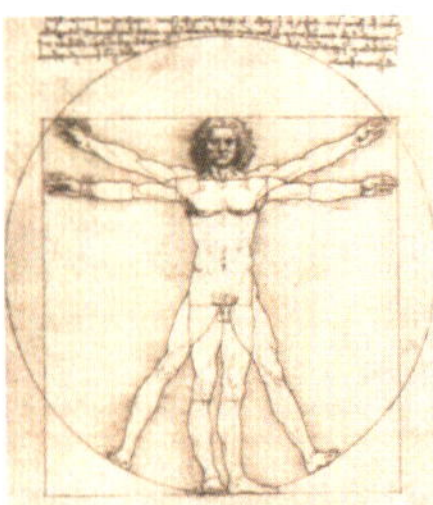
〈인체비례도〉(레오나르도 다빈치)

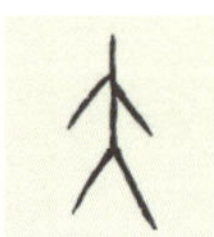
갑골문 大자

금문 大자

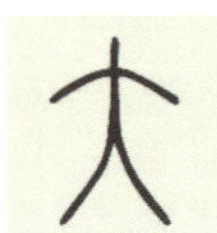
소전 大자

한자에서 '크다'를 뜻하는 大[큰 대]자는 바로 그 만물의 영장인 사람을 나타냈다. 그것도 '크다'의 뜻을 더욱 분명히 드러내기 위해 사람이 가장 크게 보이도록 어른 남자가 정면正面을 향向하고, 두 팔과 두 다리를 크게 벌린 모습으로 나타냈다. 그처럼 나타냈기에 大자는 '크다'의 뜻을 지니게 되었다.

방대나 대물이나 대하나 대합

그렇게 '크다'의 뜻을 지니게 된 大자는 같은 뜻을 지닌 巨[클 거]·偉[클 위]·厖[클 방]자와 어울려 巨大(거대)·偉大(위대)·厖大(방대)란 말에 쓰이고 있다. 그 가운데 厖大는 다시 尨大(방대)로 쓰이기도 한다.

尨大의 尨[삽살개 방]자는 '개'를 나타낸 犬[개 견]자가 변화된 尤의 형태와 '터럭'을 나타낸 彡[터럭 삼]자가 합쳐져 터럭[彡]이 많은 개[犬]인 '삽살개'를 뜻하는데, 터럭이 많아 덩치가 크게 보인다 하여 '크다'의 뜻을 지니기도 하기 때문에 厖(방)자를 대신한 것이다.

갑골문 尨자 소전 尨자

〈화하소구〉(이경윤)

크면 클수록 잘 보이고, 실제로 큰 것은 사람들의 주목注目을 끌기 쉽다. 그렇게 주목을 끄는 '큰[大] 물건[物]'이 바로 大物(대물)[1]이다.

우리 주위周圍에서 흔히 볼 수 있는 것으로, 같은 부류部類이지만 그중에 상대적으로 크다 여겨져 大物의 大자를 붙인 것에 大蝦(대하=大鰕)[2]나 大蛤(대합)[3]이 있다.

大蝦는 '큰[大] 새우[蝦(鰕)]'인데, 흔히 볼 수 있는 민물새우나 양식 새우인 흰다리새우에 비해 크기 때문에 大자를 덧붙였다. 가끔 살아있는 흰다리새우를 자연산 大蝦라 하는 이들이 있으나 자연산 大蝦는 잡히면 곧바로 죽기 때문에 어시장魚市場 등에서 파는 살아 있는 새우는 흰다리새우로 봐야 한다. 충청도忠清道 홍성洪城의 남당항南塘港 등에서 행하는 '대하축제'에 살아 있는 새우도 대하가 아닌 흰다리새우가 주인공主人公이다. 따라

흰다리새우와 대하

서 '대하축제'라 하기보다 '흰다리새우축제'나 그냥 '새우축제'라 함이 더 마땅한 표현이라 하겠다.

大蛤은 백합과白蛤科 조개인데, 그 껍데기로 흰 바둑돌을 만들 정도로 큰[大] 조개[蛤]다. 전복全鰒·키조개와 더불어 3대 패류貝類로 통하며, 전복이 '조개의 황제'라면 大蛤은 '조개의 여왕'이라 할 정도로 귀貴하게 취급取扱되는 조개다.

대합(상)과 바지락(하)

대붕이나 대춘

또 옛날 사람들이 상상想像 속에서 만들어낸 大鵬(대붕)[4]이나 大椿(대춘)[5]에도 大자를 쓰고 있다.

대붕

大鵬은 '북쪽 바다에 살던 곤鯤이라는 상상의 거대한 물고기가 변變했다고 하는 매우 큰[大] 붕새[鵬]'를 말한다.

해류海流 흐름이 바뀌면 살고 있는 북쪽 바다를 벗어나 하늘의 연못인 남쪽 바다로 옮겨가는데, 하루에 구만리九萬里를 날아간다고 한다. 따라서 鵬程九萬里(붕정구만리)라는 말이 만들어졌고, 이는 다시 줄여서 鵬程萬里(붕정만리)라 하고 있다. 鵬程萬里는 오늘날 머나먼 노정路程, 또는 사람의 앞날이 매우 요원遼遠하다는 의미로 쓰이고 있다.

대춘

또 평범平凡한 사람이 큰 인물人物의 뜻을 헤아려 알기가 어려움을 비유적으로 이르는 속담인 "참새 무리가 어찌 대붕의 뜻을 알랴"에서도 그 쓰임을 엿볼 수 있다.

大椿은 '중국中國 고대古代 전설상傳說上의 큰[大] 참죽나무

[椿]'을 말한다. 춘추春秋를 1년으로 삼았던 고대에 이 나무는 8,000년 동안 봄이고 8,000년 동안 가을이어서 1만 6천 년이 사람의 1년에 해당該當했던 장수長壽의 나무였다. 따라서 사람의 장수를 바라는 말에 쓰이는데, 남의 살아계신 아버지를 이르는 '椿府丈(춘부장)'에서 그 쓰임을 살펴볼 수 있다.

대조→대추와 대박과 대포

한데 그다지 크지 않은 데도 大物의 大자를 덧붙인 말이 있다. 그것이 바로 大棗(대조→대추)다. 大棗는 후대後代에 그 음音 '대조'가 '대추'로 바뀌었다.

상대방相對方의 말을 엉뚱한 말로 재치 있게 받아넘길 때에 사용하는 속담俗談인 "작아도 대추 커도 소반"은 大棗가 크기가 작은 데도 명칭名稱에 '큰 대[大]'자를 덧붙이고 소반小盤은 크기가 큰 데도 이름에 '작을 소[小]'자를 덧붙이고 있음을 이르고 있다.

그렇게 大자를 쓰고 있는 大棗는 장석주張錫周 시인詩人의 "저 안에 태풍 몇 개, 저 안에 천둥 몇 개, 저 안에 벼락 몇 개"란 내용이 담긴 「대추 한 알」이란 시詩를 읽고 나면 당당堂堂하게 大자를 써도 될 만하다 여겨진다.

나아가 大자는 大舶(대박)[6]이란 말에서도 그 쓰임을 살펴볼 수 있다. 大舶은 국어사전國語辭典에 '바다에서 쓰는 큰[大] 배[舶]', 또는 '큰 물건을 비유적으로 이르는 말'로 풀이하고 있다.

대추 한 알

저게 저절로 붉어질 리는 없다
저 안에 태풍 몇 개
저 안에 천둥 몇 개
저 안에 벼락 몇 개

저게 저 혼자 둥글어질 리는 없다
저 안에 무서리 내리는 몇 밤
저 안에 땡볕 두어 달
저 안에 초승달 몇 날

「대추 한 알」(장석주)

많은 물고기를 실은 배

요즘 어떤 일이 잘 되었을 때에 흔히 하는 말로 "대박이다", "대박이 나다", "대박이 터지다"라는 표현表現을 하는데, 이때 '대박'이 한자로 大舶에서 나온 말이라 하기도 한다.

大舶은 큰 배를 의미하고, 큰 배에는 많은 물고기를 잡아 실을 수 있다. 그렇게 많은 물고기를 잡아 싣는다면 이는 잘된 일이니 요즘 사람들이 어떤 일이 잘 되었을 때에 하는 말인 '대박'과 통通한다 할 수 있겠다.

한데 '대박'의 상대相對 말이 '쪽박'이다. 쪽박은 국어사전에 '작은 바가지'라 했다. 이로 보면 대박은 '큰 바가지'로 볼 수도 있다. 그러나 '큰 바가지'가 예부터 어떤 일이 잘 되었을 때에 흔히 사용하는 말로 쓰임이 없었던 것을 봤을 때 서로 관련은 없어 보인다.

일부에서는 도박賭博의 博[넓을 박·노름 박]자를 덧붙인 大博과 관련된 말로 보면서 도박판에서 잘 되어 돈을 많이 딴 데서 비롯된 말로 보기도 한다. 하지만 이 또한 분명치 않으니 "대박이다", "대박이 나다", "대박이 터지다"의 '대박'에 대해서는 좀 더 연구가 필요하다 하겠다.

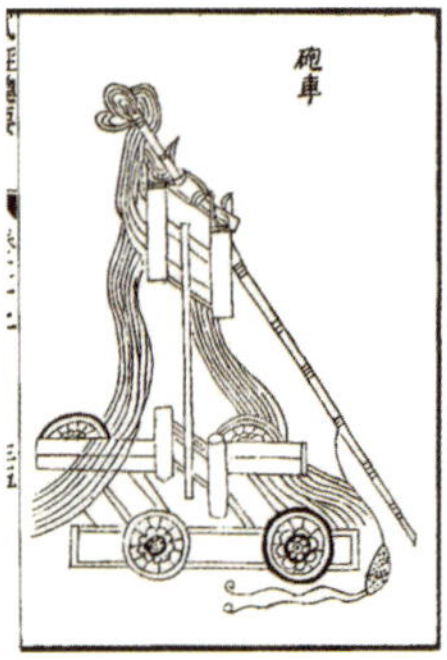

포차(『무경총요武經總要』)

大砲(대포)도 大자를 덧붙였지만 딱히 큰 화포火砲만 이르지 않고 화포 전반全般을 두루두루 이르는 가장 일반적一般的인 말로 쓰이고 있다. 砲[대포 포]자만으로도 그 뜻이 '대포'고, 작은 포砲는 '소포小砲'라 하지 않고 그냥 '총銃'이라 하고 있다. 총과 포의 기준基準은 대개大概 구경口徑 20mm인데, 흔히 그보다 크면 포라 하지만 작으면 총이라 하고 있는 것이다.

大砲는 중국中國에서 화약火藥이 발명發明된 이후, 화약의 폭발력爆發力을 이용利用해 동그랗게 깎은 돌멩이로 만들어진 볼링공 같은 형태形態의 폭발하지 않는 포탄砲彈을 던지는 원시적原始的인 형태에서 출발出發했다. 처음에는 기동성機動性이 낮은 대신 막강莫强한 위력威力을 내는 공성전攻城戰 무기武器인 공성포攻城砲로 개발開發되었다.

화약을 이용한 고대의 대포

하지만 오늘날 大砲는 화약의 힘으로 포탄을 멀리 내쏘는 무기를 의미할 뿐만 아니라 과장誇張이나 거짓말, 또는 그것을 잘하는 사람을 빗대어 이르는 말로도 쓰이고 있다.

공성포를 쏘는 모습

흔히 허세虛勢나 허풍虛風이 매우 심甚할 때 "대포를 놓는다"라고 하는데, 이는 대포에서 나는 크고 요란한 소리를 빗대어 생긴 말이다. 또 허세나 허풍을 떨며 거짓말을 할 때도 쓰는 말인데, 그로 인해 거짓과 관련된 大砲는 자신의 명의名義로 등록登錄하거나 만든 것이 아닌 남의 명의를 도용盜用해 등록하거나 만든 것을 이르는 말로도 활용活用되고 있다. 大砲車(대포차)나 大砲通帳(대포통장)이 바로 그렇게 해서 생긴 말이다.

대전과 대담

그 외에 大典(대전)[7]은 국어사전에 나라의 '큰[大] 의식[典]'이라 풀이하기도 했지만 '중대한[大] 법전[典]'으로 풀이하기도 했다.

법전法典은 나라를 다스리는 데 필요한 법法을 글로 써서 체계적體系的으로 담고 있는 것이다. 그런 법전으로 '조선시대에

『경국대전』

나라[國]를 다스리는[經] 데 기준이 된 최고로 큰[大] 법전[典]'이 바로 『經國大典(경국대전)[8]』이었다.

이를 완성完成한 왕王의 묘호廟號를 '完成(완성)'의 成[이룰 성]자를 써서 '成宗(성종)'이라 할 정도로 의미意味가 있는 조선朝鮮의 법전이었다.

그 經國大典에 이어진 법전은 '잇다'의 뜻을 지닌 續[이을 속]자를 써서 續大典(속대전)이라 했다. 또 續大典에 이어진 법전은 다시 經國大典의 大典을 덧붙인 大典通編(대전통편)이라 했고, 大典通編에 이어진 법전은 大典會通(대전회통)이라 했다. 이렇게 經國大典(성종) → 續大典(영조) → 大典通編(정조) → 大典會通(고종)으로 이어진 4권의 책은 조선의 4대 법전으로 평가받고 있다.

아울러 大膽(대담)[9]도 한자의 뜻 그대로 풀이하면 '큰[大] 쓸개[膽]'라는 말이다. 반면에 이를 거꾸로 쓴 膽大(담대)[10]는 '쓸개[膽]가 크다[大]'라는 말이다.

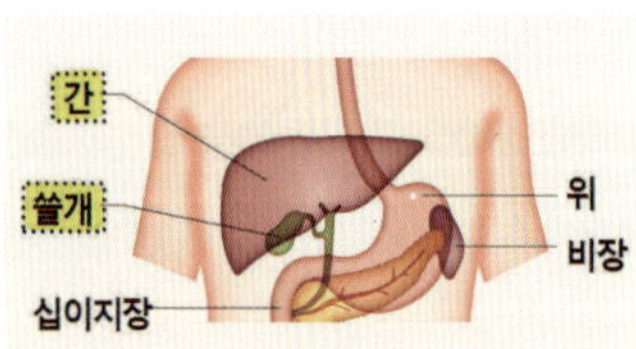

간과 쓸개(담낭) 부위 관련도

쓸개는 배신背信을 잘 하거나 아부阿附를 잘 하는 사람을 일컬어 "간에 붙었다 쓸개에 붙었다 한다"라고 하는 말에서 짐작하듯 간肝 바로 아래에 붙어 있는데, 간에서 분비分泌되는 즙을 저장貯藏하는 부위部位다. 그 즙은 주로 지방脂肪의 소화消化를 돕는 역할을 한다.

하지만 한의학韓醫學에서는 바로 그 '쓸개'를 '중정지관中正之官'이라 하여 '이성적理性的인 판단으로 치우침이 없이 중도[中]와 바름[正]을 행하는[之] 기관[官]'으로 보고 있다. 그런 까닭에 우리말에서 전통적傳統的으로 '쓸개[膽(담)]'는 줏대나 용기 등을 상징象徵하는 의미로 쓰이고 있다. 따라서 쓸개[膽]가 커서[大] 膽大하면 大膽하게 되고, 담력膽力이 있다고 여겼다.

대가나 사대

아울러 大자의 쓰임은 大家(대가)[11]에서도 볼 수 있는데, 大家는 한자 그대로 풀이하면 '큰[大] 집[家]'이다. 또 '대대로 부귀를 누리며 크게 번창하는 집안'이나 '전문 분야에서 권위를 크게 인정받는 사람'을 이르기도 한다.

대가를 이룬 하동 최참판댁

"대가의 헝겊 조각들은 모두 값비싼 주단들이다『만남(한무숙)』"의 글 속에 '대가'는 '대대로 부귀를 누리며 크게 번창하는 집안'과 관련이 있고, "그의 시를 추천해 준 소위 대가 시인의 추천사가 걸작이었다『환상 수첩(김승옥)』"의 글 속에 '대가'는 '전문 분야에서 권위를 크게 인정받는 사람'과 관련이 있다.

작은 것은 큰 것에 비해 아무래도 힘이 미약微弱할 수밖에 없다. 그러니 어쩔 수 없이 事大(사대)[12]를 하게 되는데, 事大는 '큰[大] 것을 섬기다[事]'라는 말이다. 약자弱者가 강자強者를 섬긴다거나 소국小國이 대국大國을 섬긴다는 것이다.

「혼일강리역대국도」(1402)

약자여서, 소국이어서 어쩔 수 없이 事大는 할 수 있다. 하지만 事大主義(사대주의)는 문제問題가 있다. 주의主義는 뼛속에 생각이 박힌 상태로, 길이길이 事大하겠다는 것이기 때문이다.

조선 초기 1402년에 만들어진 우리나라 최초最初이자

동양東洋에서 가장 오래된 세계지도世界地圖인「혼일강리역대국도混一疆理歷代國圖」에는 중국中國을 가운데에 아주 크게 그려 넣었다. 당시에 事大를 하던 중국을 어떤 시각視覺으로 바라봤는지 알 수 있는 지도라 하겠다.

작은 것과 큰 것은 상대적

이 세상世上 모든 물질物質은 모양模樣을 가지고 있다. 그 모양은 또 제각각各各의 크기를 지닌다. 어떤 것은 너무 커서 한 번의 눈길로 다 볼 수도 없고, 어떤 것은 너무 작아 맨눈에는 결코 보이지도 않는다.

상대적인 그릇과 물고기

하지만 대부분의 큰 것은 작은 것에서 비롯된다. 처음부터 큰 것은 없다. 해서 속담俗談에서도 "작은 것부터 큰 것이 이루어진다" 하면서 아무리 큰 것이라도 시작始作은 작은 것에서 비롯됨을 이르고 있다.

그렇게 작은 것과 큰 것은 상대적相對的인 개념槪念을 지닌 밀접密接한 말이니 이를 뜻하는 한자인 小[작을 소]자와 大자는 서로 어울려 사자성어四字成語로도 흔히 쓰이고 있다. 針小棒大(침소봉대)[13]·積小成大(적소성대)[14]·小貪大失(소탐대실)[15] 등이 그런 말이다.

針小棒大는 '바늘[針]처럼 작은[小] 것을 몽둥이[棒]처럼 큰[大] 것으로 만들다'라는 의미로, 작은 일을 크게 과장誇張하여 말한다는 것이다.

積小成大는 '작은[小] 것도 쌓이면[積] 큰[大]것이 되다[成]'라는 의미로, 속담의 "티끌 모아 태산"과 같은 말이다. 달리 積土成山(적토성산)이나 集小成大(집소성대)라 하기도 한다.

小貪大失은 '작은[小] 것을 탐하다[貪] 큰[大] 것을 잃다[失]'라는 의미로, 눈앞의 작은 욕심을 채우려다가 큰일을 이루지 못한다는 말이다.

大자는 '크게'의 뜻

아울러 大자는 무언가 외형적外形的 길이·넓이·높이·부피·범위·영역 따위가 보통 정도를 넘을 때와 관련해 '크게'의 뜻으로 쓰이기도 한다.

'크게[大] 한가지[同]'의 의미를 지닌 大同(대동)[16]의 大자가 그런 뜻으로 쓰이고 있다.

나아가 大同은 다시 大同法(대동법)[17]·大同社會(대동사회)[18]·大同團結(대동단결)[19]에 활용되고 있다.

大同法은 조선朝鮮 중기中期·후기後期에, '여러 공물貢物을 쌀로 통일統一해 크게[大] 한가지[同]가 되도록 한 납세納稅와 관련된 법[法]'을 말한다. 납세의 폐해弊害를 시정是正하기 위해 광해군光海君 때에 경기京畿 지역地域에서부터 처음 실시했던 제도制度였다.

평택의 대동법시행기념비

大同社會는 '큰 도道가 행해지고 모두가 크게[大] 한가지[同]가 되는 사회[社會]'를 말한다. 모든 사람이 서로 배려配慮하며

다 같이 잘 사는 사회를 이른 것인데, 유가儒家에서는 이를 가장 이상적理想的 사회社會로 여겼다.

그렇게 大同社會가 최선最善의 사회라면 그 다음의 小康社會(소강사회)는 차선次善의 사회를 이른다. 小康社會의 小康은 '조금[小] 편안하다[康]'라는 의미다.

大同團結은 '여러 집단이나 사람이 어떤 목적을 이루려고 크게[大] 한가지[同]가 되어 둥글게[團] 뭉치다[結]'라는 말이다.

아울러 '크게[大] 둥글다[團圓]'의 의미를 지닌 말이 大團圓(대단원)[20]이다. 大團圓의 團[둥글 단]자와 圓[둥글 원]자는 '둥글다'의 뜻을 지닌 한자기 때문이다. 그런데 사전辭典에 大團圓은 '어떤 일이나 행사의 마지막 단계'로 풀이하고 있다.

예부터 흥興이 많았던 우리나라 사람들은 어떤 일이나 행사行事의 마지막 단계에 이르면 서로 어울려 크게 둥근 대형隊形을 이루며 남은 여흥餘興을 즐겼기에 그런 의미를 지니게 된 것이다. 1988년 우리나라에서 열렸던 제24회 하계夏季 올림픽 경기 폐막식閉幕式 마지막 장면場面이 바로 그런 모습模襲을 연출演出하며 大團圓의 막幕을 내렸다. 大團圓이란 말이 지닌 의미 그대로 재현再現을 한 것이다.

1988년 올림픽 폐막식 강강술래

이왕이면 다홍치마

나아가 大자 쓰임은 '크게[大] 붉다[紅]'라는 의미의 大紅(대홍)[21]에서도 엿볼 수 있고, 그로 보면 '크게 붉은 치마'는 '대홍치마'라 해야 한다. 한데 오늘날은 '다홍치마'라 하고 있다. '대홍'의 '대'를 '다'로 발음發音하고 있는 것이다. 이는 중국中國 음音에 영향을 받았다. 중국에서는 大자를 '다dà'와 비슷하게 발음하기 때문이다.

천연의 붉은 염료 홍화

'크게 붉은 치마'를 만드는 붉은 옷감은 옛날에 자연自然에서 염료染料를 취取해 물들였는데, 물들이기가 어려워 귀貴하게 여겨졌다. 따라서 붉은 옷감은 신분身分이 높은 사람들이 주로 사용했다.

조선시대를 배경背景으로 한 사극史劇에서 궁중宮中의 여러 벼슬아치들이 서 있는 장면場面을 보면 붉은 옷감으로 만든 옷을 입은 사람들이 맨 앞에 서고, 그 뒤에 푸른 옷감으로 만든 옷을 입은 사람들이 서 있는 것을 볼 수 있다. 이는 붉은 옷감으로 만든 옷을 입은 이들이 당상관堂上官의 높은 벼슬아치들이고, 푸른 옷감으로 만든 옷을 입은 이들이 당상관보다 지위가 낮은 당하관堂下官의 벼슬아치들이기 때문이다.

사극의 한 장면

따라서 신분이 더 낮은 일반 백성들은 붉은 옷감을 사용해 함부로 옷을 만들어 입을 수 없었다. 하지만 혼인婚姻을 하기 전후前後의 젊은 여인女人들만은 붉은 옷감으로 치마를 만들어 입을 수 있었다. 예나 지금이나 혼인은 인륜지대사人倫之大事로 일생一生에 있어 가장 중요重要한 일이기 때문이다. 결국 '다홍치마'는 혼인을 하기 전후의 젊은 여인들과 관련된 말임을 알 수 있다.

예전 춘향 영정(김은호)과
교체된 춘향 영정(김현철)

그로 볼 때 "이왕이면 다홍치마"라는 말은 바꿔 말하면 '이왕이면 젊은 여인'이라는 천박淺薄한 남자들의 속셈이 담겨 있는

데, '다홍치마'가 중국 음 '다dà'와 관련된 데서 알 수 있듯 중국을 사대事大한 시절에 우리나라를 오가던 중국 상인商人이나 중국 사신使臣의 의식意識에서 비롯된 말로 짐작된다. 어쨌든 유쾌하게 사용할 말은 아니니 사용을 자제自制하는 게 좋겠다.

大자는 '크기'의 뜻

뫼비우스 띠(상)와 재활용 이미지(하)

뿐만 아니라 '크다'의 大자는 명사名詞인 '크기'의 뜻으로도 쓰이고 있다. 等身大(등신대)[22]나 無限大(무한대)[23]의 大자가 바로 그런 뜻을 지닌 말이다.

等身大는 '사람과 똑같은[等] 몸[身]의 크기[大]'를 이른다. 오늘날은 마케팅을 하기 위해 흔히 기업企業이나 기획사企劃社 등에서 유명有名한 연예인演藝人의 等身大를 만들어 사용하고 있다.

無限大는 '한[限]이 없는[無] 크기[大]'를 이른다. 이를 기호記號로는 ∞로 표기表記하고, 흔히 뫼비우스 띠에 비유比喩하고 있다. 뫼비우스 띠는 오늘날 다시 재활용再活用의 이미지로도 이용되고 있다.

大자는 흔히 '높다'의 뜻

나아가 한 단계 위의 반열班列·위상位相, 또는 똑같은 반열·

위상이더라도 더 높은 지위地位라면 大자를 덧붙이기도 한다. 이때의 大자는 흔히 '높다'의 뜻을 지닌다.

그런 뜻을 지닌 한자어로 大王(대왕)이 있다. 大王은 왕王이 죽으면 그 뒤를 잇는 왕이 앞선 한 단계 높은 선대先代 왕 모두에게 붙이는 명칭名稱이다.

뿐만 아니라 똑같은 위상을 지닌 왕인데, 후인後人들이 더 훌륭하고 뛰어나다고 생각하면 다른 왕과 구별해 그 왕을 높여 大王이라 하기도 한다. 곧 왕중왕王中王에게 大王이란 말을 덧붙이는데, 조선시대 27명의 왕 가운데 유독 자연스럽게 世宗(세종)을 世宗大王(세종대왕)이라고 한 것이 그런 경우다.

'세종대왕' 어진

물론 世宗 외에 英祖(영조)와 正祖(정조)에게도 英祖大王(영조대왕)이나 正祖大王(정조대왕)이라 하기도 한다. 고구려高句麗의 廣開土大王(광개토대왕)이나 신라新羅의 文武大王(문무대왕)도 마찬가지다.

한데 영어판英語版 위키백과에서 大王을 뜻하는 'the Great'의 칭호稱號가 붙어있는 우리나라 왕은 '廣開土大王'과 '世宗大王' 두 명뿐이다. 이로 보면 다른 나라에서 '大王'으로 보는 우리나라 왕은 두 명뿐이란 것을 알 수 있다.

광개토대왕 시기 고구려 최대 영토

그 외에 선왕先王의 정비正妃에게도 똑같게 大王의 大자를 덧붙여 大妃(대비)라 한다. 대개 大妃는 왕의 어머니인 경우인데, 후궁後宮의 아들이 왕이 되어도 그 어머니는 大妃라 하지 못했다.

원래 大妃는 '王大妃(왕대비)'의 준말이었지만 후대에 '大妃'를 별도別途의 지위로 만들어 지위 체계體系가 王大妃→大王大妃(대왕대비)의 2단계에서, 大妃→王大妃→大王大妃의 3단계로 구분區分되었다.

따라서 조선朝鮮 후기後期에 선대先代 왕의 정비正妃는 '大妃', 선선대先先代 왕의 정비는 '王大妃', 선선선대先先先代 왕의 정비는 '大王大妃'라 했다. 나아가 王大妃보다 더 위에 있는 사람이 大王大妃인 것처럼 大王은 더 뛰어나고 훌륭한 존재存在를 이르는 데 사용하는 말이기도 하다.

대왕고래

'大王나비·大王오징어·大王고래' 등의 '大王'이 그렇게 쓰였다. 그중에 특히 大王고래는 오늘날 지구상地球上에 존재하고 있는 동물 가운데 몸체가 가장 큰 것으로 알려져 있다.

대군과 대원군

효령대군 영정

왕의 아들 가운데 大君(대군)도 정비正妃에서 태어난 적자嫡子인 아들에게만 사용했다. 따라서 孝寧大君(효령대군)이나 首陽大君(수양대군)은 정비에게서 태어난 왕의 적자였음을 알 수 있다.

반면에 大자를 덧붙이지 않고 그냥 君(군)자만 붙이는 燕山君(연산군)이나 光海君(광해군)은 왕의 후궁後宮에서 태어난 서자庶子였음을 알 수 있다.

大院君(대원군)도 왕의 종친宗親에게 주던 정일품正一品 봉작封爵인 院君(원군)에 大자를 덧붙여 높인 말이다. 왕이 붕어崩御한 후에 대代를 이을 적자나 서자가 없어, 방계傍系로서 임금 자리에 오른 왕의 아버지에게 주던 벼슬이었다. 자식이 왕이 되었으니 정일품 봉작인 院君을 높이기 위해 大자를 덧붙여 大院君이라 한 것이다.

조선의 경우, 방계로서 임금 자리에 오른 왕은 선조宣祖와 인조仁祖와 철종哲宗과 고종高宗 네 명이 있었다. 그러나 고종의 아버지 興宣大院君(흥선대원군) 외에 다른 세 왕의 아버지는 이미 죽고 없었기에 大院君의 지위地位를 그대로 누린 조선의 인물人物은 유일唯一하게 興宣大院君뿐이었다. 따라서 大院君하면 興宣大院君을 이르게 되었다.

흥선대원군 초상화

大統領(대통령)도 統領(통령)에 大자를 덧붙여 만들어진 말이다. 統領은 원래 군대軍隊 계급階級이나 보직補職과 관련關聯된 명칭名稱이었다. 그러다 공화국共和國의 국가원수國家元首를 이르는 직함職銜으로 큰 나라인 미국美國의 프레지던트president를 일본日本에서 번역飜譯하는 과정過程에서 統領에 大자를 덧붙여 만들어 쓰기 시작始作했다.

미국 초대 대통령 조지 워싱턴

나아가 大統領의 大자는 헌법憲法에 명시明示한 대로 '국토國土와 국민國民을 통치統治하는 대통령[大] 권한[權]'을 이르는 大權(대권)[24]이나 '대통령[大]을 뽑다[選]'라는 말인 大選(대선)[25]에서도 그 쓰임을 엿볼 수 있다.

1952년 제2대 대통령 선거

大자는 '많다'의 뜻

크기가 크면 그 양量이 많은 것이고, 그 양이 많으면 그 크기가 클 수밖에 없다. 따라서 '크다'의 大자는 '많다'의 뜻을 지니

대식가

기도 한다.

'음식을 많이[大] 먹는[食] 사람[家]'을 의미하는 大食家(대식가)[26]의 大자가 바로 '많다'의 뜻으로 쓰였다. 大食(대식)은 크게 먹는 게 아니라 많이 먹는 것이고, 家(가)는 畫家(화가)·作家(작가)·美術家(미술가)·專門家(전문가)에서 보듯 어떤 분야分野에 정통精通한 사람을 이르기 때문이다.

아울러 '병사兵士의 수數가 많은[大] 군대[軍]'를 이르는 大軍(대군)[27]의 大자도 '많다'의 뜻으로 쓰이고 있다.

大자는 '훌륭하다'의 뜻

「대동여지도」(김정호)

또 큰 것이 모두 훌륭한 것은 아니겠지만 大자는 크게 되어 '훌륭하다'의 뜻을 지니기도 한다.

大尾(대미)[28]의 大자가 바로 '훌륭하다'의 뜻으로 쓰였다. 大尾는 한자 그대로 풀이한 큰[大] 꼬리[尾]를 의미하는 말이 아니고, '훌륭한[大] 끝[尾]'을 의미하는 말이기 때문이다. 따라서 흔히 하는 말에 "대미를 장식하다"는 '어떤 일이나 행사의 마지막을 훌륭하게 꾸며 끝내다'라는 의미로 쓰이고 있다.

아울러 '학식이 뛰어나면서 학문적 업적이 훌륭한[大] 학자[學者]'를 이르는 大學者(대학자)[29]의 大자도 '훌륭하다'의 뜻으로 쓰이고 있다.

그 외에 大자는 존대尊大하거나 찬미讚美한다는 뜻을 나타내기 위해 쓰이기도 한다. 우리나라를 달리 이르는 大東(대동)이나 건강하고 씩씩한 어른인 사내를 이르는 大丈夫(대장부)의 大자가 바로 그런 뜻을 담고 있다.

刀 [칼 도] 갈(칼)을 갈다

고대의 돌칼

사람이 최초最初로 사용使用한 도구道具는 돌로 만들어졌다. 그 돌을 처음에는 뭉뚝하게 생긴 그대로 사용했다. 그러다 깨진 돌의 날카로운 날 부분이 물건物件을 자르거나 떼어 내는 데 보다 효과적效果的이라는 것을 알게 되자 돌에 날을 만들어 사용하게 되었다. 그렇게 만들어진 것이 바로 돌칼이다.

돌칼은 시간時間이 흐르면서 크기가 좀 더 작아지고, 무게는 좀 더 가벼우면서 날이 좀 더 날카롭게 만들어졌다. 만들 때의 재료도 흑요석黑曜石 등 아주 단단하고 결이 고운 돌을 사용했다. 뿐만 아니라 돌칼의 날을 날카롭게 세우기 위해 갈아 만드는 방법方法도 이용利用되었다.

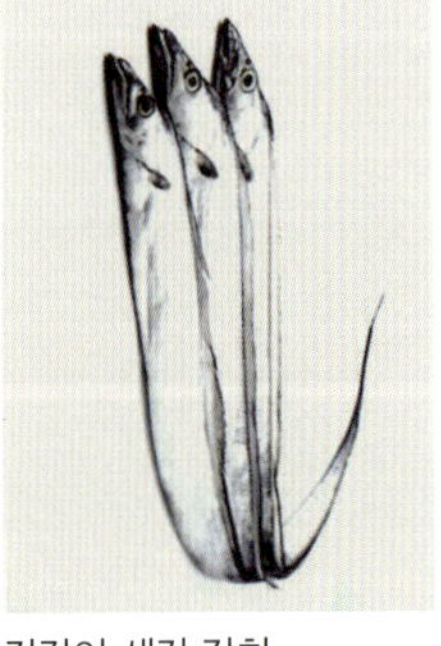

칼같이 생긴 갈치

칼의 옛말 '갈'이 어원적語源的으로 동사動詞 '갈다[磨·硏]'에서 비롯되었다 보는 것도 그 때문이다. 결국 '갈(칼)을 갈다'의 '갈(칼)'과 '갈다'는 그 어원語源이 같음을 알 수 있다.

칼같이 생긴 생선도 오늘날 '갈치'라 하고 있는데, '갈치'는 사투리로 '칼치'라 하기도 한다. 또 한자어漢字語로는 칼[刀]과 관련해 '도어刀魚'라 하기도 한다.

부엌에서 주로 사용하는 도구

돌칼은 이후以後에 좀 더 발달發達된 반달 모양模樣처럼 생긴 돌칼로도 만들어졌다. 이는 곡식穀食의 이삭이나 나무의 열매 따위를 잘라 따는 데 이용利用되었다.

반월형 석도(반달 돌칼)

하지만 오랫동안 널리 쓰인 만큼 지역地域에 따라 모양이 조금씩 달라지면서 구멍을 뚫어 끈을 매기도 했고, 나뭇가지를 얽어매기도 했다.

돌칼은 후대에 사람이 쇠를 사용使用할 줄 알게 되면서 다시 그 형태가 여러 가지로 변했고, 사용하는 사람의 신분에 따라 화려華麗한 장식裝飾을 갖추게 되었다. 하지만 쇠로 만든 칼은 전투용戰鬪用으로 흔히 사용되었다. 속담俗談에 "죽어도 큰 칼에 맞아 죽어라"나 "칼부림을 즐기는 자는 칼에 죽는다"는 칼이 바로 전투용으로 사용되었음을 알려주는 말이라 하겠다.

칼자루를 잡은 장성의 모습

그러나 시간이 흐르면서 전투용의 칼도 활이나 창에 비해 효율적效率的이지 못하게 되자 다시 권위權威의 상징물象徵物로 사용되며 그 위상位相이 바뀌었다. 어떤 일에 실제적인 권위를 부여받아 행동할 때를 이르는 '칼자루를 잡다'나 '칼자루를 휘두르다'라는 말이 이를 짐작하게 한다. 그렇게 칼은 오늘날에도 지휘指揮·의식儀式·무속巫俗 등에 계속 사용되고 있다.

아울러 쇠로 만든 칼은 일상생활日常生活에서의 용도用度로 그 쓰임이 더욱 확장擴張되면서 오늘날 부엌에서 주로 사용하는 도구道具로 자리 잡게 되었다.

刀자는 자루가 있고, 칼등과 칼날이 있는 칼

청동도

한자에서 刀[칼 도]자는 바로 그 '칼'을 뜻한다. 갑골문과 금문 자형으로 살피면 위쪽에 자루가 있고, 그 아래쪽에 칼등과 칼날이 있는 칼로 나타내고 있다. 따라서 刀자는 '칼'의 뜻을 지니게 되었다.

갑골문 刀자 금문 刀자 소전 刀자

刀자는 한쪽에만 날이 있는 칼, 劍자는 양쪽 날이 있는 칼

고대의 청동검

오늘날 한자漢字로 보면 칼은 다시 刀자와 劍[칼 검]자로 구별區別되고 있다. 刀자는 칼 몸이 휘어지고 한 측면側面에만 날이 있는 칼, 劍자는 칼 몸이 곧고 양측兩側 모두에 날이 있는 칼을 이른다. 아울러 두 한자를 합친 刀劍(도검)[1]은 모든 칼을 이르는 말이 되었다.

총포銃砲·刀劍·화약류火藥類 등의 안전관리安全管理에 관한 법률法律에 의하면 "刀劍은 칼날의 길이가 15센티미터 이상 되는 칼·검劍·창槍·치도雉刀·비수匕首 등으로서 성질상 흉기凶器로 쓰이는 것과 칼날의 길이가 15센티미터 미만이라 할지라도 흉기로 사용될 위험성이 뚜렷이 있는 것 중에서 대통령령大統領令이 정하는 것을 말한다"라고 했다.

그렇지만 옛날 일부에서는 刀자가 칼집 없는 칼을, 劍자가 칼집 있는 칼을 이른다고도 했다. 그러다 차츰 칼집 있는 칼인 劍을 刀로 부르기도 하면서 刀자와 劍자를 명확하게 구분해 쓰지 않게 되었다고 했다. 그러다 보니 양측에 날이 있는 칼을 刀라 하기도 했고, 반대로 한 측면에만 날이 있는 칼을 劍이라 하기도 했다.

일본도를 잡은 사무라이

실제로 조선시대朝鮮時代에 우리나라 사람들은 '일본[日本] 전통傳統의 칼[刀]'인 日本刀(일본도)[2]를 두고 倭劍(왜검)이라 하기도 했고, 倭刀(왜도)라 하기도 했다.

日本刀는 세계적世界的으로 널리 알려진 칼이다. 일본 사무라이 정신精神을 상징象徵하는 칼로, 고유固有한 제작법製作法과 형태形態로 만들어져 예리銳利하고 강인強靭한 것으로 알려져 있다.

칠지도와 환두대도

칠지도

사무라이를 앞세우는 일본이 칼의 나라라면 선비를 앞세우는 우리나라는 활의 나라였다. 산山이 많은 우리나라는 산에 성城을 쌓고 적賊을 먼 거리에 두고 활로 싸우는 경우가 많았다. 따라서 가까이서 싸울 때 사용하는 칼보다 활을 만드는 데 더 많은 관심關心을 가졌다.

그러나 일본이 국보國寶로 삼고 있는 철제鐵製 칼인 七支刀(칠지도)[3]는 정작 삼국시대三國時代 백제百濟에서 만들어 일본 왕王에게 하사下賜한 것이었다. 당시만 하더라도 백제의 제철기술

製鐵技術이 발달하여 고난도高難度 기술技術로 일본에서 만들 수 없는 좋은 칼을 만들었던 것이다.

七支刀는 '중심中心에서 위로 나온 한 개의 칼날과 좌우左右로 뻗어 있는 세 개씩의 칼날을 합쳐 일곱[七] 가지[支]가 있는 칼[刀]'을 이른다. 무기로서 쓰임보다 제의祭儀 등에서 상징적象徵的인 용도用途로 쓰였을 것으로 추정推定되는 칼이다.

환두대도

그 외에 우리나라에서 옛날에 만들어졌던 칼에는 고구려高句麗·백제·신라新羅 유물遺物에서 흔히 볼 수 있는 環頭大刀(환두대도)[4]가 있다.

環頭大刀는 '둥근 고리[環] 모양의 자루 머리[頭]를 가진 큰[大] 칼[刀]'을 말한다. 우리나라에서 가장 오랫동안 군사적軍事的 목적으로 사용한 칼이었다. 오랜 세월이 흐르며 그 형태形態에 약간의 변화가 있었지만 삼국시대 이전以前부터 고려시대高麗時代까지 폭넓게 사용했으며, 조선시대朝鮮時代에도 이를 바탕으로 해서 만들어진 칼을 사용했다.

관우가 사용했다는 청룡언월도

아울러 중국中國 칼로 우리에게 잘 알려진 것에는 『삼국지연의三國志演義』에 등장하는 관우關羽가 사용했다는 青龍偃月刀(청룡언월도)[5]가 있다.

青龍偃月刀는 偃月刀(언월도)의 일종一種으로, 줄여 青龍刀(청룡도)라 하기도 한다. '용[青龍]의 아가리에 칼을 물렸는데, 그 모양이 반달[偃月]처럼 생긴 칼[刀]'이다. 칼날은 뒤로 젖혀져 있고, 칼등은 두 갈래로 되어 아래 갈래에 구멍을 뚫어서 상모象毛를 달았다.

청룡언월도

한데 偃月刀는 당唐·송宋 때에 출현出現했으며, 무게가 무거워서 실전實戰에서는 사용하지 않고 훈련訓練할 때만 사용되었다고 하는 칼이다.

따라서 후한後漢 말기末期 인물人物인 관우가 사용했다는 靑龍偃月刀는 당시에 실재實在하지 않았던 무기로, 『삼국지연의』의 흥미興味를 더하기 위해 꾸며낸 이야기로 보고 있다. 그런 칼도 솜방망이 휘두르듯 다룰 수 있는 괴력怪力이 있다고 함으로써 관우의 기개氣槪를 강조强調하기 위해 등장登場시킨 것으로 보인다.

관우 관련 그림

권위의 상징물

칼은 오늘날 전투戰鬪에서 유명무실有名無實해졌지만 앞서 언급言及했듯 여전히 권위權威의 상징물象徵物로 사용되고 있다.

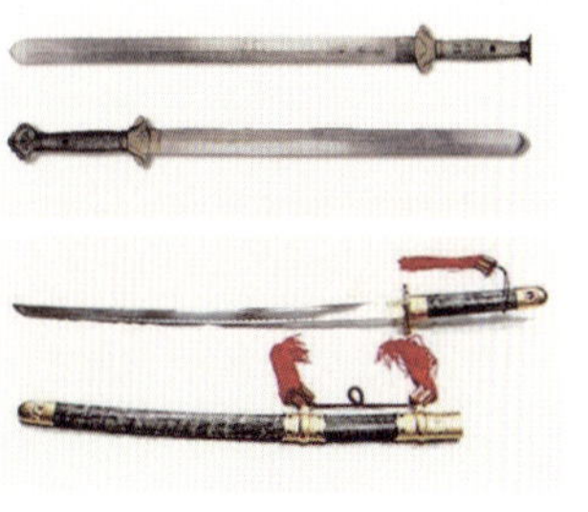
사인검(상)과 삼정도(하)

우리나라에서 장성급將星級으로 진급進級해 별이 새겨진 계급장階級章을 처음 달게 되는 준장准將에게 국군통수권자國軍統帥權者인 대통령大統領이 수여授與하는 三精劍(삼정검)이 바로 그런 칼이다.

三精劍은 애초에 한 측면側面에만 날이 있는 칼이었기에 三

삼정검에 수치를 다는 대통령

삼정검

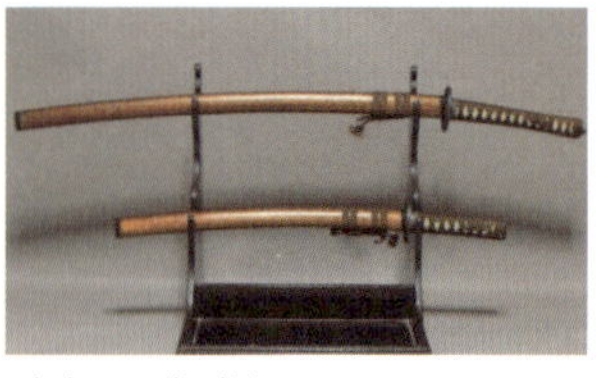
전가보도의 일본도

精刀(삼정도)[6]라 했다. 그러다 조선시대朝鮮時代에 궁중宮中과 민간民間에서 만들었던 벽사용辟邪用 刀劍으로, 인년寅年·인월寅月·인일寅日·인시寅時에 제작製作했던 사인검四寅劍처럼 양측兩側에 날이 있는 칼로 바뀌면서 오늘날은 三精劍이라 하고 있다.

三精刀는 육陸·해海·공군空軍 3군軍이 하나가 되어 '호국護國·통일統一·번영繁榮 세[三] 가지 정신[精]을 달성達成하라는 의미가 담겨 있는 칼[刀]'이다.

뿐만 아니라 칼 가운데는 '조상祖上 때부터 대대代代로 전[傳]해지는 집안[家]의 보배로운[寶] 칼[刀]'을 의미하는 傳家寶刀(전가보도)[7]가 있다.

傳家寶刀는 사무라이 문화文化가 있는 일본日本에서 나온 말로 알려져 있다. 사무라이들이 명검名劍을 집안 안에 간직해 두고 권위權威의 상징물象徵物로 대물림하다가, 생生과 사死가 갈리는 절체절명絶體絶命의 순간에 필살必殺 무기武器로 사용했던 것이다. 따라서 傳家寶刀는 어떤 어려운 문제問題를 해결解決하는 결정적決定的 방법方法이나 수단手段을 가리키는 의미를 지니게 되었다.

요즘은 어떤 곤란困難한 문제에서 벗어나는 상투적常套的 수단을 의미하는 데 쓰기도 한다. 예컨대 "정부政府는 대형大型 사건事件만 터졌다 하면 철저徹底한 점검點檢과 관리管理 대책對策을 마련하겠다는 말을 傳家寶刀처럼 꺼낸다"에서처럼 활용되고 있다.

무기로 사용된 칼

나아가 "펜은 칼보다 강하다"나 "칼로 흥한 자는 칼로 망한다"에서 칼은 직접 무기武器로 사용된 칼을 이른 것으로 보인다. 그처럼 單刀直入(단도직입)[8]이나 刀折矢盡(도절시진)[9]의 刀자도 바로 그런 칼과 관련이 있다.

單刀直入은 '혼자서[單] 칼[刀]을 들고 적진으로 곧장[直] 쳐들어가다[入]'라는 의미로, 여러 말을 늘어놓지 아니하고 바로 요점要點이나 본문제本問題를 중심적中心的으로 말함을 이르기도 한다.

刀折矢盡은 '칼[刀]은 부러지고[折] 화살[矢]은 다하다[盡]'의 의미를 지닌 말이다. 이의 속뜻에 대해 자료에서 보듯 네이버 국어사전이나 다음 국어사전이 거의 똑같게 '기진맥진하여 싸울 기력이 없음'을 이르는 말이라 풀이하고 있다. 한데 칼이 부러졌다고, 화살이 다 없어졌다고 모두 기진맥진氣盡脈盡하게 되었다고 할 수 있을까? 잘못된 풀이라 생각된다. 칼은 단거리短距離 무기고, 화살은 장거리長距離 무기다. 단거리 무기인 칼이 부러져 쓸 수 없고, 장거리 무기인 화살이 떨어져 쓸 수 없으니 더 이상 싸울 방도方途가 없는 것이다. 따라서 刀折矢盡은 '칼과 화살을 다 소진消盡하여 더 싸워 나갈 방도가 없음'으로 풀이함이 마땅하다 하겠다.

그 외에 무기인 칼이 사람을 죽이는 데 사용되지만 반대로 사람을 살리는 데 사용되기도 하는데, 그것은 바로 解剖刀(해부도)[10]다. 解剖刀는 주로 '생물체生物體의 일부를 떼거나[解] 갈라[剖]

도절시진 刀折矢盡
'칼은 부러지고 화살은 다 서서 없어진다'는 뜻으로, '기진맥진하여 싸울 기력이 없음'을 이르는 말.

도절시진 관련 자료

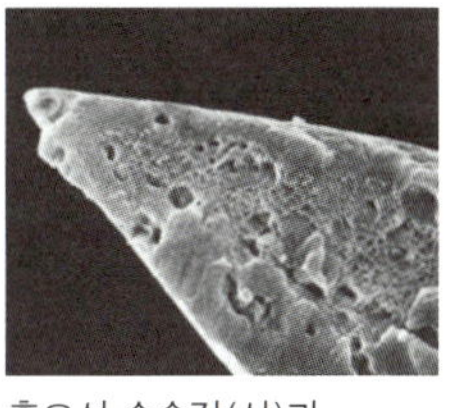

흑요석 수술칼(상)과 철제 수술칼(하)의 일부

그 내부의 병인病因 부위를 치료하는 데 사용하는 칼[刀]'이다. 달리 '수술칼'이라 하기도 한다. 아울러 해부解剖를 위해 그런 '수술칼[刀]을 잡는[執] 일'은 執刀(집도)[11]라 한다.

칼을 제대로 다루지 못하는 사람

남원 대장간에서 만든 식도

반면에 '음식[食] 만드는 데 사용하는 칼[刀]'인 食刀(식도)[12]나 '과일[果]을 깎는 칼[刀]'인 果刀(과도)[13]는 요리料理를 위해 사용되는 칼과 관련이 있다. 곧 食刀나 果刀는 사람이 먹고사는 데 필요한 칼이다.

그렇게 먹고사는 데 필요한 칼은 누구나 얼마쯤 다룰 줄 알아야 한다. 오늘날은 남녀男女 구별區別이 없는 세상이기 때문이다. 평생 남이 마련해 주는 음식이나 과일만 먹고살 수는 없다. 그럼에도 칼을 제대로 다루지 못하는 사람이 적지 않다.

과도를 사용하는 모습

크게 될 사람은 큰일만 하는 사람이 아니다. 작은 일까지 무시無視하지 않는 사람이다. 그래야 업적業績이 커지고 큰일을 한 사람이 되는 것이다. 칼로 다치는 것이 두려워 칼을 멀리하는 이들이 적지 않은데, 조금이라도 다치지 않고 자전거自轉車 타는 법을 배우지 않는 사람은 없다. 다치는 것이 두렵다면 그 두려움을 떨치는 방법方法은 딱 하나다. 아예 태어나지 않는 것이다. 다치지 않고 살 수는 없다. 적극적積極的 사고방식思考方式을 가지고 食刀나 果刀을 다루는 일에도 관심關心을 가져야 할 것이다.

면도와 작도와 죽도와 은장도와 반월형석도

아울러 사람의 '낯[面]에 털을 깎는 칼[刀]'은 面刀(면도)[14]라 하며, 나무 등을 입체立體 형상形象으로 만들기 위해 '새기거나[彫] 깎는[刻] 데 사용하는 칼[刀]'은 彫刻刀(조각도)[15]라 한다.

〈작두질〉(조영석)

또 마소의 먹이인 '풀이나 짚을 베는[斫] 칼[刀]'인 斫刀(작도)[16]에도 刀자를 쓰는데, 斫刀의 음音 '작도'는 후대後代에 '작두'로 바뀌었다.

그리고 '대[竹]로 만든 칼[刀]'은 竹刀(죽도)[17]라 하는데, 이는 검도劍刀 연습練習에 쓰이는 기구器具의 한 가지를 이르기도 한다.

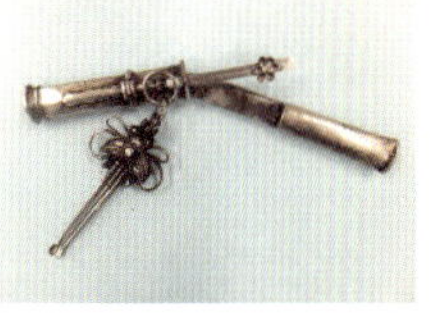

옛날의 은장도

그 외에 칼에는 조선시대朝鮮時代 여인女人들이 빗과 거울과 함께 애용愛用했던 3대 소지품所持品의 하나인 銀粧刀(은장도)[18]가 있다.

옛날의 돌칼

銀粧刀는 주머니 속에 넣거나 옷고름에 늘 차고 다니는 '은[銀]으로 꾸민[粧] 칼[刀]'로, 노리개나 호신護身의 용도用途로 사용된 도구道具다. 주머니 속에 넣고 다닌다 하여 '주머니 囊(낭)' 자를 써서 囊刀(낭도), 옷고름에 늘 차고 다닌다 하여 '찰 佩(패)' 자를 써서 佩刀(패도)라 하기도 한다. 임진왜란壬辰倭亂과 병자호란丙子胡亂을 겪으면서 여인의 정절貞節을 지키는 상징적象徵的 의미를 지니게 된 도구이기도 하다. 하지만 원래原來 銀粧刀는 생활도구生活道具로서 남녀男女 가리지 않고 다용도多用途로 쓰였던 작은 칼이었다.

뿐만 아니라 청동기시대青銅器時代 사람들이 만들어 이삭을

반월형석도 사용 모습
(국립부여박물관)

따는 데 쓴 '반달[半月] 형상[形]의 돌칼[石刀]'인 半月形石刀(반월형석도)[19]에서도 刀자의 쓰임을 엿볼 수 있다. 半月形石刀는 '반달돌칼', 또는 '반달칼'이라 하기도 한다.

칼처럼 생긴 명도전

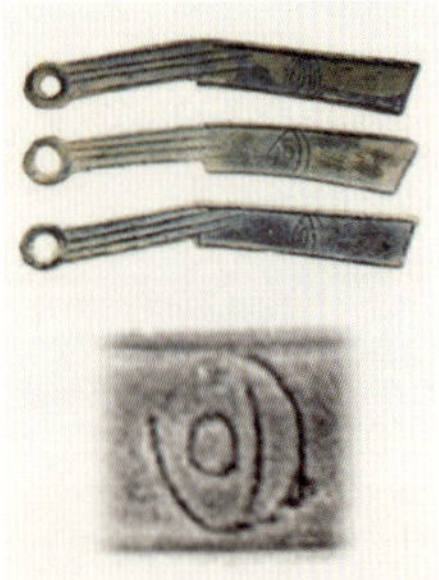

명도전

그 외에 칼이 아닌데 칼처럼 생겼다 하여 刀자를 사용한 말에 明刀錢(명도전)[20]이 있다.

明刀錢은 춘추전국시대春秋戰國時代, 그중에서도 전국시대戰國時代 때에 동아시아東亞細亞에서 통용通用되던 돈이었다. '明(명)자로 추정推定되는 한자漢字가 새겨진 칼[刀]처럼 생긴 돈[錢]'이라 그처럼 부르게 되었다.

明자로 추정되는 한자는 전국시대 연燕나라 지명地名인 '平明(평명)'의 '明'과 관련되었다고 보면서 明刀錢은 통상通常 연나라 화폐貨幣로 알려져 있다.

명도전 출토지와
기원전 4세기 고조선 영역

하지만 明刀錢이 출토出土된 지역地域의 분포도分布圖를 살피면 고조선古朝鮮의 강역疆域과 거의 일치一致된다는 사실事實을 들어 고조선의 화폐라 하는 이들도 있다.

斗 [말 두] 되로 주고 말로 받는다

용량을 되는 여러 그릇 (홉, 되, 말)

"되로 주고 말로 받는다"는 속담俗談이 있다. 이때 '되'와 '말'은 어느 정도 용량容量이 될까.

사실 아주 옛날에는 벼나 보리 등의 곡물穀物이나 술이나 기름 등의 액체물液體物 용량을 되는 데 우리가 오늘날처럼 사용하는 단위單位가 없었다. 그 당시 사람들은 용량을 될 때에 인체人體를 활용活用해 그저 한 자밤, 한 줌, 한 움큼, 한 아름 등의 부피를 기준基準으로 했다. 또는 손톱만한 크기, 주먹만 한 크기, 머리통만한 크기 등으로 구분區分했다.

이런 기준은 같은 나이의 사람이라도 몸집이 다르면 그에 따라 부피나 크기가 달라질 수밖에 없는 것이기에 문제問題가 되었다.

박연 초상화

때문에 정확한 부피나 크기를 나타내기 위한 단위가 만들어지게 되었다. 실제로 조선시대朝鮮時代 세종世宗은 박연朴堧으로 하여금 부피의 기준을 정定하도록 하여 그 틀을 완성完成시켰다. 박연은 고대古代 중국中國에서부터 도량형度量衡의 기준으로 삼았던 기장의 열매가 1,200알이 들어가는 부피를 1작勺으

勺자 갑골문

升자 금문

斗자 갑골문

로 정했다. 그리고 10작을 1홉, 100작을 1되, 1,000작을 1말로 정했다.

다시 말하면 1작[勺]이 10작이 되면 1홉[合]이 되고, 그 1홉이 10홉이 되면 1되[升]가 되고, 그 1되가 10되가 되면 1말[斗]이 된 것이다.

술 따르는 청동 구기

이렇게 정해진 부피의 단위인 작·홉·되·말은 곡물이나 액체물 등의 용량을 될 때에 단위가 되었다.

하지만 그 가운데 가장 작은 단위인 勺(작)과 '되'를 이르는 단위인 升(승)과 '말'을 이르는 단위인 斗(두)는 그 고문자 자형이 서로 비슷한 것을 보면 모두 똑같은 용기에서 비롯된 한자임을 미뤄 짐작할 수 있다. 그 용기가 바로 '구기'다.

구기는 국어사전國語辭典에 "술이나 기름, 죽 따위를 풀 때에 기구. 자루가 국자보다 짧고, 바닥이 오목하다"라고 풀이하고 있다. 그러나 국어사전의 또 다른 설명에 의하면 "현대 국어 '국자'의 옛말인 '구기'는 16세기 문헌에서부터 나타난다. 19세기에 '국자'로 나타나면서 현재에 이르렀다. '구기'가 어떻게 '국자'로 변하게 되었는지는 알 수 없다. 18세기의 '국이'는 '구기'의 과잉 분철 표기이다"라고 했다. 이를 보면 구기는 국자의 일종一種이 아니라 국자의 원말임을 알 수 있다. 곧 구기>국이>국자의 과정을 거쳐 '구기'가 '국자'가 된 것이다.

한 말 분량 나무 술통

속담 "말술은 지고는 못가도 마시고는 간다"나 "홀짝술이 말술 된다"에서 '말술'의 '말'은 용량과 관련되지만 그 '말'을 뜻하는 한자인 斗[말 두]자는 언급言及했듯 바로 그 '구기'와 관련이 있다.

斗자는 술을 푸는 옛날의 국자인 구기

갑골문 斗자　금문 斗자　소전 斗자

옛날의 구기

실제로 갑골문 斗자 자형으로 살피면 윗부분이 작은 국자의 오목한 부분을, 아랫부분이 국자의 기다란 자루를 나타내고 있다. 술 등의 액체液體를 푸는 옛날 국자인 구기를 나타낸 것이다. 따라서 斗자는 '구기'의 뜻을 지니게 되었으며, 후에 그와 같은 용기로 술 따위의 용량을 헤아리면서 다시 용량과 관련된 '말'의 뜻을 지니게 되었다. 결국 술 등을 뜨는 기구를 나타낸 斗자는 용량과 관련해 그 뜻이 '말'이 된 것이다.

대두병과 두주불사와 두락

대두병(가운데)

그처럼 斗자는 '열 되들이 큰[大] 말[斗]에서 한 되의 술이 들어가는 병[甁]'인 大斗甁(대두병)[1]에서 보듯 그 뜻의 쓰임이 술과 관련되어 있음을 알 수 있다.

또 술을 매우 잘 마실 때에 하는 말인 '말[斗] 술[酒]도 사양하지[辭] 않는다[不]'는 의미의 斗酒不辭(두주불사)[2]에서도 斗자가 술과 관련 있는 한자란 것을 미뤄 짐작할 수 있다.

하지만 오늘날 斗자는 곡물穀物의 양量을 헤아리는 데 주로 쓰이고 있다.

"겉보리 서 말만 있으면 처가살이하랴", "남자는 들깨 한 말

겉보리

만 들어도 아이는 낳는다", "싸라기 쌀 한 말에 칠 푼 오 리라도 오 리 없어 못 먹는다"는 속담에서 그런 쓰임을 살펴볼 수 있다.

또 한자어 斗落(두락)[3]의 斗자도 곡물 한 말의 양과 관련이 있다. 斗落은 '한 말[斗]의 씨앗을 떨어뜨릴[落] 만한 농토農土'를 의미하는데, 달리 우리말로 '마지기'라 한다.

두락(마지기)

'마지기'는 '말[斗]+지기'에서 나온 말로, '말'에서 입성자入聲字 'ㄹ'을 생략했다. 입성자 'ㄹ'은 '딸님'을 '따님'으로, '물더위'를 '무더위'로, '굴레나룻'을 '구레나룻' 등으로 쓰는 것처럼 종종 탈락되어 쓰이기도 하기 때문이다. '지기'는 국어사전에서 보면 '그 정도 양의 씨앗을 심을 수 있는 논밭의 넓이'의 뜻을 더하는 접미사接尾辭, 또는 '논'이라는 뜻을 더하는 접미사로 풀이하고 있다. 결국 '마지기'는 볍씨 한 말의 씨앗을 심을 수 있는 논밭의 넓이를 말한다.

오두미와 두산

도연명 초상화

斗자는 '다섯[五] 말[斗]의 쌀[米]'을 의미하는 五斗米(오두미)[4]에서도 그 쓰임을 엿볼 수 있다. 五斗米는 흔히 얼마 안 되는 봉급俸給을 이르는 말로 쓰이고 있다. 五斗米가 그런 말로 쓰이는 데는 「歸去來辭(귀거래사)」라는 산문시散文詩로 널리 알려진 도연명陶淵明과 관련이 있다.

도연명은 동진東晉 말년末年의 어지러운 세상에 태어나 출세出世에는 별로 뜻이 없으면서 자연과 술과 글을 즐기며 평생平

生을 보낸 위대偉大한 시인詩人이었다.

그는 29세에 처음 벼슬길에 나갔으나 남에게 아첨阿諂하지 못하는 성격性格 때문에 이렇다 할 두각頭角을 나타내지 못하고 한직閒職을 전전轉轉하다 그만두고 고향故鄉으로 돌아오고 말았다. 그 뒤 41세 때에 다시 한 고을의 현령縣令이 되었으나 얼마 안 되는 五斗米 때문에 윗사람에게 허리를 굽힐 수 없다며 다시 관직官職을 버리고 고향으로 돌아가 죽을 때까지 벼슬하지 않고 살았다. 그런 과정에서 나온 말이 바로 五斗米다.

1978~1995

DOOSAN

1996~2021

DOOSAN

2022~

두산그룹 상징마크

또 斗자는 '한국 최초의 100년 기업'으로 자리매김을 한 斗山(두산)의 회사명會社名으로도 쓰이고 있다.

斗山은 1896년에 창업創業한 기업企業으로, '쌀을 한 말[斗] 두 말 쌓아서 큰 뫼[山]를 이루라'는 의미로 그처럼 지었다 한다. 처음에는 작은 상점商店이었지만 오늘날 굴지屈指의 대기업大企業이 되었으니 회사명 그대로 뜻을 이뤘다 하겠다.

두산의 모태가 된 상점

斗자는 용기와 관련된 '말'의 뜻

나아가 斗자는 용량容量이 아닌 용기容器와 관련된 '말'의 뜻으로 쓰이기도 한다. 斗筲之人(두소지인)[5]의 斗자가 그렇게 쓰이고 있다.

斗筲之人의 斗자는 한 말들이 용기인 '말'을, 筲자는 한 말 두 되들이 용기인 '대그릇'을 뜻하기 때문이다. 따라서 斗筲之人은 '한 말들이 말[斗]이나 한 말 두되들이 대그릇[筲]과 같은[之] 사

한 말(斗) 용기

람[人]'을 의미하고, 그 용기의 크기와 관련해 도량度量이 적은 사람을 이른다.

나아가 斗筲之才(두소지재)도 변변치 않은 용기인 斗筲(두소)처럼 변변치 않은 작은 재주, 또는 그런 재주를 가진 사람을 이른다.

한 말 두되 대그릇(筲)

斗筲之人과 斗筲之才의 변변치 않은 용기와 관련된 斗자처럼 변변치 않은 '한 말들이 말[斗]만한 작은 집[屋]'을 의미하는 말이 斗屋(두옥)[6]이다. 斗屋은 다시 一間斗屋(일간두옥)[7]이란 말로 활용되고 있다.

일간두옥

一間斗屋은 '한[一] 칸[間]밖에 안 되는 한 말들이 말[斗]만한 작은 집[屋]'을 이른다. "산허리에 외롭게 서 있는 일간두옥, 아니 내 집도 이렇게 아담하고 아름다웠던가『이양하 수필선(이양하)』"에서처럼 활용되고 있다.

거재두량 관련 자료

이상에서 설명한 五斗米·斗筲之人·斗筲之才·一間斗屋의 斗자는 모두 '적다'나 '작다'의 의미와 관련이 있다. 하지만 斗자는 반대로 '많다'의 의미와 관련되는 말에 쓰이기도 한다. 크기나 용량은 상대적相對的인 개념槪念을 지니기 때문이다. 車載斗量(거재두량)[8]의 斗자가 바로 그런 의미와 관련이 있다.

車載斗量은 '수레[車]에 싣고[載] 말[斗]로 헤아린다[量]'는 의미인데, 이는 수레에 싣거나 말로 헤아려야 할 정도로 물건物件이나 인재人材가 많아 그다지 귀貴하지 않음을 이른다. "배외사상이 자기를 낮추고 남을 높이는 겸양의 덕에서 나온 일이라면, 우리나라에는 대각 통도한 성자가 거재두량으로, 이루 셀 수 없을 것이다『벙어리 냉가슴(이희승)』"에서처럼 활용되고 있다.

斗자는 '별이름'의 뜻

뿐만 아니라 斗자는 '별이름'의 뜻을 지니기도 한다. 북녘에 있는 北斗七星(북두칠성)[9]과 남녘에 있는 南斗六星(남두육성)[10]이 마치 斗자처럼 보이기 때문이다.

다시 말하면 北斗七星은 '북녘[北]의 큰곰자리에서 斗자처럼 보이는 일곱[七] 개의 별[星]'을 이르고, 南斗六星은 '남녘[南]의 궁수자리에서 斗자처럼 보이는 여섯[六] 개의 별[星]'을 이른다.

북반구北半球에 사는 우리나라 사람들이 우러러 볼 수 있는 별은 北斗七星이다. 필자筆者도 어린 시절 여름이면 마당 한쪽에 놓인 평상平床 위에 누워 자주 찾아보았던 밝게 빛나는 별이고, 지금도 고향 집에 가면 가끔씩 마당에 나가 밤하늘을 우러르며 찾아보곤 하는 별이다.

그렇게 북녘 밤하늘에서 밝게 빛나는 北斗七星은 옛날 사람들이 밤길을 가거나 항해航海를 하며 방향方向을 잡는 데 큰 역할役割을 했다. 北斗七星이 길잡이 역할을 한 것이다.

北斗七星이 길잡이 역할을 한 것처럼 중국中國에서는 泰山(태산)도 길잡이 역할을 했다. 泰山은 평야平野로 이뤄진 고대古代 중국 문화文化 중심지中心地인 중원中原 한쪽에 우뚝 솟은 산으로, 사람들이 어디서나 우러러 볼 수 있기 때문이다. 따라서 '泰山'과 北斗七星의 '北斗'를 합친 말인 泰山北斗(태산북두)[11]는 '泰山과 北斗처럼 사람들이 우러러보는 존재存在'란 의미가 있는데, 세상 사람들로부터 존경尊敬받는 사람을 비유적比喩的으로 이른다.

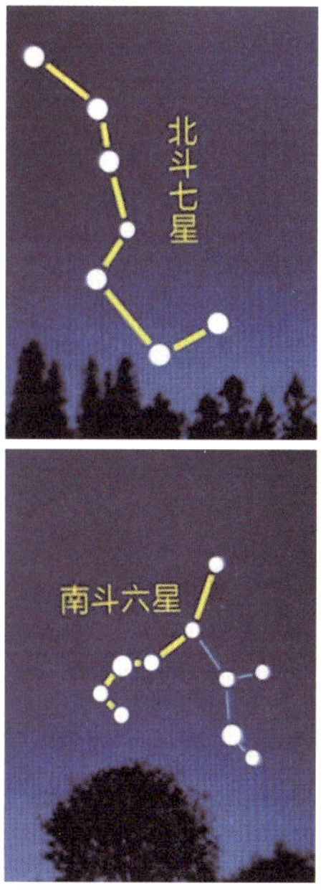

북두칠성과 남두육성

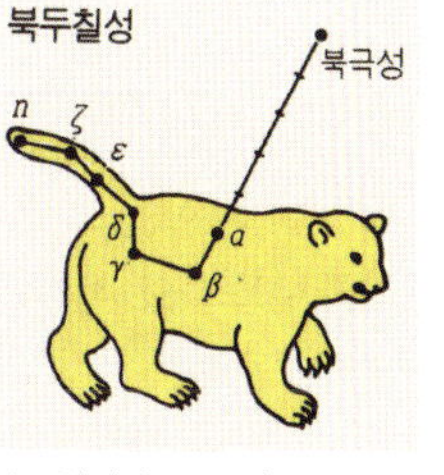

북두칠성과 북극성

중원에 솟은 태산

한유 초상화

泰山北斗는 이백李白·두보杜甫·백거이白居易와 함께 당唐나라 대표적 4대 시인詩人의 한 사람이며, 당송팔대가唐宋八大家로 꼽히는 중국 제일의 문장가文章家인 한유韓愈와 관련되어 이뤄진 말이다.

그의 문장文章은 남이 본받을 만큼 모범模範이 된다고 알려져 후세後世에 영향을 주었는데, 『당서唐書』「한유전韓愈傳」에 "한유가 죽은 뒤로, 그의 학설이 크게 세상에 행해지고 있어, 학자들이 그를 우러러보기를 태산북두처럼 한다"고 했기 때문이다.

泰山北斗는 다시 줄여서 泰斗(태두)라고도 하며, 泰斗는 흔히 어떤 계통系統의 권위자權威者를 이르기도 한다. "그는 우리나라 국어학계의 태두로 잘 알려져 있다"와 같은 말에서처럼 활용되고 있다.

豆 [콩 두] 세 알의 콩이 들어 있는 것은

뜰 앞에 산산이 흩어진 내 시
낱낱이 새파란 청대콩이 되다

하늘서 푸르르 날아온 붉은 비둘기
알알이 다 주워 먹어버리다

권환權煥 시인詩人의 「청대콩」이란 시詩다. 시에서는 비둘기가 콩을 다 주워 먹어 버렸다 했다. 그런데 콩꼬투리 속에 흔히 콩이 세 알 들어 있는 것은 사람이 한 알 먹고, 새가 한 알 먹고, 남은 한 알은 다시 자연自然으로 돌아가기 위함이라고 한다.

밭의 소고기

그처럼 사람도 먹고, 새도 먹는 콩은 적지 않은 속담俗談에서 그 쓰임을 살펴볼 수 있다.

"가뭄에 콩 나듯 한다."

나눠진 콩 한쪽

"콩 한쪽도 나눠 먹는다."
"번갯불에 콩 볶아 먹겠다."
"콩과 보리도 구분 못한다."
"가마솥의 콩도 삶아야 먹는다."
"남의 밥에 든 콩이 더 굵어 보인다."
"콩으로 메주를 쑨다 해도 곧이 듣지 않는다."

이렇게 콩이 속담에 흔하게 등장登場하는 것은 그만큼 유용有用하게 쓰이는 데가 많다는 이야기다. 볶아 먹고, 삶아 먹고, 구워 먹고, 갈아 먹고, 밥에 넣어 먹고, 가장 흔하게는 두부豆腐로 만들어 먹고…….

콩고기 스테이크

콩자반·콩떡·콩엿·콩과자·두부·비지·된장·간장·청국장·콩나물·콩기름 등 여러 곳에 쓰이며, 심지어 가공加工해서 콩고기라는 고기 아닌 고기를 만들어 먹기도 한다. 그처럼 다양하게 활용되는 콩은 소고기처럼 단백질蛋白質 함량含量이 많아 '밭에서 나는 소고기'라 하기도 한다.

豆자는 음식이나 고기를 담는 굽이 높은 제기

제기(상)와 대두(하)

갑골문 豆자 금문 豆자 소전 豆자

한데 그 '콩'을 뜻하는 豆[콩 두]자는 음식이나 고기를 담는 굽이 높은 제기祭器를 나타냈다. 따라서 원래 豆자는 '제기'를 뜻했으나 후대에 竹[대 죽(⺮)]자나 木[나무 목]자를 덧붙인 笠[제기

두]자나 梪[제기 두]자가 그 뜻을 대신하고, 자신은 '콩'의 뜻으로 빌려 쓰이고 있다.

콩은 대두, 팥은 소두

금문 叔자

원래 '콩'을 뜻할 때에는 叔[아재비 숙]자로 기록記錄했는데, 叔자도 이후에 '아재비'라는 뜻으로 빌려 쓰이게 되자 다시 艸[풀 초(艹)]자를 덧붙인 菽[콩 숙]자가 그 뜻을 대신했다.

콩꼬투리 따는 모습

콩과 팥

대두

한데 콩알 모양이 제기 몸체와 닮은 데서 '제기'를 나타낸 豆자도 '콩'의 뜻으로 빌려 쓰이게 된 것이다. 그러다 같은 콩과인 팥이 전래傳來되면서 크기에 따라 콩은 大豆(대두), 팥은 小豆(소두)라 했다.

나아가 大豆인 '콩'과 小豆인 '팥'은 실제 생활에서도 서로 비교比較되면서 적잖게 속담에 활용되고 있다.

"콩이야 팥이야 한다."

"콩을 팥이라고 우긴다."

"콩 심어라 팥 심어라 한다."

"콩을 팥이라 해도 곧이 듣는다."

"콩 심은 데 콩 나고 팥 심은 데 팥 난다"가 바로 그런 말이다.

그래도 오늘날 그냥 '콩'이라고 하면 大豆를 이르는데, 大豆는 다시 백태白太·메주콩·콩나물콩이라 부르기도 한다. 쓰임새가 가장 많고 전全 세계적世界的으로도 가장 재배량栽培量이 많

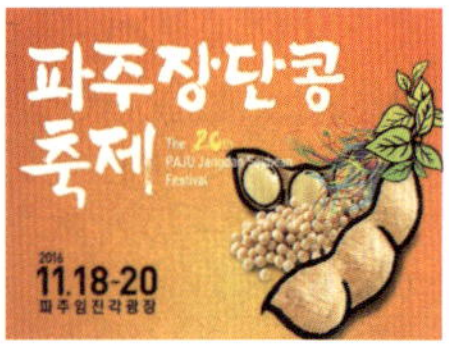

파주 장단콩 축제 포스터

으므로 사실상 가장 흔한 콩이다.

우리나라에서는 경기도京畿道 파주시坡州市의 장단면長湍面에서 생산되는 大豆가 유명有名한데, 이는 일제강점기日帝强占期에 최초最初로 大豆를 재배栽培한 곳이기 때문이기도 하다. 이곳에서 나는 大豆는 따로 '장단콩'이라 하며, 이를 활성화活性化하기 위해 파주시에서는 해마다 축제祝祭를 벌이고 있다.

완두와 녹두

완두

완두를 넣은 밥

멘델 관련 우표

大豆가 속屬하는 콩과에는 식물植物 분류학적分類學的으로 18,000종이 있다. 그중에 우리나라 사람이 키워서 식용食用으로 삼고 있는 콩은 극極히 일부一部가 있고, 그런 콩에는 豌豆(완두)와 綠豆(녹두)[1]가 있다.

豌豆는 유전학遺傳學의 선구자先驅者였던 멘델Mendel이 실험實驗에 사용한 콩이었다. 다른 콩들에 비해 부드럽고 맛있는 편이라 콩들 중에서 비교적比較的 선호도選好度가 높다. 콩밥이라면 무조건 낯을 찡그리며 콩을 다 골라내 버리는 사람도 큰 거부감拒否感 없이 먹을 수 있을 정도다.

한데 豌豆의 豌[완두 완]자는 그 자형字形에 豆자가 덧붙여져 있는 데서 알 수 있듯 이미 콩이라는 뜻이 들어 있다. 따라서 '豌豆콩'은 엄밀히 따지면 '콩'이란 뜻이 세 번 들어가 있는 말이다. '豌'자에 한 번, '豆'자에 한 번, '콩'에 한 번. 결국 '콩콩콩'이란 말인데, 많은 사람이 '豌豆콩'이라 하고 있으니 그대로 통용通用하고 있다.

다만 국어사전國語辭典에서 '豌豆콩'은 완두의 열매를 의미한다고 했다. 즉, 식물을 의미한다면 '豌豆'로, 우리가 먹는 씨앗을 의미한다면 '豌豆콩'으로 쓰는 셈이다.

녹두

綠豆는 '녹색[綠]을 띠는 콩[豆]'이라고 하여 붙여진 명칭名稱이나 간혹 갈색이나 노란색도 있다. 싹을 틔워 숙주나물로 먹으며, 綠豆煎(녹두전)이나 綠豆粥(녹두죽) 등으로 만들어 먹기도 한다. 그 외에 가루를 내어 당면唐麵을 만들 수 있으며, 차나 엿을 만들기도 한다. 뿐만 아니라 綠豆가루는 미백美白에도 효과效果가 있어 얼굴에 팩을 하거나 씻는 데 사용하기도 한다.

압송되는 녹두장군 전봉준

綠豆는 그 크기가 작아, 몸이 왜소矮小했던 조선朝鮮 말기末期 동학농민운동東學農民運動의 지도자指導者 전봉준全琫準을 부를 때에도 綠豆將軍(녹두장군)이라 했다.

또 綠豆의 빛깔을 띠는 색色은 綠豆色이라 하며, 달리 軟豆色(연두색)[2]이라 하기도 한다.

軟豆色은 한자漢字 그대로 '연한[軟] 콩[豆]의 빛깔[色]'이라는 의미인데, 그 빛깔을 연상聯想하려면 綠豆를 떠올리면 된다. 軟豆色의 豆자가 綠豆와 관련關聯이 있기 때문이다.

연두색과 녹두

다시 말하면 軟豆色은 綠豆色이며, 노란색과 초록색이 섞인 아름다운 빛깔이다. 봄이 되어 초목草木에서 움트는 새싹에서도 볼 수 있는 빛깔인데, 피로疲勞 회복回復과 스트레스 해소解消에 도움을 주는 색으로 알려져 있다. 따라서 봄날에 들길이나 산길을 걸으며 막 돋아나는 새싹을 보면 왠지 모르게 심신心身이 안정安定되는 것도 그 때문이라 하겠다.

콩으로 만든 두부

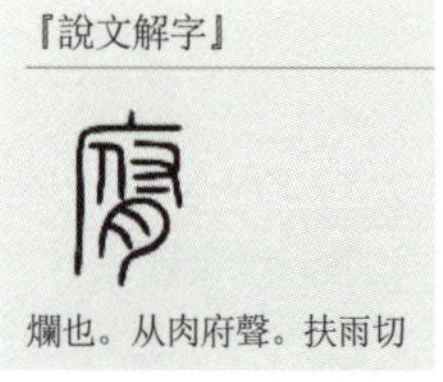

腐자 관련 자료(『설문해자』)

간수를 넣는 모습

콩은 여러 음식飮食으로 활용되는데, 특히 豆腐(두부)로 많이 만들어지고 있다. 豆腐는 豆자와 『설문해자說文解字』에서 보듯 '음식물이 소화·흡수가 용이容易한 상태가 되도록 문드러지다[爛]'라는 뜻을 지니기도 하는 腐[썩을 부]자가 합쳐 이뤄진 말이다. 흔히 大豆를 물에 담가 불린 후 문드러지도록 곱게 갈아 솥에서 끓여 베주머니에 넣고 걸러 짜서 나온 콩물에 간수를 넣어 응고凝固시킨 다음 틀에 넣어 물기를 빼 만든다.

소금에서 나온 간수가 아닌 바닷물을 써서 豆腐를 만들기도 하는데, 그런 豆腐로는 강릉江陵의 草堂豆腐(초당두부)가 널리 알려져 있다.

草堂豆腐의 草堂은 우리나라 최초最初의 한글 소설小說로 알려진 『홍길동전洪吉童傳』을 쓴 허균許筠의 아버지 허엽許曄의 호號다. 바로 그 허엽이라는 분이 만든 豆腐라 해서 草堂豆腐라 한 것이다.

연두부과 순두부

연두부

그밖에 콩물에 간수를 넣어 응고凝固시킨 다음 물을 완전히 빼지 않고 어느 정도 남긴 채 연하게 굳힌 두부는 '軟豆腐(연두부)[3]'라 하고, 콩물이 조금 덩어리가 진 상태로 응고되었을 때 그대로 윗물과 함께 떠서 먹는 豆腐는 '순두부'라 한다.

'軟豆腐'는 '연하게[軟] 만든 두부[豆腐]'라 하여 한자로 '연할 軟(연)'자를 써서 軟豆腐라 하고 있다.

한데 '순두부'의 '순'은 어떻게 쓰인 말일까? 적지 않은 사람들이 '순두부'의 '순'을 '순백색純白色', '순정품純正品', '순물질純物質'의 '순純'으로 생각하고 있다.

순두부

하지만 '순두부'는 '수두부'에서 온 말이다. 두부를 만들 때에 물을 빼지 않았기에 물을 뜻하는 水[물 수]자의 음 '수'를 덧붙여 애초에 '수두부水豆腐'라 한 것이다. 그것이 수두부>숭두부>순두부가 된 것이지 '순두부'의 '순'은 純[순수할 순]이 아니다.

豆腐는 서양西洋에서도 대표적代表的인 동양東洋 음식飮食으로 잘 알려져 있는 콩 요리料理고, '살찌지 않는 치즈'로 알려져 있다. 실제로 豆腐는 페타 치즈와 묘하게 생김새가 닮았기 때문에 겉모습만 보고 어느 것이 豆腐고 어느 것이 치즈인지 구별區別할 수 없을 정도다.

초당두부(상)와 페타 치즈(하)

콩에서 나는 젖

또 콩은 여러 형태의 음식으로 만들어지는데, 그중 하나가 우유牛乳처럼 만든 豆乳(두유)[4]다.

콩으로 만든 두유

豆乳는 한자 그대로 풀이하면 콩[豆]으로 만든 젖[乳]인데, 사실 '삶은 콩[豆]을 갈아 걸러 짜서 우유[乳]처럼 만든 액체液體'를 말한다. '콩우유'라고도 하며, 우유와 거의 비슷한 영양소營養素를 함유含有하고 있다.

유아 유당불내증을 위해 개발된 두유

오늘날은 豆乳를 흔히 상업적商業的으로 만들고 있는데, 그처럼 만든 것은 우유牛乳를 소화消化하지 못하는 유당불내증乳糖不耐症이 있는 아이들에게 먹이기 위한 데서부터 시작되었다. 유당乳糖 때문에 우유를 먹으면 속이 불편不便해 하는 아이들이 우유 대용代用으로 찾는 게 豆乳였지만, 오늘날은 아픈 사람이나 노인들을 위한 건강음료健康飮料로도 흔히 이용되고 있다.

종두득두나 자두연기

콩과 콩깍지

그 외에 豆자는 種豆得豆(종두득두)[5]나 煮豆燃萁(자두연기)[6]와 같은 사자성어四字成語에서도 그 쓰임을 살펴볼 수 있다.

種豆得豆는 '콩[豆]을 심으면[種] 콩[豆]을 얻는다[得]'는 의미로, 원인原因에 따라 결과結果가 생김을 이르는 말이다.

성서聖書에서도 "뿌린 대로 거두리라"라 했는데, 그와 같은 의미를 지닌 말인 것이다. '오이[瓜]를 심으면[種] 오이를[瓜] 얻는다[得]'는 種瓜得瓜(종과득과)와 흔히 어울려 쓰이고 있다.

조식 화상

煮豆燃萁는 '콩[豆]을 삶기[煮] 위해 콩이 들어가 있었던 콩깍지[萁]를 불사른다[燃]'는 의미로, 형제兄弟끼리 서로 시기猜忌하고 다툼을 비유적比喩的으로 이르는 말이다. 중국中國 위魏나라 때 조식曹植의 「칠보시七步詩」에서 유래由來했다.

그 「칠보시」에는 다음과 같은 이야기가 담겨 있다. 한漢나라 마지막 승상丞相이자 첫 번째 위왕魏王인 조조曹操가 죽자 그의 맏아들 조비曹丕가 아버지 뒤를 이어 위문제魏文帝가 되었다. 한데 조조가 살아있을 때 뛰어난 문재文才로 아버지 사랑을 받아 시기猜忌하고 있던 셋째 아우 조식을 불러 자신이 일곱 걸음을 걷는 동안 안에 시詩를 짓게 하고, 이를 어기면 벌罰을 내리겠다고 했다. 이에 조비가 일곱 걸음을 걷는 사이에 조식이 지은 시가 바로 「칠보시」다. 조식은 자신이 처한 상황을 「칠보시」로 표현했던 것이다.

七步詩(칠보시)

曹植(조식)

煮豆燃豆萁(자두연두기) 콩을 삶는데 콩깍지를 불사르니
豆在釜中泣(두재부중읍) 콩이 가마솥 안에서 울고 있구나
本是同根生(본시동근생) 본시 같은 뿌리에서 났는데
相煎何太急(상전하태급) 서로 볶음이 어찌 이리 너무 급한가

「칠보시」(조식)

豆자는 콩을 닮은 가공하기 전의 커피 열매

뿐만 아니라 豆자는 콩이 아닌 콩을 닮은 가공加工하기 전의 커피 열매인 原豆(원두)를 이르는 데 쓰이기도 한다.

바로 그 原豆를 볶은 후 갈거나 빻은 가루로 여과지濾過紙나 기구器具 따위를 이용해 내려 마시는 커피는 原豆咖啡(→원두커피)라 한다.

커피 열매인 원두

力
[힘 력]

먹고살기 힘들다

시금치를 먹고 힘내는 뽀빠이

어려서 보았던 만화漫畵 영화映畵 가운데 〈뽀빠이Popeye〉가 있었다. 뽀빠이는 위기危機에 처處할 때마다 시금치를 먹고 초인적超人的인 힘을 발휘發揮하는 것으로 유명有名했는데, 실제實際로 시금치는 칼로리가 거의 없어 힘을 쓰는 데 그다지 큰 도움이 되지 않는다 알려져 있다. 그러나 뽀빠이는 언제나 시금치를 먹고 힘을 냈다.

고대의 농경사회

뽀빠이가 시금치를 먹고 냈던 힘은 보통普通 어떤 일을 해낼 수 있는 능력能力을 말한다. 그 능력의 발휘는 시대時代를 거슬러 올라갈수록 삶의 원초적原初的인 부분部分에 작용作用했다. 바로 그 원초적인 부분이 먹고사는 일이었다. 먹고사는 일이 제대로 안되면 흔히 "먹고살기 힘들다" 하는데, 예부터 '힘'은 주로 먹고살기 위한 데 사용使用되었던 것이다.

원시적인 형태의 쟁기

그렇게 농경시대農耕時代에 사람들은 먹고살기 위해 힘써 농사農事를 지어야 했다. 하지만 농사도구農事道具가 발달되지 않았던 시대에 씨앗을 뿌려 곡물穀物을 가꾸는 것은 쉽지 않은 일이었다.

뒤지개(굴봉)

곡물을 가꾸는 데 중요한 것이 땅을 파는 일로, 그렇게 땅을 파고 곡물의 씨를 심어야 튼실하게 자라 많은 수확收穫을 할 수 있었기 때문이다.

따라서 땅을 파기 위한 도구道具가 있어야 했는데, 그런 도구로 최초에 사용된 원시적原始的인 형태의 쟁기가 바로 뒤지개였다. 뒤지개는 굴봉掘棒이라 하기도 했다. 그러다 좀 더 발전된 원시적인 형태의 쟁기가 따비였는데, 따비는 다시 외날따비와 쌍날따비로 나눠져 만들어졌다.

쟁기질(따비질)하는 사내

力자는 외날따비를 나타낸 것

한자 力[힘 력]자는 바로 그 원시적原始的인 형태의 쟁기 가운데 외날따비를 나타낸 것으로 보인다.

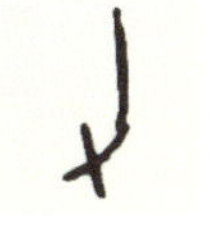
갑골문 力자

금문 力자

소전 力자

실제로 갑골문 자형으로 살피면 기다란 나무줄기 아래에 발판을 묶어 놓아 발로 눌러 흙을 파내는 데 편리하도록 만든 원시적인 형태의 쟁기인 외날따비를 그

옛날 쟁기(외날따비)

대로 나타내고 있다. 그렇게 원시적인 형태의 쟁기를 나타내면서 그런 쟁기를 사용할 때는 많은 힘이 필요하다 하여 力자는 '힘'의 뜻을 지니게 되었다.

사람의 힘

인력을 활용한 쟁기질

인류人類가 행行한 최초最初의 쟁기질은 소나 말과 같은 짐승을 활용活用하지 않았다. 그저 '사람[人]의 힘[力]'인 人力(인력)[1] 만 활용했다.

人力은 사람이 몸에 갖추고 있으면서 스스로 움직이거나 다른 물건을 움직이게 하는 근육筋肉의 힘에서 비롯된다. 바로 그 '근육[筋]의 힘[力]'이 筋力(근력)[2]이다.

또 筋力 가운데 '팔뚝[腕]에 근육의 힘[力]'은 腕力(완력)[3]이라 하고, '손에 무언가 쥐는[握] 근육의 힘[力]'은 握力(악력)[4]이라 한다.

아울러 筋力으로 '오랫동안[久] 버티는[持] 힘[力]'은 持久力(지구력)[5]이라 한다. 나아가 몸의 筋力과 持久力 등을 뭉뚱그려 이를 때는 體力(체력)[6]이라 한다.

달리 體力은 '몸[體]의 힘[力]'을 말하는데, 오늘날은 게임 등에서 캐릭터가 피해被害를 입어 버틸 수 있는 능력能力과 관련해 생명력生命力을 의미하기도 한다. 주인공主人公 캐릭터의 體力이 바닥나는 순간 '생명[生命]을 유지維持해 나가는 힘[力]'인 生命力(생명력)[7]이 끊어지기 때문이다.

국제경기에서 순위가 국력의 순위

한데 꽤 오래전부터 "體力은 國力(국력)[8]"이란 말을 하고 있다. 기계機械보다 사람의 힘이 국가國家 노동력勞動力의 큰 비중比重을 차지하던 시기時期에는 생산生産 활동活動에 참여參與하는 사람들의 體力이 곧 국가의 생산력生産力으로 직결直結되었기 때문에 틀린 말은 아니다.

하지만 산업産業 발달發達이 진행進行되고 난 이후에는 이 흐름이 역방향逆方向으로 적용適用되는데, 國力이 강强하면 생활生活 기반基盤이 나아지고 전체적인 생활수준生活水準이 올라가 국민들의 體力도 상승上昇하게 되기 때문이다.

그 결과 올림픽이나 패럴림픽과 같은 국제경기國際競技에서 좋은 성과成果를 얻는 나라의 순위順位가 國力의 순위와 거의 일치一致하고 있다.

대회장소	순위	금메달
1980 모스크바 올림픽	미참가	
1984 로스엔젤레스 올림픽	10위	6개
1988 서울 올림픽	4위	12개
1992 바르셀로나 올림픽	7위	12개
1996 애틀랜타 올림픽	10위	7개
2000 시드니 올림픽	12위	8개
2004 아테네 올림픽	9위	9개
2008 베이징 올림픽	7위	13개
2012 런던 올림픽	5위	13개
2016 리우데자네이루 올림픽	8위	9개
2020 도쿄 올림픽	16위	6개
2024 파리 올림픽	8위	13개

우리나라 역대 올림픽 메달 순위(1984년 이후)

실제로 國力은 '한 나라[國]가 지닌 정치政治, 경제經濟, 문화文化, 군사軍事 따위의 모든 방면方面에서의 힘[力]'을 말한다.

전쟁을 대리하는 것이 스포츠

사실 오늘날 전쟁戰爭을 대리代理하는 것이 스포츠sports라 할 수 있다. 國力이 강強한 나라에서는 스포츠를 활성화活性化하고, 국가國家 대항전對抗戰을 통해 서로 경쟁競爭을 하기도 한다. 그런 대표적인 스포츠가 축구蹴球나 야구野球다.

월드컵 예선 한일전(1954년)

그중에 프로 스포츠에서 야구를 했던 양준혁梁埈赫 선수選手는 현역시절現役時節 타격打擊을 하고 매번每番 전력全力으로 1루를 향해 뛰었다. 마치 100미터 단거리短距離 달리기 선수처럼…….

한데 실제 최고最高의 단거리 달리기 선수들은 100미터 달리기를 할 때에 거의 무호흡無呼吸 상태狀態로 달린다고 한다. 이는 최근 의학醫學이 발전해 말초末梢 혈관血管의 혈류량血流量을 정확하게 측정測定할 수 있게 되면서 밝혀진 사실事實이다.

사력을 다해 달리는 선수들

숨을 쉬지 않는 무호흡 상태는 사실 죽은 상황에서나 볼 수 있다. 따라서 최고의 단거리 달리기 선수들이 거의 무호흡 상태로 100미터를 달리는 것은 '죽을힘[死力]'까지 쓰는 死力(사력)[9]을 다한다는 것이다. 그들은 그렇게 죽을힘까지 쓰는 死力을 다했기에 최고의 기록記錄을 세울 수 있었던 것이다.

그처럼 死力을 다해 1루까지 달렸던 양준혁 선수는 타율打率 3할 1푼의 기록을 남기고 은퇴隱退를 한 후에 그렇게 뛰지 않았으면 자신은 3할 타자打者가 되지 못했을 것이라 말했다. 全力으로 뛰었기 때문에 교타자巧打者의 기준基準인 통산通算 타율 3할을 넘겼다는 것이다.

그처럼 스포츠 경기에서도 객관적客觀的으로 '싸우는[戰] 힘

[力]'인 戰力(전력)[10]이 앞선 사람보다 '모든[全] 힘[力]'인 全力(전력)[11]을 다해 '오로지[專] 한 가지 일에 다하는 힘[力]'을 써 專力(전력)[12]을 다한 사람이 승리勝利하는 경우가 적지 않다. 이것이 스포츠의 매력魅力이다. 인생人生도 마찬가지다. 불우不遇한 환경環境에서도 최선最善을 다하면 성공成功된 삶을 영위營爲할 수 있는 것이다.

힘이 뛰어난지 겨루는 기예

사람이 全力을 다해 專力하는 모습은 '힘[力]의 정도를 겨루는 기예[道]'인 力道(역도)[13] 경기에서도 볼 수 있다.

力道는 '힘[力]을 기르는 쇠로 된 기구[器]'인 力器(역기)[14]를 들어 경쟁競爭하는데, 대체적大體的으로 자기 몸무게의 3배 이상以上을 들기 힘든 것으로 알려져 있다.

작은 거인 전병관 선수

실제實際로 1992년 바르셀로나Barcelona 올림픽에서 금메달을 차지한 작은 거인巨人 전병관全炳寬 선수選手도 56kg의 몸무게로 155kg의 力器를 들어 자기 몸무게의 약 2.77배를 들어올리는 기록記錄을 달성했다.

역발산기개세 관련 그림

하지만 올림픽에서 3번 금메달을 땄던 튀르키예 할릴 무툴루Halil Mutlu 선수는 2001년 유럽역도선수권대회에서 자신의 56kg 몸무게 꼭 3배인 168kg을 용상聳上에서 기록한 바 있다.

옛날에 '힘[力]은 산[山]을 뽑을[拔] 만하고 기운[氣]은 세상[世]을 덮을[蓋] 만하다'는 力拔山氣蓋世(역발산기개세)[15]의 항우項

羽라면 얼마쯤 들었을지 궁금하다.

공인된 권한으로서의 힘

'권력은 총구에서 나온다'는 마오쩌둥 선전물

2024년 12월 3일 밤 국회에 난입하는 계엄군

대한민국 헌법 제1조

1항 대한민국은 민주공화국이다.

2항 대한민국 주권은 국민에게 있고 모든 권력은 국민으로부터 나온다.

대한민국 헌법 제1조

힘의 유형類型에는 '개인個人이나 단체團體를 통제統制하고 강제적強制的으로 따르게 하는 공인公認된 권한[權]으로서의 힘[力]'이 있다. 그것이 바로 權力(권력)[16]이다.

그런 權力은 다수多數의 사람들이 정당正當한 절차節次에 따른 선택選擇에 의해 부여附與되고, 그런 權力을 가진 사람은 법法이 허용許容하는 한도限度 내內에서 합법적合法的으로 권한權限을 행사行事해야 한다.

그럼에도 이를 무시無視하고 權力을 잡는 이들이 있다. "권력은 총구에서 나온다"고 마오쩌둥毛澤東처럼 생각하는 이들이다. 그러나 선善하지 않은 權力은 부패腐敗하며, 결국에는 '남을 해치는 사나운[暴] 힘[力]'인 暴力(폭력)[17]을 동반同伴하게 된다. 결국 暴力으로 權力을 유지維持하게 되는데, "칼로 흥한 자 칼로 망한다"고 언젠가는 權力의 자리에 쫓겨나게 되어 있다. 더구나 우리나라처럼 민주국가民主國家에서는.

민주국가는 백성[民]이 주인[主]인 국가다. 우리나라 헌법憲法 1조 1항도 "대한민국은 민주공화국이다"라고 했고, 1조 2항은 "대한민국의 주권은 국민에게 있고, 모든 권력은 국민으로부터 나온다"라고 했다. 백성百姓이, 국민國民이 두려운 권력자權力者가 되어야 한다는 것이다.

자연현상에 의해 일어나는 작용의 힘

또 힘의 유형에는 자연현상自然現象에 의해 일어나는 작용作用의 힘이 있다.

시화호 조력발전소

그것이 '바람[風]의 힘[力]'과 관련된 風力(풍력)[18]이나 '물[水]의 힘[力]'과 관련된 水力(수력)[19]이나 '조수[潮] 간만干滿의 차이에서 오는 힘[力]'과 관련된 潮力(조력)[20] 등이다.

오늘날은 이런 힘을 이용해 발전소發電所를 만들고 있는데, 風力發電所(풍력발전소)·水力發電所(수력발전소)·潮力發電所(조력발전소) 등이 그것이다.

반면反面에 火力發電所(화력발전소)는 '불[火]이 탈 때에 내는 열의 힘[力]'인 火力(화력)[21]을 이용한 발전소를 이른다. 곧 석탄石炭, 석유石油, 천연가스天然gas 따위를 태운 火力을 이용하여 전류電流를 일으켜 전력專力을 필요必要한 사람들에게 분배分配하거나 공급供給하는 발전소를 말한다.

뿐만 아니라 정지停止하고 있는 물체物體를 움직이게 하고, 또 움직이고 있는 물체의 속도速度를 변화變化시키거나 아주 정지시키는 작용의 힘도 있다. 그런 물리적物理的인 힘과 관련된 말 가운데 萬有引力(만유인력)[22]이 있다.

만유인력을 발견한 뉴턴

萬有引力은 사과가 떨어지는 것을 보고 뉴턴Newton이 발견發見한 법칙法則 중 하나인데, '지구地球의 중력重力을 받는 질량質量을 가지고 있는 만물[萬]에게 있는[有] 서로 잡아당기는[引] 힘[力]'을 말한다. 그래서 사과가 땅으로 떨어지게 된 것이다.

사물의 이치 따위를 알거나 깨달을 수 있는 힘

아울러 힘의 유형에는 사물事物의 이치理致 따위를 알거나 깨달을 수 있는 힘도 있다. 그게 바로 學力(학력)[23]이다. 學力은 '교육을 통해 배워[學] 얻은 지식이나 기술 따위의 능력[力]'을 말한다.

하지만 우리 사회 일각一角, 특히 언론言論에서는 學力보다 '어떤 학교[學]를 다녔는지 이력[歷]'인 學歷(학력)을 더 우선순위優先順位로 두고 사람을 판단하는 문화文化가 있다. 가방끈이 긴 것을 우선시優先視 하고 있는 것이다. 그렇게 學力보다 學歷을 중요시重要視 하니 여러 신문사新聞社 한자 관련 코너 글이 엉망진창인 경우가 적지 않았다.

〈귀화전도〉(허련)의 사람을 홀리는 도깨비

그 외에 감정感情이나 충동衝動 따위를 다스리고 통제統制할 수 있는 힘도 있는데, 그것이 바로 魅力(매력)[24]이나 魔力(마력)[25]이다.

'도깨비'를 뜻하는 魅[도깨비 매]자를 쓴 魅力은 '도깨비[魅]가 사람 마음을 사로잡아 끄는 것과 같은 힘[力]'을 말한다.

'마귀'를 뜻하는 魔[마귀 마]자를 쓴 魔力도 '마귀[魔]가 사람을 현혹眩惑하는 것과 같은, 원인原因을 알 수 없는 이상한 힘[力]'을 말한다.

力자는 '힘쓰다(힘써)'나 '힘주다'의 뜻

나아가 力자는 '힘'의 뜻 외에 '힘쓰다(힘써)'나 '힘주다'의 뜻으로도 쓰이고 있다. 力作(역작)[26]· 力著(역저)[27]· 力行(역행)[28]· 力說(역설)[29]의 力자가 그런 뜻으로 쓰이고 있다.

力作은 '힘써[力] 만든 작품[作]'을 이르고, 力著는 '힘써[力] 지은 저서[著]'를 이르며, 力行은 '힘써[力] 행한다[行]' 함을 이른다.

나아가 力行은 다시 '실속[實] 있도록 힘쓰며[務] 힘써[力] 행한다[行]' 함을 이르는 務實力行(무실역행)[30]이란 말로 활용되고 있다.

또 力說은 '힘주어[力] 말한다[說]' 함을 이르는데, "선생님은 통일의 중요성에 대해 역설했다"에서처럼 활용되고 있다.

필자의 역저

老
[늙을 로]

100세 시대

미국美國의 레이건Reagan 전 대통령大統領이 1984년 재선再選에 출마出馬했을 때 나이가 73세歲였다. 그 나이가 대통령 역할役割을 수행遂行하는 데 약점弱點이 된다고 본 경쟁자競爭者인 56세의 먼데일Mondale 민주당民主黨 후보候補가 TV 토론討論에서 이를 문제問題 삼았다.

1984년 레이건과 먼데일의 TV 토론

먼데일: 대통령 나이에 대해 어떻게 생각합니까?

레이건: 나는 이번 선거에서 나이를 문제 삼을 생각이 없습니다.

먼데일: 그게 무슨 뜻입니까?

레이건: 당신이 너무 젊고 경험이 부족하다는 사실을 정치적 목적으로 이용하지 않겠다는 뜻입니다.

이 대화對話에 모든 청중聽衆이 웃음을 터트렸다. 먼데일도 결국 함께 웃었다. 그리고 다시는 나이를 가지고 문제 삼지 않았다.

레이건이 재선에 출마한 73세歲의 나이는 요즘 일부一部에서 이르는 말로 따지면 신중년新中年에 속한다. 신중년은 열심히 사회생활社會生活을 해 쌓은 경제력經濟力을 바탕으로 부유富裕하고 활기活氣차게 생활하는 세대世代를 이르는 신조어新造語다. 60세에서 75세까지의 나이에 속하는 사람들로, 아직 노인老人이라 지칭指稱하기가 마땅치 않다고 여겨 생긴 말이다.

신중년 관련 기사 일부

늙은 사람을 나타낸 한자 老[늙을 로]자로 보면 노인은 지팡이를 짚어야 할 나이다. 한데 그처럼 실제로 지팡이를 짚고 다니셔야 할 분들의 나이는 얼마쯤 될까?

우리나라 노인의 법정法定 나이 65세는 오늘날 이른 감이 있다. 그 때문인지 몇 해 전 노인의 법정 나이를 70세로 연장延長하자는 이야기가 사회社會 일각一角에서 나온 것도 이 같은 세태世態를 반영反映한 것으로 보인다. 사실 요즘에는 뛰어난 의료기술醫療技術 등의 도움으로 수명壽命이 늘어나 100세 시대時代라는 말이 나올 정도다.

100세 시대 관련 포스터
(통계청)

지팡이를 짚은 사람

老자는 늙은 사람이 지팡이를 짚은 모습

늙은 사람을 나타낸 한자 老[늙을 로]자는 갑골문 자형으로 살피면 긴 머리털이 흐트러진 늙은 사람이 지팡이를 짚은 모습으로 나타내고 있다. 그렇게 늙은 사람을 나타낸 데서 老자는 뜻이 '늙다'가 되었다.

갑골문 老자

금문 老자

소전 老자

삶을 흔히 '고해'라 비유

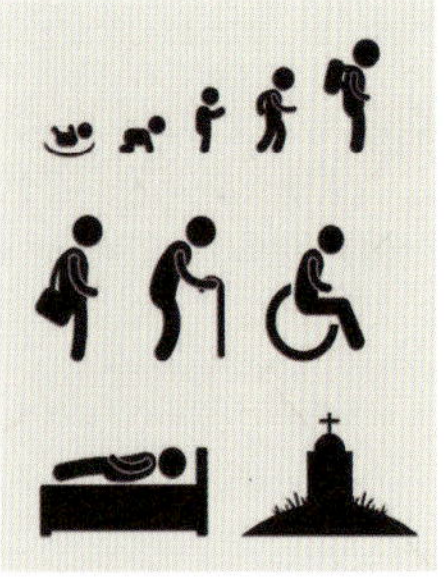

생로병사 관련 픽토그램

사람은 누구나 수시로 어려운 곡절曲折을 겪으며 산다. 그런 사람의 삶을 흔히 '고해苦海'로 비유比喩하는데, 그 고해를 건너는 과정過程에서 사람은 누구나 나서[生] 늙고[老] 병들고[病] 죽는[死] 네 가지 고통苦痛을 겪게 된다. 이렇게 고통을 겪는 과정을 불가佛家에서는 生老病死(생로병사)[1]라 한다.

사람이 나서 늙은 것은 순리順理를 따르는 자연스런 과정이다. 문제問題는 '늙어서[老] 생체生體 구조構造와 기능機能이 쇠퇴하게 되는[化] 현상現象'인 老化(노화)[2]가 이뤄지고, 뒤이어 '늙어[老] 생기는 병[患]'인 老患(노환)[3]이 따르는 것이다. 老患이 바로 '生老病死'의 '病(병)'이니 그 다음에 이어지는 것은 '死(사)'인 죽음이다.

함께 바라보는 황혼

그 죽음을 앞두고 가장 위로慰勞가 되어 주는 이는 배우자配偶者일 것이다. 배우자는 늙어 병든 짝의 아픈 곳을 흔쾌히 보듬어 주는 이로, 함께 苦海를 건너는 전우戰友와 같은 존재存在다. 함께 저무는 황혼黃昏을 아름답게 바라볼 수 있는 존재다. 바로 그런 '배우자와 함께[偕] 늙는다[老]'는 것이 偕老(해로)[4]다. 나아가 그 偕老는 다시 百年偕老(백년해로)[5]나 偕老同穴(해로동혈)[6]이란 말로 쓰이고 있다.

百年偕老는 '부부夫婦가 되어 백년[百年]쯤 되는 오랜 시간을 함께[偕] 늙는다[老]'는 의미다. 한데 그 말 그대로 살아서 부부가 백년을 偕老할 수는 없다. 그래도 분명分明 백년을 함께 할 수 있는 방법方法이 偕老同穴하는 것이다. 偕老同穴은 '함께[偕]

늙었다가[老] 한가지[同] 무덤[穴]에 묻힌다'는 의미로, 생사生死를 같이하자는 부부의 굳은 맹세를 이르는 말이다.

마음은 늘 봄날

'늙다'의 품사品詞는 '동사動詞'고, '젊다'의 품사는 '형용사形容詞'다. 동사인 '늙다'는 동작動作이나 작용作用을 나타내는 것이니 계속 변화變化되어 늙음을 막을 수 없다. 반면에 형용사인 '젊다'는 성질性質이나 상태狀態를 나타내는 것이니 있는 그대로 젊음을 마음에 두고 평생平生을 살 수 있다. 그래서 '마음은 늘 봄날'일 수 있고, '늙었지만[老] 기력氣力은 더욱[益] 씩씩하다[壯]'는 老益壯(노익장)[7]이란 말도 있는 것이다.

늙다 동
사람이나 동물, 식물 따위가 나이를 많이 먹다.

젊다 형
나이가 한창때에 있다.

'늙다'와 '젊다'의 뜻

하지만 현실적으로 그 늙음을 막을 수 없는 데 그 늙음을 막아 보고자 옛날 중국中國의 진시황秦始皇은 '늙지[老] 않고[不] 길게[長] 산다[生]'는 不老長生(불로장생)[8]의 약藥을 구했다. 그 不老長生의 약이 바로 전설傳說에 등장하는 '늙지[老] 않는[不] 풀[草]'인 不老草(불로초)[9]다. 다만 오늘날의 영지버섯을 不老草라 하기도 한다.

〈십장생도〉(호암미술관)

〈십장생도〉 속의 불로초

실제로 세상世上에는 不老長生의 약이 없고, 반대로 세상에는 안타깝게 '나이에 비해 빨리[早] 늙는[老] 현상'인 早老(조로)[10]의 증세症勢가 있다.

이는 어린 아이에게 조기노화현상早期老化現象이 나타나는 희

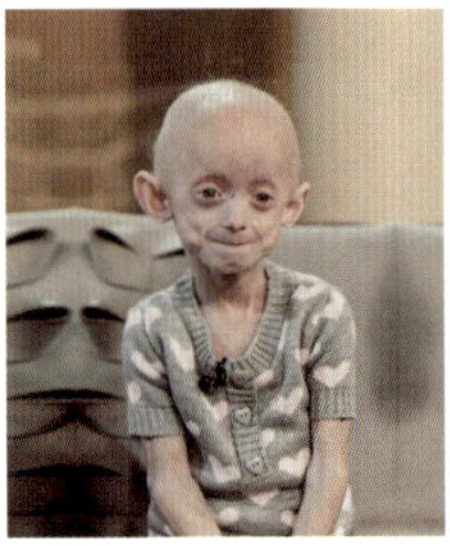

조로증에 걸린 아이

귀稀貴한 유전질환遺傳疾患이다. 이렇게 早老하는 증세를 지닌 어린아이는 초기初期 유아기幼兒期에 정상적正常的인 모습을 보이지만 약 9~24개월이 되면 심각한 성장成長 지연遲延을 보이기 시작해 결국 키가 작고 몸무게가 적게 나가는 모습을 보인다.

그런 아이에게는 마시면 젊어진다는 동화童話 속 샘물이 있으면 좋으련만 세상에는 그런 샘물도 없다. 다만 一笑一少(일소일소) 一怒一老(일로일로)[11]라 하여 '한 번[一] 웃으면[笑] 한 번[一] 젊어지고[少], 한 번[一] 성내면[怒] 한 번[一] 늙는다[老]' 하니 이왕이면 한 번이라도 더 웃으며 밝게 지냈으면 좋겠다. 쉽지 않겠지만 너무 억울해 하지 않고, 억울해 하지 말고.

老자는 '늙은이'를 뜻하기도

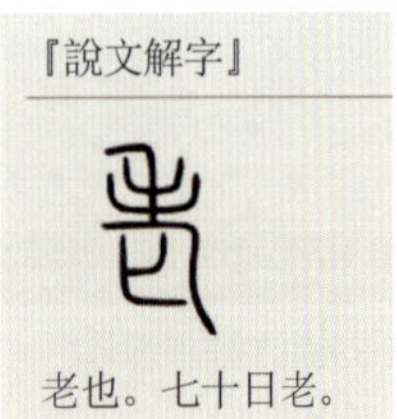

老자 관련 자료(『설문해자』)

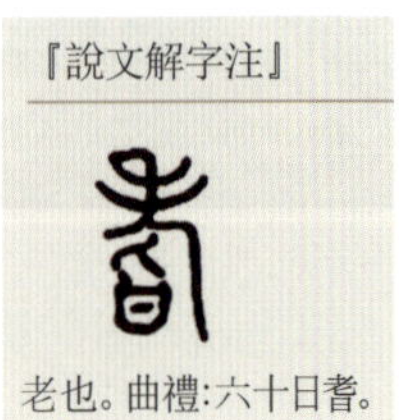

耆자 관련 자료(『설문해자주』)

'늙다'의 老자는 '늙은이'를 뜻하기도 한다. 좌측 자료 『설문해자說文解字』의 풀이에 의해 좀 더 구체적具體的으로 말하면 '70세 늙은이'를 뜻한다. 반면에 '60세 늙은이'를 뜻하는 데는 耆[늙은이 기]자가 대신代身하고 있다.

결국 耆老(기로)는 60세나 70세가 되는 늙은이를 의미하며, 나아가 나이가 많고 덕이 높은 사람을 이르기도 한다. 유교사회儒教社會였던 조선시대朝鮮時代에는 耆老所(기로소)[12]라 하여 '70세가 넘는 정이품正二品 이상 늙은[耆老] 문관文官들을 예우禮遇하기 위해 설치한 곳[所]'인 관서官署가 있었다.

또 예전에는 '벼슬이나 덕망德望이 높은[元] 늙은[老] 벼슬아치'를 元老(원로)[13]라 했다. 오늘날은 한 가지 일에 오래 종사從事하여 경험經驗과 공로功勞가 많은 사람을 이르기도 한다.

기로소 연회 모습
(『기사경회첩』)

의학醫學이 발달되지 않았던 시대時代에 살았던 사람들의 수명壽命은 짧았다. 아프면 제대로 치료治療받지 못하고 죽는 경우가 다반사茶飯事였다. 더구나 태어나면서, 태어나서 곧바로 죽는 경우도 많았다. 그래서인지 조선시대 일반 사람들의 평균平均 수명은 30대 중반中盤쯤으로 추정推定되고 있다. 비교적 좋은 환경環境이 주어졌던 조선의 임금들 평균 수명도 46.1세에 불과不過했기 때문이다. 그래서였을까. '처음[初] 노화가 시작된 늙은이[老]'인 初老(초로)[14]가 되는 시기時期도 예전에는 40세로 보았다. 오늘날은 50세, 아니면 60세로 보고 있다.

미풍양속이 있는 동방예의지국

노약자석 관련 공익광고

그처럼 늙기 시작하는 늙은이를 우리나라는 예부터 공경恭敬해 왔던 미풍양속美風良俗이 있는 동방예의지국東方禮儀之國이었다. '늙은이[老]를 공경하는[敬] 생각[思想]'인 敬老思想(경로사상)[15]이 뿌리 깊은 나라이기에 주변周邊에서 흔히 늙은이를 배려配慮하는 敬老堂(경로당)이나 養老院(양로원)을 볼 수 있고, 버스나 지하철地下鐵에서는 늙은이를 위한 老弱者席(노약자석)을 볼 수 있다.

그럼에도 늙은이를 간혹 속俗되게 이르는 '노틀'이나 '노털'

노틀 명
늙은 남자를 속되게 이르는 말.
[중국어] laotour[老頭兒]

'노틀'의 뜻

로 말하는 이들이 있는데, 사실 '노틀'이나 '노털'은 원래 속된 말이 아니었다. 단지 중국어中國語에서 비롯된 말일 뿐이었다. 중국中國에서는 늙은이를 老頭兒(老头儿)라고도 하는데, 이는 'lǎotóur'로 발음發音된다. 그 발음을 우리나라에서 다시 '노틀'이나 '노털'이라 한 것이다. 하지만 이에 대해 사전辭典에 늙은 남자를 속되게 이르는 말이라 했으니 되도록 그 사용使用을 자제自制함이 좋겠다.

인생무상人生無常이라고 사람은 누구나 늙어 젊은이가 마냥 젊을 수 없고, 언젠가는 늙은이가 될 수밖에 없다. 그러니 서로가 서로를 배려配慮하며 '늙은이[老]와 젊은이[少]가 한가지[同]가 되어 즐겁게[樂] 지냄'이 바람직하다 하겠다. 해서 그런 상황을 이르는 말에 또 老少同樂(노소동락)[16]이 있다.

老자는 '익숙하다'나 '숙달하다'의 뜻을 지니기도

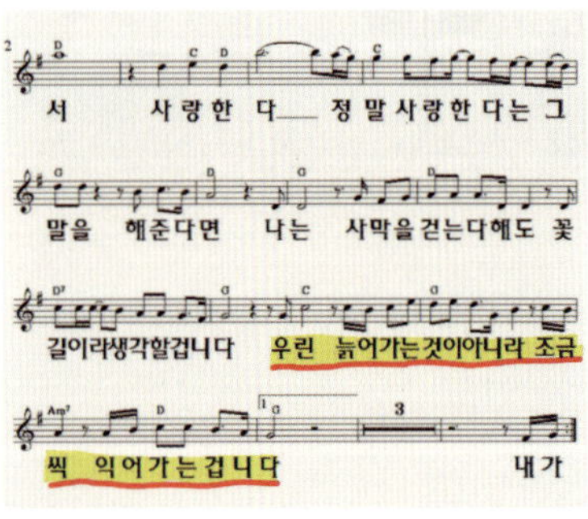

〈바램〉 악보 일부

늙었다는 것은 살아오면서 많은 곡절曲折을 겪었다는 것이고, 그만큼 경험經驗이 많다는 것이다. 그래서 가수歌手 노사연盧士燕의 노래 〈바램〉에는 "우린 늙어가는 것이 아니라 조금씩 익어가는 겁니다"라고 했다.

그처럼 사람이 조금씩 익어가는 상황과 관련해 老자는 '익숙하다'나 '숙달하다'의 뜻을 지니기도 한다. 老熟(노숙)이나 老鍊(노련)의 老자가 바로 그런 뜻으로 쓰이고 있다. 흔히 老熟하거나 老鍊한 사람을 일러 '점잖다'라고도 하는데, 이도 '젊지 않다'가 줄어든 말이다.

또 '경험이 많아 익숙하고[老] 교활하다[獪]'의 의미인 老獪(노회)[17]에서도 그런 뜻의 쓰임을 살펴볼 수 있다. 흔히 '노회한 정치인'이나 '노회한 공직자' 등으로 활용되고 있다.

뿐만 아니라 老자는 '오래 되다'의 뜻을 지니기도 한다. '오래된[老] 가게[鋪]'인 老鋪(노포)[18]나 '오래되어[老] 버려야[廢] 할 물건[物]'을 이르는 老廢物(노폐물)[19]에서 그런 뜻의 쓰임을 엿볼 수 있다.

1904년 개업한 노포

老자는 그 음이 변해 '노'로도

이상以上에서 언급한 말인 早老(조로)·偕老(해로)·不老草(불로초)·敬老席(경로석)·生老病死(생로병사)에서처럼 老자는 그 음이 '로'로 읽힌다. 하지만 老자는 우리말 음운체계音韻體系의 영향을 받아 老人(노인)·老獪(노회)·老益壯(노익장)·老少同樂(노소동락)에서처럼 말의 첫 소리나 男女老少(남녀노소)에서처럼 합성된 말에서는 뒤에 오는 말의 첫소리가 그 음이 변해 '노'로도 읽힌다.

里
[마을 리]

아랫말 하동사람 윗말 구례사람

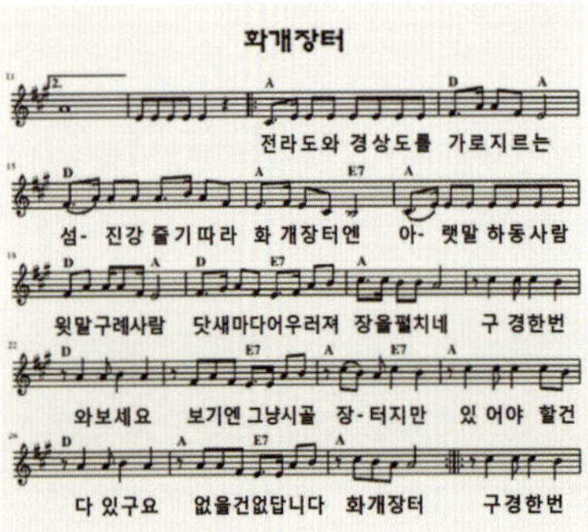

〈화개장터〉 악보 일부

화개장터 주변 조감도

"전라도와 경상도를 가로지르는
섬진강 줄기 따라 화개장터엔
아랫말 하동사람 윗말 구례사람"

가수歌手 조영남趙英男이 부른 〈화개장터〉의 노랫말 일부一部다. 그 노랫말에 나오는 '윗말'이나 '아랫말'의 '말'은 '마을'을 뜻한다.

흔히 마을은 배산임수背山臨水 지형地形에 이뤄진다. 배산임수는 산[山]을 등지고[背] 물[水]을 가까이 임하는[臨] 곳을 말한다. 화개장터도 지리산智異山을 등지고 섬진강蟾津江을 가까이 임하는 곳이다.

가까이 임하는 물을 중심中心으로 마을이 형성形成된 것이다. 그런 물 가운데 사람 먹는 물 있는 곳이 바로 우물이다. 우물을 뜻하는 井[우물 정]자가 '마을'의 뜻을 지니기도 한 것이 그 때문이고, 실제實際로 '마을'의 어원語源도 '우물'의 '물'과 관련關聯이 있다.

물을 중심으로 한 마을

이웃 사람을 만나기 위해 '마을에 놀러가다'의 의미로 쓰이는 '마실가다'의 '마실'도 '마을'과 같은 데서 나온 말이다. '마을'을 뜻하는 한자어 洞里(동리)의 洞[고을 동]자도 자형字形 구성構成에 '물'에서 비롯된 氵[삼수변(水)]이 덧붙여진 것도 같은 경우다.

예부터 물을 중심으로, 한 마을에는 많은 사람이 주로 산기슭과 같은 곳에 모여 공동체共同體 생활生活을 했다. 그 사람들이 먹고살기 위해서는 마을 주변에 농사農事를 지을 땅도 필요했는데, 바로 그렇게 농사를 지을 땅을 나타낸 한자가 '마을'을 뜻하는 里[마을 리]자다.

井 우물 정

부수	二(두이, 2획)
모양자	井(우물 정)
총획수	4획
유니코드	U+4E95

1. 우물
2. 우물 난간(欄干·欄杆)
3. 정자꼴
4. 저자, 마을
5. 정전(井田)

井자 관련 자료

里자는 농사지을 땅을 표현

실제로 里자는 사람이 곡식을 가꿀 수 있는 농토農土를 나타낸 田[밭 전]자와 그 농토를 이루는 흙을 나타낸 土[흙 토]자가 합쳐진 한자다. 그렇게 농사農事 지을 땅을 표현하면서 그 땅에 형성形成된 '마을'의 뜻을 나타낸 것이다.

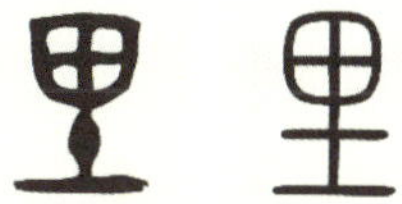

금문 里자 소전 里자

안반데기 마을

농경시대農耕時代가 시작始作되면서 본격적本格的으로 농사를 짓기 위해 여러 사람이 모여 살게 되었고, 그렇게 모여 살면서 정착定着 생활生活을 하게 된 곳이 곧 마을이 된 것이다.

살기 좋은 마을

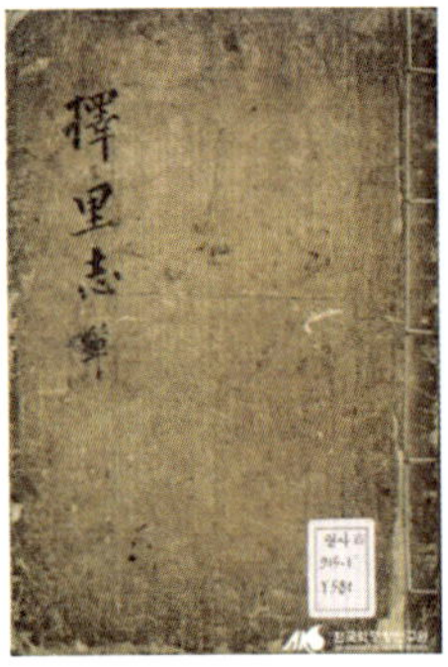

이중환의 『택리지』

洞里(동리)·鄕里(향리)·邑里(읍리)에서 '마을'의 뜻으로 쓰이는 里자는 조선 영조英祖 때에 이중환李重煥이 쓴 지리서地理書인 『擇里志(택리지)[1]』에서도 그런 뜻의 쓰임을 살펴볼 수 있다.

『擇里志』는 '살기 좋은 마을[里]을 가리기[擇] 위한 기록[志]'으로, 우리나라의 지형地形·풍토風土·풍속風俗·교통交通에서부터 고사古事 또는 인물人物에 이르기까지 상세詳細한 내용內容을 담고 있다.

십승지 하나인 남원 운봉

또 『擇里志』에서는 재앙災殃이나 전쟁戰爭을 피해 안심安心하고 살 수 있는 땅에 대해 쓰고 있는데, 그와 같이 농사지으며 사람이 모여 사는 땅인 마을은 생존生存과 직접 결부結付되어 있다. 따라서 예부터 그런 공간空間 안에 외지인外地人이 함부로 침범侵犯하는 것을 경계警戒했다. 실제로 부족국가部族國家 동예東濊에서 행해졌던 '책화責禍'에서 그런 사실事實이 있었음을 알 수 있다.

里자는 일정한 거리를 나타내는 단위로도 사용

동예의 형세도(1세기)

'책화'는 하나의 공동체共同體 지역地域인 마을의 경계境界를 함부로 침범侵犯한 상대측相對側에게 과課했던 벌칙罰則이었다. 따라서 마을과 마을은 일정한 거리를 두고 조성造成될 수밖에 없었을 것이고, 그렇게 되자 '마을'을 뜻하는 里자는

일정한 거리를 나타내는 단위單位로도 사용되었다.

그처럼 '거리의 단위'로 쓰인 里자는 시대時代에 따라 차이差異가 있었다. 옛날 도량형度量衡은 흔히 인체人體를 기준基準으로 결정決定되었는데, 후대後代로 내려오면서 인체 길이가 달라졌기 때문이다. 따라서 시대에 따라 1里를 300보步의 길이로도 나타냈고, 360보의 길이로도 나타냈다. 하지만 오늘날은 미터법meter法을 적용適用해 392.727273m를 1里로 삼고 있다.

1보(『동아한한대사전』)

그 1里의 열배인 十里(십리)는 원래 장정壯丁이 한 시간時間쯤 걸을 수 있는 거리로, 옛 노래 가사歌詞 "십리도 못가서 발병 난다"에서처럼 예부터 거리를 나타내는 용어로 자주 쓰이고 있다.

그 외에 그 반절半折인 五里(오리)나 열 배인 百里(백리), 나아가 千里(천리)나 萬里(만리)도 거리를 나타내는 용어로 자주 쓰이고 있다. 그중에 千里나 萬里가 먼 거리를 나타내는 용어이기에 千里萬里(천리만리), 또는 줄여 千萬里(천만리)는 매우 먼 거리를 의미하는 말이 되었다.

'멀다'라는 의미를 나타내는 천리나 만리

〈남원의 애수〉 노래비 가사

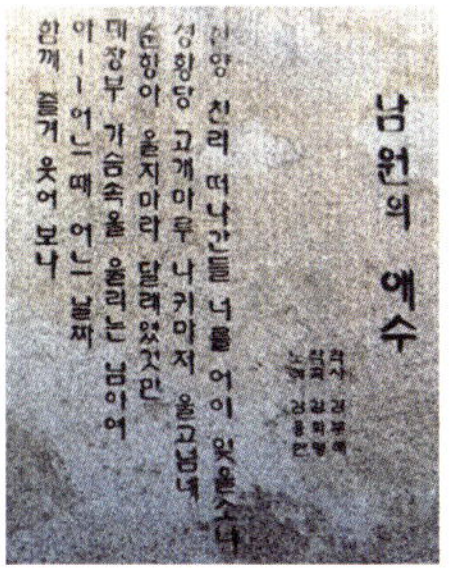

필자筆者가 어쩔 수 없는 상황狀況에서 마지못해 노래 한 곡曲을 불러야 하면 흔히 택擇하는 게 고향故鄕과 관련된 〈남원의 애수〉라는 옛날 노래다.

그 노래는 "한양 천리 떠나간들 너를 어이 잊을쏘냐"로 시작된다. 노랫말대로 하면 '춘향고을'인 남원南原에서 한양漢陽, 오

남원시 산동면 목동리

늘날의 서울까지 千里라고 했으니 이를 미터법meter法을 적용適用하면 400km쯤이 되어야 한다. 한데 옛길로 따져도 그만큼 거리가 되지 않는다.

그럼에도 漢陽千里(한양천리)라 한 것은 그만큼 漢陽이 멀다 함을 이른 것이다. 결국 '漢陽千里'의 '千里'는 매우 먼 거리임을 나타냈다.

그처럼 '멀다'라는 의미를 나타내는 千里, 더 나아가 萬里는 不遠千里(불원천리)[2]· 志在千里(지재천리)[3]· 一瀉千里(일사천리)[4]· 金城千里(금성천리)[5]· 言飛千里(언비천리)[6]· 鵬程萬里(붕정만리)[7]· 青雲萬里(청운만리)[8]· 異域萬里(이역만리)[9]· 明見萬里(명견만리)[10] 등에 활용되고 있다.

不遠千里는 '천리[千里] 길도 멀다[遠] 않는다[不]'는 의미로, 먼 길인데도 개의介意치 않고 열심히 나아간다 함을 이른다.

志在千里는 '뜻[志]이 천리[千里]에 있다[在]'는 의미로, 뜻이 웅대雄大함을 이른다.

一瀉千里는 '한번[一] 쏟아진[瀉] 물이 빠르게 천리[千里]를 간다'는 의미로, 어떤 일이 거침없이 빨리 진행됨을 이른다. 또 문장文章이나 글이 명쾌明快함을 이르기도 한다.

붕새 관련 그림

金城千里는 '쇠[金]처럼 단단한 성[城]이 천리[千里]'라는 의미로, 방어력防禦力이 탄탄함을 비유적으로 이른 것이다. 중국의 시황제始皇帝가 진秦나라의 견고堅固함을 자랑한 데에서 유래由來했다.

言飛千里는 '말[言]이 천리[千里]를 난다[飛]'는 의미로, 말이 몹시 빠르고도 멀리 전해 퍼짐을 이른다.

鵬程萬里는 '붕새[鵬]가 날아갈 길[程]이 만리[萬里]'라는 의미로, 머나먼 노정路程를 이른다. 또는 사람의 앞날이 매우 요원遙遠함을 이르기도 한다.

靑雲萬里는 한자 그대로 풀이하면 '푸른[靑] 구름[雲]이 만리[萬里]'라는 의미다. 하지만 '푸른 구름'은 다시 '입신출세立身出世의 꿈'을 이르며, '만리'는 '멀리 있음'을 이른다. 따라서 靑雲萬里는 입신출세를 위한 원대遠大한 포부抱負를 비유적比喩的으로 이르는 말이 되었다.

異域萬里는 '다른[異] 나라[域]의 만리[萬里]쯤 되는 곳'을 의미하며, 이는 아주 먼 다른 나라의 땅을 이른다.

明見萬里는 '밝은[明] 안목으로 만리[萬里]를 본다[見]'는 의미로, 관찰력觀察力이나 판단력判斷力이 매우 정확하고 뛰어남을 이른다.

삼천리나 구만리

삼천리강산

그 외에 里자는 三千里江山(삼천리강산)[11]의 三千里(삼천리)나 九萬里長天(구만리장천)[12]의 九萬里(구만리)와 같은 말에서도 '거리의 단위'로 쓰이고 있다.

三千里江山의 三千里는 제주도濟州道 남단南端에서 함경북도咸鏡北道 북단北端 온성군穩城郡까지 거리를 말하며, 三千里江山은 '삼천리[三千里]가 되는 우리나라 강산[江山]'을 이른다. 1里는 약略 400m니 三千里는 대략大略 1,200km인데, 제주도 남단

『조선상식문답』

육당 최남선

에서 함경북도 북단까지는 대략 1,114km니 그 거리가 三千里에 가까움을 알 수 있다.

한데 육당六堂 최남선崔南善이 쓴 『조선상식문답朝鮮常識問答』에 의하면 전남全南 해남군海南郡에서 서울의 거리가 1千里, 서울에서 함경북도咸鏡北道 온성군穩城郡까지의 거리가 2千里라고 하여 3千里가 된다고 했다.

九萬里長天은 한자의 뜻 그대로 풀이하면 '구만리[九萬里]나 되는 긴[長] 하늘[天]'을 의미하는데, 달리 말하면 아득히 먼 하늘을 이른다. 九萬里는 아득히 먼 거리를 비유적比喩的으로 이른 말로, 한 자리 수數 가운데 가장 많은 수를 가리키는 九[아홉 구]자는 사람이 죽은 뒤에 넋이 돌아가는 곳을 이르는 구천九泉의 九자처럼 '많다'의 뜻과 관련이 있다.

거리의 한도를 알려주는 표지

지리산 천왕봉 이정표

뿐만 아니라 里자의 쓰임은 도로상에서 '거리[里]의 한도[程]를 알려 주는 표지[標]'인 里程標(이정표)[13]에서도 살펴볼 수 있다.

里程標는 큰 길인 도로道路에서도 필요하지만 작은 길인 등산로登山路에서 더 필요할 때가 많다. 깊고 높은 산에서 길을 잃게 되면 큰일을 치를 수 있기 때문이다.

그 외에 里자는 바다 위나 하늘에서 긴 거리를 나타낼 때 단위로 사용하는 海里(해리)[14]에서도 그 쓰임을 엿볼 수 있다. 海里

는 海[바다 해]자를 쓴 데서 알 수 있듯 하늘보다 '바다[海]의 긴 거리[里]를 나타내는 단위'로 먼저 쓰였다. 1海里는 미터법으로 정확히 1,852m이며, 이로 배의 속도速度를 표시할 때는 시속時速 1海里를 1노트knot라 하고 있다.

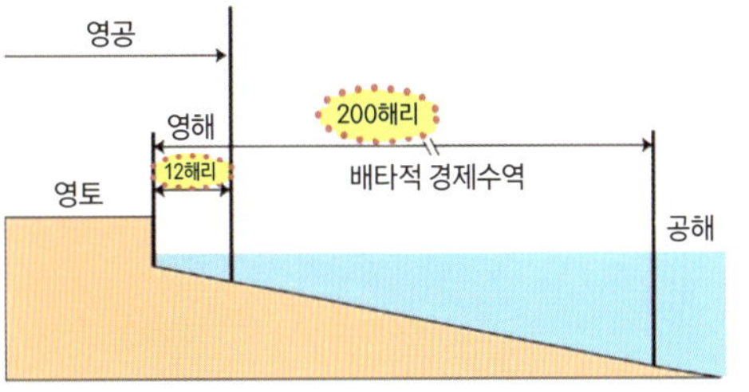

12해리와 200해리 관련 자료

또 海里와 관련해 우리나라는 오늘날 12海里를 영해領海로 삼고 있는데, 이는 국제연합國際聯合 협약協約에 해안선海岸線을 기준基準으로 12海里까지 영해로 삼는다는 규칙規則에 의거依據한 것이다. 다만 대한해협大韓海峽의 경우는 일본日本 영토領土인 대마도對馬島와 인접隣接해 있기 때문에 3海里를 영해로 삼고 있다.

아울러 연안沿岸으로부터 200海里 수역水域 안에 들어가는 바다는 배타적排他的 경제수역經濟水域에 속하고 있다.

立 [설 립] 그리고 서다

막 태어난 사슴 새끼

자연自然에서 활동하는 동물動物들은 태어나 몇 초秒, 몇 분分이면 걸을 수 있다. 만약 걷지 못하면 태어나면서 발생發生하는 피 냄새를 맡고 찾아온 맹수猛獸의 먹이가 되기 쉽다. 반면反面에 사람은 태어나 부모父母의 지극至極한 보호保護와 도움을 받으며 1~2년이 지나야 겨우 두 발로 서서 자연스럽게 걸을 수 있다.

사실 사람이 최초最初로 지구地球에 등장登場할 때는 두 발이 아니라 주로 네 발로 걷는 고릴라나 침팬지처럼 걸었다. 그러다 점점 진화進化해 두 발로만 서서 걸을 수 있게 되었다. 그렇게 두 발로만 서서 활동活動하면서 사람은 비로소 두 손의 자유自由를 얻게 되었고, 결국 '만물萬物의 영장靈長'이 되었다.

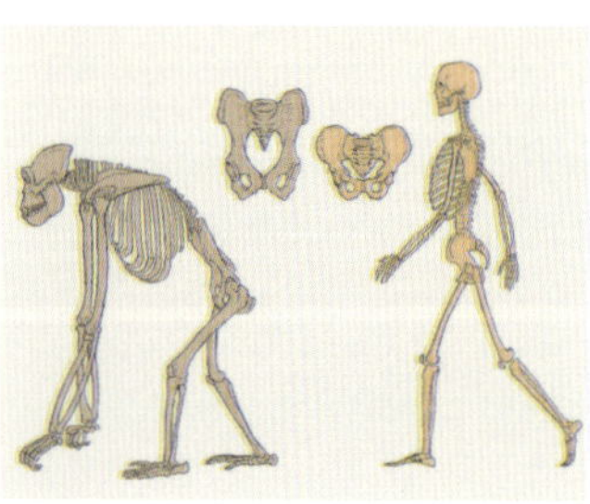
고릴라(좌)와 사람(우)의 골반

하지만 얻은 것이 있으면 잃은 것도 있는 게 자연의 이치理致다. 두 발로만 서서 활동하면서 골반骨盤이 좁아지게 되었고, 그로 인해 여성女性이 출산出産의 극심極甚한 고통苦痛을 떠안게 되었다. 그렇게 골반이 좁아져 떠안는 출산의 고통을 조금이라도 덜기 위해 사람은 모태

母胎 속에 머물 수 있는 시간時間을 줄여 다리 등이 온전穩全히 자라지 않은 채로 세상世上에 나기 때문에 자연에서 태어나는 다른 동물과 달리 빨리 서서 걸을 수 없게 되었다.

거의 20년 가까운 교육기간

태어난 뒤에도 다른 동물은 일정한 수유기授乳期를 거친 뒤 홀로 생존生存할 수 있는 데 반해 사람은 부모 보호와 도움을 받으며 일정한 교육기간敎育期間까지 거치고 있다. 그 기간이 우리나라 경우 초등학교初等學校와 중학교中學校와 고등학교高等學校만 해도 12년이다. 거기에 앞뒤로 유치원幼稚園과 대학교大學校까지 합치면 거의 20년 가까운 교육기간을 거친다. 그처럼 교육을 시키는 것은 학문적學問的 부분뿐 아니라 정신적精神的, 경제적經濟的 부분으로도 홀로 설 수 있도록 하기 위함이다.

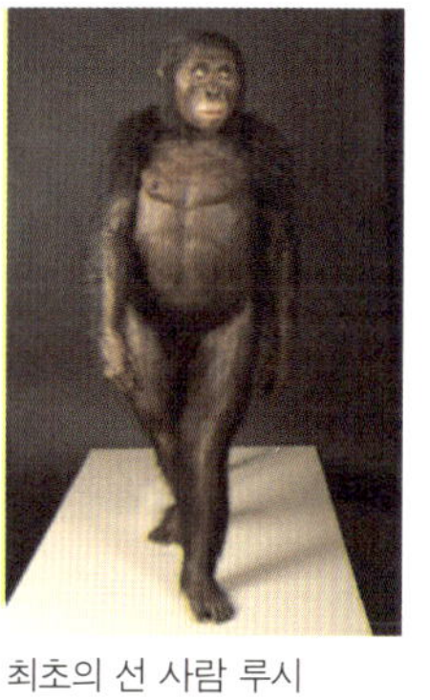

최초의 선 사람 루시

立자는 사람이 일정한 자리에 서 있는 모습

갑골문 立자

금문 立자

소전 立자

예서 立자

해서 立자

그렇게 홀로 선다와 관련해 '서다'의 뜻을 지닌 한 자인 立[설 립]자는 갑골문과 금문 자형을 살피면 두 팔과 두 다리를 크게 벌린 사람[大]이 일정한 자리[一의 형태]에서 있는 모습으로 나타내고 있다. 따라서 立자는 원래 '자리'나 '서다'의 뜻을 지녔는데, 후대에 人[사람 인(亻)]자를 덧붙인 位[자리 위]자가 '자리'의 뜻을 대신하자 자신은 '서다'의 뜻으로 쓰이게 되었다.

병립과 독립

나란히 선 신랑과 신부

갑골문 竝자

그와 같이 立자는 사람이 일정한 자리에 서 있는 모습인데, 두 사람이 나란하게 좌우左右로 선 모습을 나타낸 한자가 바로 竝[나란할 병]자다. 따라서 '나란히[竝] 서다[立]'라는 말은 竝立(병립)[1]이라 한다.

오늘날 竝立처럼 둘이 나란히 서는 일은 결혼結婚을 할 때에 흔히 볼 수 있고, 결혼은 바로 신랑新郎과 신부新婦가 각자各自의 부모父母로부터 獨立(독립)[2]을 의미한다.

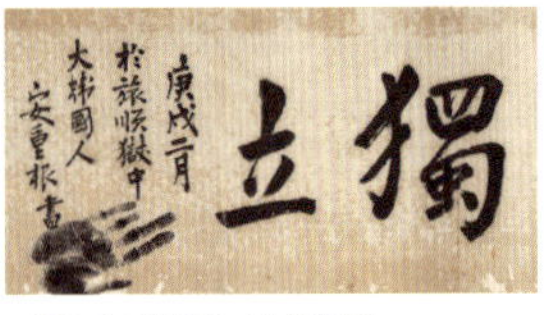

안중근 의사가 쓴 '獨立'

그런 獨立은 결국 각자 '홀로[獨] 서다[立]'라는 말인데, 순우리말로 '홀로서기'라 하기도 한다. 그 '홀로서기'의 獨立이 우리나라 역사歷史 속으로 들어가면 3·1운동三一運動과 맥脈이 닿기도 한다.

종로에서 행한 만세 시위

3·1운동은 1919년 3월 1일부터 많은 사람이 자발적自發的으로 봉기蜂起하여 우리나라의 獨立을 선언宣言하고, 일본日本의 우리 강토疆土 강점強占에 대해 저항권抵抗權을 행사行事한 한민족韓民族 최대最大 규모規模의 獨立運動(독립운동)이었다.

한데 3·1운동을 獨立運動이라 하는 데에는 문제問題가 있다. 獨立은 원래 여럿이 하나로 있다가 홀로 떨어져 나왔을 때 쓰이는 말인데, 우리나라는 원래原來 獨立國(독립국)이었다. 3·1운동 당시當時에 단지 한일강제병합韓日強制併合에 의해 일제日帝에 병탄併呑된 상태였을 뿐이었다. 원래부터 우리나라가 일제에 속해 있었던 나라라면 獨立運動이란 말이 합당合當하겠지만 우리나라는 일제와 별개別個의 유구悠久한 역사歷史를 지닌 나라였다.

미국 독립기념일 관련 자료

미국美國처럼 원래 영국英國의 일부一部에 속했다가 자주권自主權을 갖게 되면 이는 獨立이라 할 수 있다. 하지만 우리나라가 일제의 강제병합에서 벗어나 자주권을 갖게 되는 것은 獨立이 아니라 구속拘束이나 억압抑壓에서 벗어나 해방解放된 것이라 해야 마땅하다.

독립기념관

따라서 3·1운동은 獨立運動이 아니라 해방운동解放運動이라 해야 하며, 그런 면面에서 '독립기념관'이란 명칭名稱도 온당穩當치 않다 하겠다.

독립문(좌)과
헐린 영은문 주초(우)

뿐만 아니라 조선朝鮮 말기末期까지 중국中國을 사대事大하며 중국에서 오는 사신使臣을 맞이하기 위해 태종太宗 대에 건립建立했던 영은문迎恩門을 허물고 고종高宗 대에 그 옆에 새로 세운 '독립문'도 온당한 명칭이 아니라 하겠다.

'신캥거루족'까지 등장

반면에 사람이 태어나 일정一定한 교육기간教育期間을 끝내고 부모父母 품을 떠나 일가一家를 이루는 것은 분명 '홀로서기'의

獨立이라 할 수 있다.

한데 그 獨立을 하는 데 우리나라에서는 여전如前히 부모 보호나 도움을 받는 사람이 적지 않다. 이는 獨立이긴 하지만 진정한 獨立이라 할 수 없다. 진정한 獨立은 부모 보호나 도움이 없이 自立(자립)[3]하는 것이고, 自立은 '스스로[自] 서는[立] 것'이기 때문이다.

부모가 일정한 교육기간을 거치며 자식子息을 보호하며 도움을 주는 것은 自立해 스스로 서게 하기 위함인데, 그런 과정過程을 거치고도 부모 보호나 도움을 받는 것은 부끄러운 일이다. 반대로 부모를 보호하고 도움을 주어야 하는 입장立場이 되어야 한다. 그도 아니면 적어도 부모 보호나 도움을 받지 않든지…….

어미 배주머니의 새끼캥거루

그럼에도 요즈음 獨立할 나이의 성인成人이 되어서도 아예 스스로 힘으로 살아가려 하지 않고 늙은 부모 품을 떠나지 않은 채 경제적經濟的으로 의지依支하며 사는 사람이 있다. 이런 사람을 캥거루족kangaroo族이라 한다. 다 커서도 어미 캥거루의 배주머니 속을 떠나지 않는 새끼 캥거루인 것이다. 더 나아가 獨立했음에도 최근最近에는 부모가 노후老後를 대비對備하기 위해 평생平生 마련한 자금資金마저 자신 주머닛돈 꺼내 쓰듯 하는 '신캥거루족'까지 등장하는 지경地境이라 한다. 부모 입장에서 20년 가까이 교육에 투자投資했던 일이 유명무실有名無實한 상황狀況이 된 것이다. 부모가 그토록 가르친 것은 홀로 서라는 것이었다는 걸 명심銘心해야 하겠다.

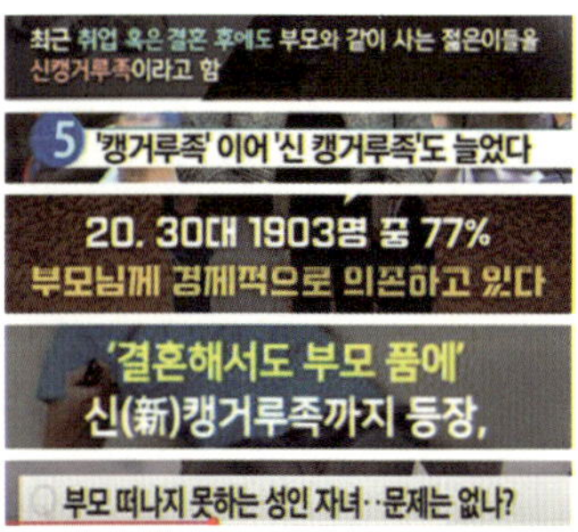

'신캥거루족' 관련 자막

이립과 고립

공자孔子도 15세에 志學(지학)하여 30세에 而立(이립)[4]한다고 했다. 15세에 뜻[志]을 배움[學]에 두고, 15년 뒤인 30세가 되면 而立이라 하여 '그리고[而] 서다[立]'라고 한 것이다. 그렇게 뜻을 배움에 두고 15년 뒤에 그리고 서는 것은 배움에 대한 기초基礎가 확립確立되어 정신적精神的으로도, 경제적經濟的으로도 홀로 선다는 것을 말한다. 결국 공자도 15년쯤 배움의 과정을 거치면 獨立과 自立를 하는 而立을 해야 한다 이르고 있다.

공자

하지만 獨立과 별도로 의도意圖하지 않았음에도 뜻하지 않게 홀로 서는 상황이 있는데, 그것이 바로 孤立(고립)[5]되는 것이다. 사전에는 孤立을 '도움을 받지 못하고 홀로 외롭게[孤] 서다[立]'의 의미로 풀이하고 있다. 흔히 어떤 원인原因으로 어느 곳에서 다른 곳으로 가는 길이 막히거나 끊어지거나 하여 그곳을 벗어날 수 없는 상태狀態가 되는 것을 이른다고도 했다.

전쟁고아

그러나 오늘날은 의도적意圖的인 따돌림으로 인한 孤立이 사회적社會的 문제問題가 되고 있다. 그런 孤立이 바로 '왕따'다.

'왕따'는 한 집단集團에서 특정特定 사람을 따돌리는 것이다. 주로 학교學校에서 단순히 장난처럼, 별일 아닌 것처럼 여기며 왕따를 하지만 당當하는 사람은 극도極度의 정신적精神的 고통苦痛을 겪게 된다. 급기야 자신의 존재存在 자체自體도 부정否定하게 되는 지경에 이르기도 한다.

왕따

그러나 왕따 문제는 결코 그렇게 끝나지 않고, 가해자加害者가 도리어 피해자被害者가 되는 경우도 적지 않다. 누군가를 왕따시키면 언젠가는 어떻게든 되돌려 받는 상황狀況이 되는 것이다. 그런 상황에 처해지는 어리석은 존재存在가 되지 않도록 해야 하겠다.

鼎은 발이 세 개

정립

立자의 뜻 '서다'는 '사람이나 동물이 발을 땅에 대고 몸을 곧게 한다'는 의미뿐 아니라 '체계나 의식 따위가 올바르게 되거나 짜이다'의 의미를 지니기도 한다. 나아가 '부피를 가진 어떤 물체가 땅 위에 수직의 상태로 있게 되다'의 의미와 관련되기도 하는데, 鼎立(정립)[6]의 立자가 바로 그런 의미와 관련이 있다.

鼎立은 '솥[鼎]의 발처럼 서다[立]'라는 의미로, 세 사람이나 세 세력勢力이 서로 맞서고 있음을 말한다.

8. '위촉오(魏蜀吳) 3국이 정립(鼎立)하였다'에서 정립은 세 사람 혹은 세 세력이 서로 맞서고 있음을 뜻한다. 여기서 정(鼎)이 뜻하는 것은?
① 발이 3개인 솥
② 다리가 3개인 탁자
③ 바퀴가 3개인 수레

KBS 2TV 1대 100 퀴즈문제

중국 고대古代 왕조王朝에서 의식儀式을 행하는 데 사용했던 둥그런 솥인 鼎[솥 정]은 발이 세 개로 되어 있는데, 그렇게 세 개로 이뤄졌기에 고르지 않는 곳에 세워도 넘어지지 않는 특징特徵이 있다. 그로 인해 鼎立은 세 사람이나 세 세력이 솥의 세 발처럼 힘의 균형均衡을 유지維持한 채 서로 맞서는 상황에 활용되는 말이 되었다.

나아가 고구려高句麗·백제百濟·신라新羅, 또는 중국 후한後漢 말기末期에 위魏·오吳·촉蜀 '세[三] 나라[國]가 힘의 균형을 유지한 채 솥[鼎]의 발처럼 서서[立] 서로 맞서던 시대'를 일러 三國鼎立(삼국정립)[7]이라 하고 있다.

건립 · 수립 · 수립

뿐만 아니라 立자는 '서다' 외에 '세우다'의 뜻을 지니기도 한다. 따라서 똑같게 '세우다'의 뜻을 지닌 建[세울 건]자와 어울려 建立(건립)[8]이란 말로 쓰이기도 한다. 建立은 주로 '건물, 기념비, 동상, 탑 따위를 만들어 세우다'라고 할 때에 활용되고 있다.

1897년에 건립된 독립문

아울러 우리말로 똑같게 읽히는 樹立(수립)[9]과 竪立(수립)[10]의 立자도 '세우다'의 뜻으로 쓰이고, 擁立(옹립)[11]의 立자도 그런 뜻으로 쓰이고 있다.

樹立의 樹[나무 수]자는 덧붙여진 木[나무 목]자로 인해 '나무'를 뜻하게 되었지만 나무를 심는다 하여 '심다'의 뜻을 지니기도 하고, 심어서 세운다 하여 '세우다'의 뜻을 지니기도 한다. 그 중에 樹立의 樹자는 立자와 똑같게 '세우다'의 뜻으로 쓰이고 있다. 한데 사전辭典에 보면 樹立은 '사람이 나무를 심어 세우듯 국가나 정부, 제도, 계획 따위를 이룩하여 세움[樹立]'이란 의미를 지닌다 풀이하고 있다.

아울러 竪立의 竪[세울 수]자도 '세우다'의 뜻을 지닌 한자다. 따라서 竪立의 竪자도 立자와 똑같은 뜻을 지니는데, 사전에는 '꼿꼿하게[竪] 세움[立]'으로 풀이하고 있다. 그 풀이가 '꼿꼿하게'에 의미意味를 더 부여附與하고 있는 것으로 보인다.

대한민국 정부 수립 기념식 (1948년 8월 15일)

만약 글에서 "새 정부의 수립을 계기로 사면령이 발표되었다"라고 했다면 이때 '수립'은 한자로 樹立으로 표기表記하고, "이제 새로운 전통문화의 수립이 필요하다"라고 했다면 이때 '수립'은 竪立으로 표기한다.

대한제국 시기 군주를
옹립하는 환구단

擁立은 '임금의 자리로 들어[擁] 세움[立]'을 의미하는 말이다. "흥선의 아드님이 이십육 대의 조선 군주로 옹립이 되었다『운현궁의 봄(김동인)』"에서처럼 활용되고 있다.

입신과 입지

나아가 세우는 데 '몸[身]을 세우다[立]'라는 말이 立身(입신)[12]이다. 그런 立身은 다시 立身揚名(입신양명)[13]의 말에서 그 쓰임을 엿볼 수 있다.

『사자소학』

立身揚名은 '몸[身]을 세워[立] 이름[名]을 날리다[揚]'의 의미다. 이때의 立身은 사회적社會的으로 인정認定을 받고 출세出世를 하는 것이다. 揚名은 출세를 하여 후세後世에 이름을 남기는 것이다. 곧 立身揚名은 사회적으로 인정을 받고 출세하여 후세에 이름을 남기는 것을 말한다. 또 후세에 이름을 떨쳐 부모父母를 영광榮光되게 해드리는 것이기도 하다. 이는 부모의 몸을 봉양奉養하는 것도 중요重要하겠지만 부모의 뜻을 봉양하는 것이 더 중요하다 함을 이른 것이다. 필자筆者가 글 쓰는 일을 생업生業으로 삼고 있는 것도 그 때문이다. 『효경孝經』에 나오는 말이고, 『사자소학四字小學』 등에도 실려 있는 것을 볼 수 있다.

한데 立身 이전以前에 뜻을 먼저 세워야 하며, 그렇게 '뜻[志]을 세우다[立]'를 의미하는 말이 바로 立志(입지)[14]다.

좋은 환경環境에서 立志하여 목적目的을 이루는 일은 그 과

정過程이 그다지 지난至難하지 않을 수 있다. 하지만 어려운 환경에서 立志하여 목적을 이루는 일은 쉽지 않을 것이다. 그럼에도 그렇게 '어려운 환경을 이기고 뜻[志]을 세워[立] 노력해 목적을 달성한 사람의 전기[傳]'를 立志傳(입지전)[15]이라 한다. 또 그런 전기傳記의 성격을 띠는 것을 立志傳的(입지전적)이라 한다.

자전거 타는 노무현 전 대통령

立志傳的은 '立志傳的인 인물人物'이란 말로 흔히 활용되는데, '立志傳的인 인물'은 '기록을 남길 만한 가치가 있는 뜻을 세운 사람'을 의미하기도 한다. 곧 인간승리人間勝利의 표본標本이 될 만한 사람을 이르는 것이다. 아울러 속담俗談에 "개천에서 용 난다"는 말을 현실화現實化 시킨 인물이기도 하다.

1975년 17회 사법시험
합격자 명단

예컨대 고졸高卒 출신出身으로 사법시험司法試驗에 합격合格하고, 일국一國의 통치권자統治權者 자리에까지 오른 노무현盧武鉉 전前 대통령大統領과 같은 인물이 그런 존재存在라 하겠다.

입추와 입추

아울러 立자는 세우는데 '송곳[錐]을 세우다[立]'라는 말인 立錐(입추)[16]에서도 그 쓰임을 엿볼 수 있다.

흔히 발 들여놓을 데가 없을 정도로 많은 사람들이 꽉 들어찬 경우境遇를 비유적比喩的으로 이를 때에 "立錐의 餘地(여지)가 없다[17]" 하는데, 이는 마치 송곳을 꽃을 꽂는 수반水盤 속에

꽃꽂이 침봉

예전 명절 때의 서울역 풍경

침봉針峰처럼 여러 개 촘촘하게 세워놓은 상황狀況을 연상聯想케 하는 말이다. 그처럼 송곳을 세우면 비좁을 수밖에 없기에, "立錐의 餘地가 없다"는 '송곳[錐]을 더 이상 세울[立] 남은[餘] 곳[地]이 없다'는 말이 되었다.

자가용自家用 자동차自動車가 일반적一般的으로 상용常用되기 전의 명절名節에 대중교통大衆交通을 이용하는 많은 사람이 모이는 역驛이나 버스터미널 등의 상황狀況을 이야기할 때에 흔히 들어볼 수 있는 말이었다.

또 그 立錐와 동음이의어同音異議語인 立秋(입추)[18]는 이십사절기二十四節氣의 하나인데, 이로부터 '가을[秋]이 들어서서[立] 시작된다고 하는 때'를 이른다.

아울러 그 立秋처럼 계절이 들어서서 시작되는 또 다른 절기에는 立春(입춘)과 立夏(입하)와 立冬(입동)이 있다.

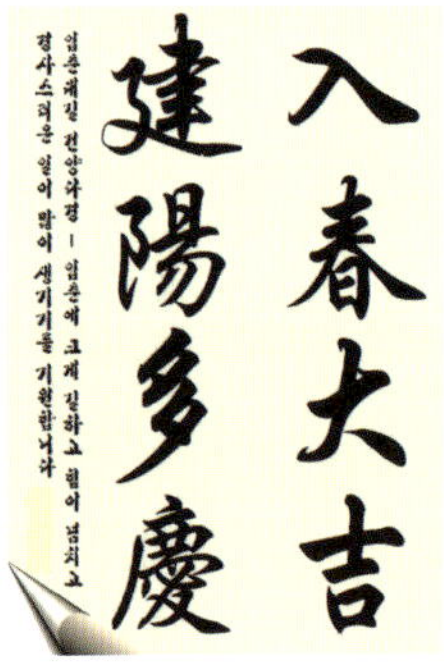

잘못 쓴 입춘방

몇 해 전에 우리나라 한 단체團體에서 당시 일본日本 총리總理에게 보내는 공개公開 항의抗議 서한書翰의 글을 신문新聞에서 보고 깜짝 놀란 적이 있다. 그 서한은 마침 '봄[春]이 들어서서[立] 시작된다고 하는 때'를 이르는 절기節氣인 立春(입춘)[19]에 보내는 것이었는데, 먼저 예의禮儀를 차린다고 쓴 글에 立春大吉(입춘대길)[20]이 '入春大吉'로 잘못 쓰여 있었기 때문이다.

한데 경춘가도京春國道를 통해 향하는 춘천春川의 관문關門 주변에서도 그 잘못 쓰인 '入春大吉'이 '길거리에 세우는[立] 간판[看板]'인 立看板(입간판)[21]에 버젓이 쓰인 것을 보고 또 다시 깜짝 놀란 적이 있었다.

하지만 그 말 아래에는 "춘천에 오시면 좋은 일 생깁니다"라는 글이 쓰여 있었다. '봄[春]이 서서[立] 크게[大] 길하다[吉]'의 立春大吉을 '春川(춘천)'의 春(춘)과 '오다'의 入(입)과 '좋은 일'의 大吉(대길)로 의도적意圖的으로 써 놓은 것이었다. 곧 立春大吉을 재치才致 있게 入春大吉이라 한 것이었다.

'入春大吉' 입간판

立자가 말의 맨 앞에 쓰일 때는 '입'으로

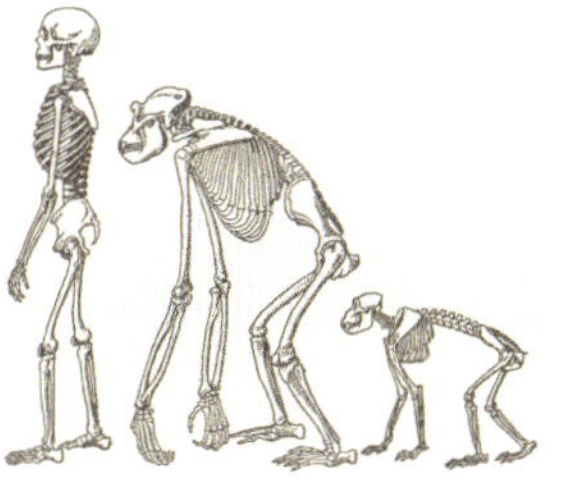
직립인(좌)

그 외에 立자는 '일어나서[起] 서다[立]'를 의미하는 起立(기립)[22], '등을 곧게[直] 세우고[立] 활동하는 사람[人]'을 의미하는 直立人(직립인)[23], '믿음[信]이 없으면[無] 서지[立] 못한다[不]' 함을 의미하는 無信不立(무신불립)[24]에서도 그 쓰임을 엿볼 수 있는데, 이들 말에서 立자는 모두 그 음이 '립'으로 읽힌다. 하지만 앞서 살펴봤던 立身(입춘)·立志(입지)·立錐(입추)·立春(입춘)처럼 立자가 말의 맨 앞에 쓰일 때는 두음법칙頭音法則이 적용되어 '입'으로 그 음이 변해 읽힌다는 것도 잘 알아 두어야 하겠다.

馬 [말 마]

말을 낳으면 제주도로 보내라

제주도 조랑말(과하마)

국산 포니 자동차

에쿠우스

"사람을 낳으면 서울로 보내고, 말을 낳으면 제주도로 보내라"라는 잘 알려진 속담俗談이 있다. 제주도濟州道는 오래 전부터 말을 길러 온 곳이기 때문이다. 그 '제주[濟州]에서 오랫동안 길러 왔던 말[馬]'이 바로 濟州馬(제주마)인데, 濟州馬는 달리 '조랑말'이라 하기도 한다.

그 조랑말은 성질性質이 온순溫順하며 다른 말에 비해 오래 산다. 키가 작아 '과실나무[果] 아래[下]를 지날 수 있는 말[馬]'이라는 의미로 果下馬(과하마)라고도 한다.

다른 나라 말로 조랑말은 '포니pony'라고도 하는데, 우리나라에서 최초最初로 만든 고유固有 자동차自動車였던 포니PONY의 명칭名稱은 바로 이 동물動物에서 비롯되었다. 또 포니처럼 에쿠우스EQUUS라는 차車 이름도 '말'을 뜻하는 라틴어에서 비롯되었다.

오늘날 자신自身의 차를 아끼는 사람이 차를 '사랑하는[愛] 말[馬]'이란 의미의 '愛馬(애마)'로 부르는 것도 옛날의 말이 오늘날의 자가용自家用인 자동차 노릇을 했기 때문이다.

가장 빨리 달릴 수 있었던 동물이 말

오늘날 자동차처럼 옛날에 사람을 태우고 가장 빨리 달릴 수 있었던 동물이 말이었다. 산업혁명産業革命으로 기관차機關車에 의해 움직이는 기차汽車가 만들어졌을 때 사람들이 놀란 것도 많은 물건과 사람을 실어 나르면서도 말보다 더 빨리 달릴 수 있는 것 때문이었다. 하지만 산업혁명 이전까지 육상陸上의 교통수단交通手段으로 가장 빠른 것은 단연코 말이었다.

징기스칸 동상

몽골 제국帝國의 징기스칸JinghisKhan이 세계世界 역사상歷史上 가장 넓은 대륙大陸을 점령占領했던 것도 말을 타고 빠른 속도速度로 정복征服에 나섰기 때문이었다. 몽골 사람들은 "말안장에서 태어난다"는 말이 있을 정도로 말과 친숙親熟하며 다양多樣한 문화文化를 갖고 있다. 한때 그 몽골 사람이 세운 원元나라 지배支配를 받았던 고려高麗에도 말과 관련된 몽골 문화가 전달傳達되었는데, 몽골어 '모린morin'에서 비롯된 말이 바로 '말'로 알려져 있다.

몽골 제국

馬자는 말을 마치 그린 듯 세워서

한자 馬[말 마]자는 그 '말'을 뜻한다. 갑골문 자형으로 살피면 길쭉한 대가리에 큰 눈과 몸체에 갈기, 그리고 발과 긴 꼬리가 보이는 말을 마치 그린 듯 세워서 나타냈다. 그렇게 말의 가장 특징적特徵的인 여러 부위

갑골문 馬자 금문 馬자 소전 馬자

서 있는 말

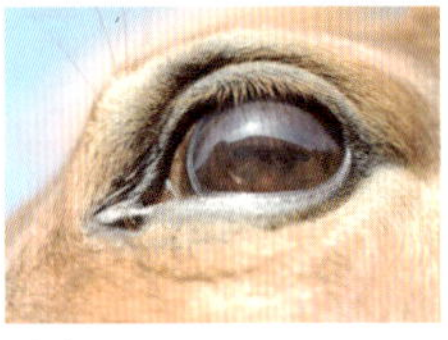

말의 눈

部位를 나타낸 데서 '말'의 뜻을 지니게 된 것이다.

특히 길쭉한 대가리에 눈은 초식동물草食動物인 말이 육식동물肉食動物을 피해 도망逃亡가는 데 도움이 되도록 발달發達된 부위이므로 크게 강조强調해 나타냈다. 말은 육상陸上의 포유류哺乳類 가운데 눈이 가장 큰 동물이기 때문이다. 아울러 다른 동물에서 볼 수 없는 갈기와 긴 꼬리도 빠짐없이 덧붙이면서 쓰는 데 용이容易하도록 세워서 나타냈다.

백마 탄 왕자

백마 탄 왕자

말의 털빛은 다양多樣하다. 그 가운데 털빛이 흰[白] 말[馬]이 白馬(백마)[1]다. 동화童話에 등장하는 '白馬 탄 왕자王子'의 그 말이다. 그러나 태어나면서부터 털빛이 흰 말은 없다고 한다. 흰 사슴이나 흰 까치처럼 백화현상白化現象(알비노 현상)에 의한 것이 아니라면 모를까.

하지만 태어날 때에 본래 암갈색이나 검은색의 털빛을 지닌 말이 나이가 들면 털빛이 희어져 白馬가 된다고 한다. 마치 '검은 머리가 파뿌리'가 되는 사람의 머리털처럼……. 따라서 '白馬 탄 왕자'는 늙은[老] 말[馬]인 老馬(노마)[2]를 탄 왕자라 할 수 있다.

백마강

전傳해진 이야기에 의하면, 바로 그 白馬의 머리를 미끼로 하여 당唐나라 장수將帥인 소정방蘇定方이 용龍을 낚았다는 강江이 白馬江(백마강)이다. 白馬江은 금강錦江을 부여

夫餘 지역地域에서 이르는 이름이다.

그러나 그런 이야기가 나오기 전前의 기록記錄에 이미 금강을 '백강白江'으로 표기表記했던 사실事實이 있었고, 역사적歷史的으로 馬자를 '크다'는 뜻으로 써온 점을 감안勘案할 때 白馬江은 곧 '백제에서 가장 큰 강'이었기에 붙여진 이름으로 보인다.

적토마와 청마

말 가운데에는 털빛이 붉은 말도 있는데, 赤兔馬(적토마)[3]가 그런 말이다. 赤兔馬는 '붉은[赤] 빛이 도는 털에 토끼[兔]처럼 빠른 속도로 달리는 말[馬]'이라 하여 그런 이름으로 불리게 되었다.

'하루에 천리[千里]를 달린다는 말[馬]'인 千里馬(천리마)[4]로, 『삼국지연의三國志演義』에 등장登場하는 관우關羽가 타고 다녔다는, '매우 뛰어나다 이름[名]난 말[馬]'인 名馬(명마)[5]다.

적토마를 탄 관우

그 외에 현실現實에 존재存在하지 않는 말인 靑馬(청마)도 있다. 국어사전國語辭典에도 진짜 말이 아닌 장기판將棋板에 놓이는 푸른 빛깔을 칠漆한 말이나 시인詩人 유치환柳致環의 호號 말고는 다른 뜻이 나오지 않는다.

청마 유치환

하지만 靑馬는 박력迫力, 생동감生動感, 강인強靭함 등 말의 특성이 가장 두드러진 상상想像의 존재存在로, 사람들의 입에 오르내리는 말이다. 이를테면 靑馬의 해는 기운氣運이 넘치고 靑馬의 해에 태어난 사람은 활달豁達하고 진취적進取的이며 독립심獨立心이 강强한 성격性格을 지녔다고 하는 것이 그런 경우境遇다.

설마나 죽마와 철마와 해마

한강에서 썰매 타는 아이들

뿐만 아니라 말이 아닌 말을 나타낸 말에 雪馬(설마)[6]가 있다. 雪馬는 '눈[雪] 위에서 말[馬] 타듯 하며 노는 기구器具'로, 오늘날은 '썰매'라 한다.

'썰매'는 좌우左右에 가로로 철사鐵絲를 박은 나무나 쇠붙이를 대고 그 위에 세로로 널빤지를 붙여 만드는데, 아이들이 얼음판에서 미끄럼을 타고 노는 기구다.

죽마 걸터타기와 올라타기

竹馬(죽마)[7]도 雪馬처럼 노는 기구器具의 하나였다. '대[竹]를 가랑이 사이에 끼워서 말[馬]로 삼은 것'이 竹馬인데, 아이들이 말놀음질을 할 때에 사용했다.

竹馬故友(죽마고우)[8]는 바로 그 '대[竹]로 만든 말[馬]을 타고 놀았던 옛날[故]의 벗[友]'이라는 의미로, 어릴 때부터 같이 놀며 자란 친한 벗을 이른다.

비무장지대에 멈추어 선 철마

또 鐵馬(철마)[9]도 말이 아닌 말과 관련이 있다. 鐵馬는 말의 기능을 대신한 교통수단交通手段인 기차汽車를 이르는데, '쇠[鐵]로 만든 말[馬]로 기차를 비유比喩한 것'이다.

남북南北 분단分斷의 비극悲劇을 지닌 휴전선休戰線 주변에 가보면 "철마는 달리고 싶다"는 글이 적힌 표지판標識板과 함께 정작 달리지 못하는 녹슨 鐵馬를 볼 수 있다.

해마

아울러 말이 아닌 말에는 海馬(해마)[10]도 있다. '바다'를 뜻하는 海[바다 해]자가 덧붙여진 데서 알 수 있듯 '바다[海]에서 사는 말[馬]처럼 보이는 물고기의 일종一種'이다. 그 머리가 말과 비슷하고 몸과 직각直角을 이루며 주둥이는 대롱 모양이다. 수

컷 배에는 육아낭育兒囊이 있어 암컷이 여기에 알을 낳으면 부화孵化시킨다. 긴 꼬리로 해조海藻를 감고 있는데 곧게 선 채로 헤엄친다.

수레를 끄는 데 주로 말이 활용

고대古代에 중국中國에서는 수레를 끄는 데 주로 말이 활용되었다. 그때 '수레[車]와 말[馬]'은 車馬(거마)[11]라 한다. 오늘날 교통비交通費를 달리 車馬費(거마비)라고도 하는데, 옛날에 말이 끄는 수레나 말이 교통의 수단手段으로 흔히 사용되었기 때문에 비롯된 말이다.

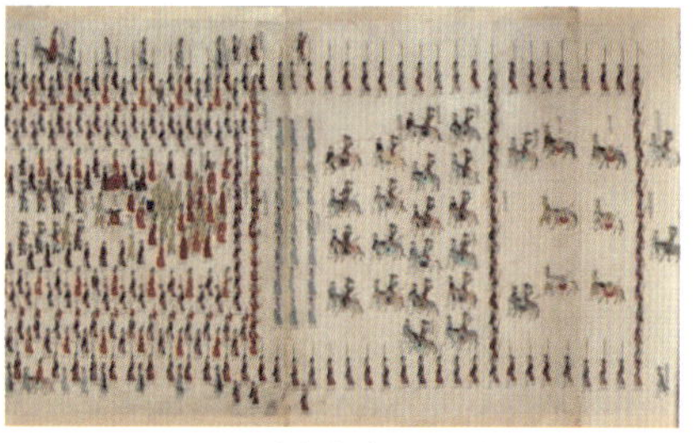

〈반차도〉 정조 어좌마 행렬 일부

또 '말[馬]이 끄는 수레[車]'는 馬車(마차)[12]라 한다. 그런 馬車는 애초에 임금처럼 신분身分이 높은 사람이 이용利用했다.

실제로 임금이 馬車를 타고 거둥을 할 때는 駙馬(부마)[13]까지 따르게 했는데, 駙馬는 '두 마리 이상以上의 말이 馬車를 끌 때에 곁에서[駙] 끌거나 따라가는 말[馬]'을 이른다. 그 駙馬를 관리하는 사람에게는 駙馬都尉(부마도위)라는 벼슬을 주어졌다.

젊은 시절의 박영효

駙馬都尉는 馬車에 탄 임금과 가장 지근거리至近距離에 있는 사람이다. 한데 그 駙馬都尉가 혹여 임금에게 억하심정抑何心情을 가져 해코지를 한다면 임금은 생명生命에 큰 위협威脅을 받게 된다. 따라서 駙馬都尉는 임금에게 가장 안심安心이 될 만한 사람인 임금의 사위에게 맡겼다. 이로써 駙馬都尉를 줄인 말인 駙馬는 임금의 사위를 이르는 칭호稱號가 되었다. 조선朝鮮의 마지막 駙馬가 개화지식인開化知識人이었던 철종哲宗의 사위 박영효朴泳孝였다.

말은 사람이 타는 데 사용

승마의 모습(『무예도보통지』)

기마전의 모습(『무예도보통지』)

옛날 운동회 기마전

애초에 말은 주로 수레를 끄는 데 사용했다가 점점 사람이 직접 타는 데 사용했다. '사람이 말[馬] 타는[乘] 것'은 乘馬(승마)[14]라 하는데, 乘馬는 무예武藝의 일종一種으로 발전發展해 싸움을 하는 데까지 활용活用되었다.

그처럼 '말[馬] 타고[騎] 서로 겨루는 싸움[戰]'은 騎馬戰(기마전)[15]이라 한다. 하지만 후대後代에 騎馬戰은 군사기술軍事技術이 발달發達함에 따라 점점 사라지게 되었고, 오늘날은 이를 원용原用해 경기競技의 하나로 이어지고 있다.

그런 騎馬戰의 경기는 두세 사람이 앞에 선 사람의 어깨에 팔을 걸어 말을 만들고, 거기에 한 사람이 올라타서 다른 말을 탄 사람과 겨루어 쓰러뜨리거나 모자帽子나 머리띠를 빼앗는 놀이의 일종이 되었다. 예전 운동회運動會에 빠지지 않았는데, 요즘은 그마저 보기 쉽지 않게 되었다.

상대편相對便을 이기려고 지나치게 밀고 당기기를 하다가 옷이 찢어지거나 땅에 떨어져 다치는 경우가 적지 않았기 때문이다. 뿐만 아니라 운동회가 단순히 경쟁競爭을 위한 행사行事가 아닌 학생學生들의 연대의식連帶意識과 사회성社會性

발달을 위한 활동活動으로 인식認識되면서 안전하고 즐거운 활동에 초점焦點을 맞추려는 경향傾向이 생겼기 때문이기도 하다.

말은 나라의 중요한 문서를 전달

또 옛날에 말은 나라의 중요重要한 문서文書를 전달傳達하곤 했는데, 그런 일에 이용利用된 말이 바로 擺撥馬(파발마)[16]다.

「역도」

擺撥馬는 '공문서公文書 등을 물리쳐[擺] 보내는[撥]데 사용하는 말[馬]'이라는 의미다. 擺撥馬는 '역참[驛]에 갖춰진 말[馬]'이기에 驛馬(역마)[17]라고도 한다.

오늘날 서울의 구파발舊擺撥은 바로 그 擺撥馬를 기르던 역참驛站이 있었던 곳으로, 한양漢陽에서 의주義州에 이르는 길에 첫 번째로 있었다.

또 그 역참에서 擺撥馬를 징발徵發하는 데 사용된 것이 馬牌(마패)[18]였다. 흔히 馬牌는 '나라에서 공무公務로 지방地方에 출장出張하는 관원官員에게 驛馬 사용使用을 위爲해 주던 말[馬]을 새긴 패[牌]'인데, 그 패에 새겨진 말의 수數만큼 역참에서 징발할 수 있었다.

마패

아울러 암행어사暗行御史의 도장圖章처럼 사용되어, 어사가 출두出頭할 때 역졸驛卒이 이를 손에 들고 암행어사 출두를 외쳤다. 한데 驛馬는 관원들이 이용하는 교통交通 및 통신通信 수단으로 나라 곳곳의 역참을 끊임없이 돌아다니다 죽는 운명運命

을 지녔다. 쉴 새 없이 떠도는 불운不運한 운명을 지닌 것이다.

흔히 사람에게도 그런 불운한 기운氣運이 있을 때에 '살이 끼었다', '살을 맞다'라고 하는데, 이때의 '살煞'은 '사람을 해치는 모질고 독한 귀신鬼神의 기운'을 말한다. 결국 '살'도 사람에게 좋지 않은 액운厄運을 이른 것이다.

역마를 탄 모습(역사도)

따라서 驛馬(역마)와 煞(살)을 합친 驛馬煞(역마살)[19]은 '역참[驛]의 말[馬]처럼 늘 분주奔走하게 이리저리 떠돌아다니는 좋지 않는 액운[煞]'을 의미한다. 나아가 驛馬煞은 천성적天性的으로 驛馬처럼 이리저리 떠돌아다닐 팔자八字라는 의미를 갖게 되었으며 "저 사람은 역마살이 끼었다"라는 식으로 활용되고 있다.

말의 생명력은 빨리 달리는 데

짐을 실은 마차

하지만 오늘날은 먼 곳을 이동移動하는 데 기차汽車와 버스bus, 또는 자동차自動車를 주로 이용하고 있다. 그처럼 사람들이 그런 동력원動力源을 편리便利하게 이용하기 전前까지, 먼 곳을 이동하는 데 가장 많이 도움을 준 것은 말이었다. 말은 잘 달릴 뿐만 아니라 무거운 것을 수레에 싣고 끄는 데도 유용有用하게 사용되었다.

'말[馬]의 힘[力]'인 馬力(마력)[20]이 동력動力의 양量을 나타내는 단위單位로 사용된 것도 그 때문이다. 곧 馬力은 말 한 마리의 힘에 해당該當하는 일의 양量을 말한다. 오늘날은 동력이나 단위單位 시간당時間當 일의 양을 나타내는 실용實用 단위로 쓰이고 있다.

경마의 모습

그래도 말의 생명력生命力은 빨리 달리는 데 있다. 오늘날도 어떤 말이 빨리 달리는지를 놓고 우열優劣을 가리는 다툼을 벌이는데, 그것이 바로 競馬(경마)[21]다. 競馬는 '일정한 거리를 빨리 달리는 데 다투는[競] 말[馬]'인 것이다. 옛날 그렇게 다투는 말이 정작 필요必要한 상황狀況은 전쟁戰爭에 동원動員되었을 때였다.

이때 '전쟁터에 나가는[出] 말[馬]'에서 비롯된 말이 出馬(출마)[22]다. 원래 出馬는 마구간馬廐間에서 말을 내놓다는 의미意味인데, 이것이 전쟁터에 나가는 말로 그 의미가 확대擴大된 것이다.

제20대 대통령 후보 포스터
(중앙선거관리위원회)

오늘날은 선거選擧판이 전쟁터나 마찬가지니 대통령大統領이나 국회의원國會議員이 되기 위해 선거에 나가는 것을 出馬라 한다. 곧 오늘날 선거에 出馬하는 것은 적敵을 향해 말을 타고 창槍을 휘두르며 죽음을 불사不辭하는 장수將帥와 같은 마음으로 행行하는 일이라 하겠다. 그러니 出馬해 뜻을 이뤘다면 그 마음으로 다시 국민國民과 국가國家를 위해 일하는 훌륭한 대통령이 되고, 국회의원이 되어야 할 것이다.

변방에 사는 늙은이의 말

그 외에 馬자 쓰임은 塞翁之馬(새옹지마)[23]에서도 볼 수 있다.

塞翁之馬는 '변방[塞]에 사는 늙은이의[翁之] 말[馬]'이라는 의미인데, 세상만사世上萬事는 변화變化가 많아 화禍가 복福이 되거나 복이 화가 되기도 하니 재앙災殃도 슬퍼할 게 아니며 행운幸運도 기뻐할 것이 아님을 이르는 말이다.

옛날 변방邊方에 사는 늙은이의 말이 오랑캐 땅으로 달아나 늙은이가 낙심落心했는데, 후에 달아났던 말이 좋은 말 한 필을 데리고 돌아와 횡재橫材를 했다. 하지만 그 좋은 말을 늙은이의 젊은 아들이 타다가 떨어져 다리가 부러지는 일이 생겨 늙은이는 다시 낙심했다. 그런데 얼마 안 있어 오랑캐가 침략해 많은 젊은이가 전쟁터에서 죽었지만 다리가 불편한 아들은 전쟁터에 나가지 않고 무사無事했다는 이야기에서 유래由來했다. 길흉화복吉凶禍福이 무상無常하다는 점을 시사示唆하는 말이다.

麥 [보리 맥] 옹기종기 모여 앉아 꽁당보리밥

"꼬꼬댁 꼭꼭 먼동이 튼다.
복남이네 집에서 아침을 먹네.
옹기종기 모여 앉아 꽁당보리밥~"

동요 〈꽁당보리밥〉 악보 일부

어려서 재미있게 불렀던 동요童謠다. 그 동요에 등장登場하는 '꽁당보리밥'은 '꽁보리밥'이라고도 하는데, 그냥 꽁보리로만 지은 밥을 말한다. 반면反面에 쌀에 보리를 섞어 지은 밥은 '보리밥'이라 한다.

그 동요를 부르던 시절時節만 해도 가난한 사람들의 상징象徵이었던 '꽁보리밥'이나 '보리밥'이 오늘날은 웰빙well-being 식품食品으로 각광脚光받고 있고, 별미別味 음식飮食으로 그 위상位相이 바뀌었다.

꽁당보리밥(상)과 보리밥(하)

보리가 몸에 좋은 이유理由는 여러 가지다. 각종各種 무기물無機物과 비타민을 다량多量 함유含有하고 있어 쌀 위주爲主의 식생활食生活에서 오는 영양營養 편중偏重을 보완補完해 주는 것으로 알려져 있다. 식이섬유食餌纖維가 풍부豐富해 다이어트와 성인병成人病 예방豫防에도 좋다고 한다.

보릿고개가 있었던 우리나라

외숙들과 함께한 필자

필자筆者도 모래를 먹어도 삭힐 만한 어린 시절, 정신없이 뛰어놀다 허기진 배를 달래기 위해 외할머니가 미리 삶아 광주리에 담아 놓은 꽁보리를 고추장에 쓱쓱 비벼 외숙外叔들과 함께 먹어본 적이 있다. 그야말로 꽁당보리밥, 꽁보리밥을 그렇게 먹었던 것이다. 아주 오래 전이지만 그때의 대글대글한 식감食感이 지금도 기억이 날 정도로 생생하다.

한때 보릿고개가 있었던 우리나라는 1960년대 들어 혼분식混粉食 장려운동奬勵運動에 의해 보리가 반드시 밥에 들어가야 하는 시절이 있었다. 당시 학교에서는 밥에 보리가 들었는지 확인確認하기 위해 선생님이 도시락 검사檢査까지 했다. 그 시절에 학교를 다녔던 사람들에게는 잊지 못할 추억追憶이라 하겠다.

麥자는 곧게 자란 줄기와 가지와 뿌리가 있는 보리

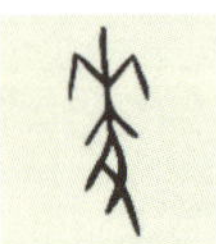

갑골문 麥자

금문 麥자

소전 麥자

갑골문 來자

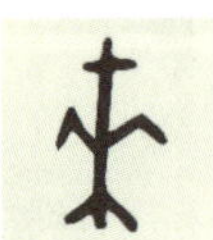

금문 來자

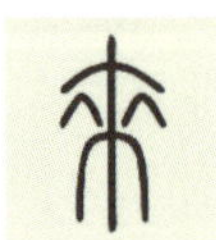

소전 來자

한자에서 바로 그 '보리'를 뜻하는 麥[보리 맥]자는 갑골문 자형으로 살피면 곧게 자란 줄기와 가지와 뿌리가 있는 보리를 간략하게 나타냈다.

하지만 원래 '보리'를 뜻하는 한자는 來[올 래]자였다. 그 來자가 후대後代에 '오다'의 뜻으로 빌려 쓰이게 되자, 다시 '보리'를 뜻하기 위해 麥자가 만들어진 것이다.

보리는 뿌리가 15~20cm정도지만 물이 부족하면 물을 찾아 땅속 깊이 들어가면서 더 길어지는데, 그 긴 뿌리를 나타낸 夊의 형태를 來자에 덧붙여 麥자의 자형이 이뤄졌다. 그렇게 보리를 나타낸 데서 麥자는 '보리'의 뜻을 지니게 된 것이다.

보리

대맥과 소맥

麥은 품종品種에 따라 다시 大麥(대맥)과 小麥(소맥)으로 나눠진다.

보리(좌)와 밀(우)

그중에 大麥이 오늘날 우리가 말하는 보리다. 반면에 보리에 비해 알곡이 작아 小[작을 소]자를 덧붙인 小麥은 밀이다. 따라서 小麥에 '가루'를 뜻하는 粉[가루 분]자를 덧붙인 小麥粉(소맥분)[1]은 '밀[小麥]을 빻아 만든 가루[粉]'인 밀가루를 이른다.

麥藁帽子(맥고모자)[2]의 麥자도 小麥인 밀과 관련이 있다. 麥藁帽子는 '밀[麥]짚[藁]으로 만든 모자[帽子]'를 이르기 때문이다. 곧 麥藁帽子는 밀짚모자인 것이다.

맥고모자(밀짚모자)

하지만 '콩'을 뜻하는 菽[콩 숙]자와 함께 쓰인 菽麥(숙맥)[3]의 麥자는 大麥인 '보리'와 관련이 있다. 따라서 菽麥은 '콩[菽]과 보리[麥]'를 의미하는 말이 된다.

중국中國 전국시대戰國時代에 진晉나라 제후諸侯였던 주자周子의 형이 콩[菽]과 보리[麥]를 서로 구분區分하지 못할 정도로 어리석었다는 데서 유래由來된 말이다. 오늘날 菽麥은 사리事理 분별分別을 못 하고 세상世上 물정物情을 잘 모르는 사람을 가

콩(상)과 보리(하)

주자(주희)

리키는 말로 쓰이고 있다.

이를 요즘 사람들은 청각적聽覺的 인상印象을 강強하게 하기 위해 어두음語頭音을 된소리로 발음發音해 우리말로 '쑥맥'이라 하는데, 이는 잘못된 것이다. "너 같은 숙맥더러 그런 말을 하는 내가 그르지『술 권하는 사회(현진건)』"에서처럼 '숙맥'으로 쓰고 '숭맥'으로 읽는 것이 맞는 표현이다.

아울러 菽麥이란 말의 유래由來에 등장하는 주자周子는 송宋나라 때에 주자학朱子學을 집대성集大成한 유학자儒學者 주자朱子와 다른 인물人物임을 분명히 구분區分해 알아 두어야 하겠다.

맥반석 계란

맥반석

또 목욕탕이나 찜질방에서 흔히 먹어볼 수 있는 음식인 麥飯石(맥반석)[4] 鷄卵(계란)의 麥飯石도 보리와 관련된 말이다. 麥飯石의 麥飯은 '보리밥'을 이르고, 石은 '돌'을 이르기 때문이다. 결국 麥飯石은 '보리밥[麥飯]을 뭉친 모양처럼 보이는 돌[石]'을 말한다. 그 麥飯石을 가열加熱하면 원적외선遠赤外線이 방출放出되는데, 이로 속부터 익혀 낸 계란이 바로 麥飯石 계란이다.

쌀보리(상)와 겉보리(하)

보리도 그 종류를 흔히 쌀보리와 겉보리로

大麥인 보리도 그 종류를 흔히 쌀보리와 겉보리로 나눈다. 탈

곡脫穀 후에 껍질이 남아 있지 않으면 쌀보리라 하고, 껍질이 남아 있으면 겉보리라 한다.

쌀보리는 주로 밥으로 해 먹는 데 사용된다. 겉보리는 주로 고추장이나 엿기름, 또는 술을 만드는 데 사용된다.

쌀보리로 밥을 해 먹을 때는 한 번 더 공정工程을 거쳐 壓麥(압맥)[5]이나 割麥(할맥)[6] 등으로 만들어 사용하기도 한다.

壓麥은 '비교적 낟알이 큰 쌀보리를 수증기水蒸氣로 쪄서 납작하게 눌러[壓] 가공加工한 보리[麥]'를 말하고, 割麥은 '세로로 2등분等分해 쌀처럼 나눠[割] 가공한 보리[麥]'를 말한다.

壓麥과 割麥은 집에서도 손쉽게 보리밥이나 잡곡밥을 지을 수 있도록 한 것이다.

압맥(상)과 할맥(하)

겉보리를 이용해 만드는

아울러 麥자는 술의 일종一種인 麥酒(맥주)[7]란 말에서도 그 쓰임을 엿볼 수 있다. 麥酒는 '겉보리[麥]를 이용利用해 만드는 술[酒]'이다. 이는 물을 주어 '보리[麥]에 싹[芽]이 트인 것'인 麥芽(맥아)[8]를 활용活用해 만들고 있다.

맥아

보리의 싹은 씨앗에 많이 함유含有되어 있는 녹말綠末을 당분糖分으로 바꾸어 성장成長 에너지를 얻는데, 그때 '맥아[麥芽]의 당분[糖]'이 바로 麥芽糖(맥아당)[9]이다. 결국 麥酒는 麥芽糖을 이용해 만들어지는 술이라 하겠다.

麥酒는 최근最近 조사調查 결과結果에 따르면 소주燒酒와 더

불어 우리나라 사람이 가장 좋아하며 많이 마시는 술이다. 그래선지 아예 두 술을 섞어 마시기도 하는데, 그것이 바로 燒麥(소맥)이다.

요즘에는 燒麥이 적절適切하게 혼합混合되도록 비율比率을 알려주는 燒麥盞(소맥잔)이 등장登場하기도 했다.

그 외에 麥酒만큼 많이 원료原料를 사용하는 것은 아니지만 보리 맛이 나는 '맥콜'이라는 음료수飮料水의 '맥'도 麥자의 음音을 빌려 그 명칭名稱이 이뤄졌다.

'맥콜'은 보리 추출액抽出液을 원료로 삼아 마치 콜라와 같은 색깔과 맛이 나도록 만들어진 음료수이기에 麥자의 음 '맥'과 콜라의 음 '콜'을 합쳐 그 명칭이 이뤄진 것이다.

소맥잔의 맥주

맥콜

뿌리가 보리 뿌리를 닮았다

그 외에 麥자는 원래 麥虋冬(맥문동)으로 썼지만 虋[차조 문]자가 어렵고 복잡한 한자라 같은 음인 門[문 문]자로 바꿔 쓴 麥門冬(맥문동)이란 풀의 이름에서도 그 쓰임을 살펴볼 수 있다. 麥門冬은 뿌리가 보리 뿌리를 닮았다 하여 麥자를 쓰고 있다. 또 麥門冬은 햇빛을 싫어하고 나무 그늘을 좋아하며, 추위에도 강하여 겨울에도 싱싱한 잎을 자랑한다. 따라서 '겨울'을 뜻하는 冬[겨울 동]자도 덧붙여 쓰고 있다.

6·25전쟁六二五戰爭이 일어난 이듬해인 1951년 1월에 유엔UN 군사령부軍司令部가 조성造成하기 시작始作한 부산釜山의 유

보리뿌리(상)와 맥문동뿌리(하)

엔군 묘지墓地에 1952년 12월 당시當時 미국美國 대통령大統領 당선자當選者 아이젠하워Eisenhower가 방문訪問하려 했을 때 묘지가 너무 황량荒凉한 흙 밭이라 한겨울임에도 어떻게든 푸르게 꾸미려 한 적이 있었다. 이를 당시 현대건설現代建設 정주영鄭周永 사장社長이 낙동강변洛東江邊에서 자라는 보리밭의 보리 싹을 흙 채로 떠다 옮겨 푸른 잔디밭처럼 만든 적이 있었는데, 당시 麥門冬이 요즘처럼 우리나라 곳곳에 식재植栽되어 있었으면 이로 보리 싹을 대신代身했을 것이다.

1950년대 유엔군 묘지

보리 이삭을 보고 탄식한다

그 외에 麥자는 폐허廢墟가 된 상商나라 궁궐宮闕터에 무성茂盛하게 자라고 있는 '보리[麥] 이삭[秀]을 보고 탄식한다[嘆(歎)]'는 麥秀之嘆(맥수지탄)[10]에서도 그 쓰임을 살펴볼 수 있다.

상나라 마지막 임금인 주왕紂王이 애첩愛妾 달기妲己와 주지육림酒池肉林에 빠졌는데, 숙부叔父인 기자箕子 등의 충고忠告를 듣지 않다가 결국 주周나라 무왕武王에게 패敗하여 나라를 망亡하게 했다. 그렇게 망한 상나라의 폐허가 된 궁궐터를 기자가 우연히 지나가면서 무성하게 자라고 있는 보리 이삭을 보고 탄식歎息했다는 데서 유래由來한 말이 바로 麥秀之嘆이다. 결국 麥秀之嘆은 나라가 망했음에 대해 탄식한다는 말이 되었다. 이는 달리 망국지탄亡國之嘆이라 하기도 한다.

주왕

기자

面
[낯 면]

무심코 그린 얼굴

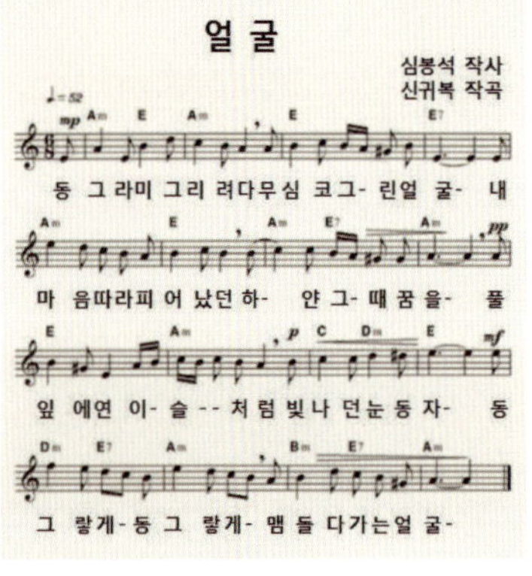

〈얼굴〉의 악보 일부

동그라미 그리려다 무심코 그린 얼굴
내 마음 따라 피어나던 하얀 그때 꿈을
풀잎에 연 이슬처럼 빛나던 눈동자
동그랗게 동그랗게 맴돌다 가는 얼굴

윤연선尹姸善이란 가수歌手가 부른 〈얼굴〉이란 노래 가사歌辭 일부一部다. 그 노래 제목題目인 '얼굴'은 원래 몸 전체全體와 관련해 '모습(형체)'이나 '꼴(틀)'을 의미했던 말이었다. 그러나 오늘날은 몸 전체에서 사람의 특징特徵이 가장 잘 드러내는 '낯'의 뜻으로 그 의미意味가 축소縮小되어 쓰이고 있다.

꼴 명
①겉으로 보이는 사물의 모양. ②사람의 모양새나 행태를 낮잡아 이르는 말. ③어떤 형편이나 처지 따위를 낮잡아 이르는 말.

'꼴'의 뜻

1447년에 쓰인 『석보상절釋譜詳節』의 "믜븐 사라매 일훔 쓰며 얼구를 맹가라 모딘 呪術로 빌며"를 '미운 사람의 이름을 쓰며 모습(형체)을 만들어 모진 주술로 빌며'로 풀이하는 데에서 얼굴이 애초에 '모습(형체)'의 의미로 사용되었음을 살펴볼 수 있다.

또 "잘생긴 놈은 얼굴값 하고 못생긴 놈은 꼴값 한다"는 속담에서도 얼굴이 꼴과 비교되는 말로 쓰이는데, 꼴이 사람의 모양새를 낮잡아 쓰이고 있는 데서도 얼굴의 원래 의미가 무엇인지 미뤄 짐작해 볼 수 있다.

'낯'은 사람이 옷을 입었을 때 겉으로 드러나는 맨 살의 부위

반면에 오늘날 '얼굴'과 같은 뜻으로 쓰이는 '낯'은 사람이 옷을 입었을 때 겉으로 드러나는 맨 살의 부위部位라 하여 '나다'에서 비롯된 말로 보인다. 그 낯은 다시 로마Roma 신화神話에 나오는 야누스Janus처럼 좌우左右 두 쪽으로 쪼개서 볼 수 있는데, 이때 한쪽의 낯을 '낯짝(낯쪽)'이라 한다.

야누스의 모습

그처럼 '낯'은 '낯바닥', '낯바대기', '낯배기', '낯판', '낯판대기' 등으로도 활용活用되고 있는데, 이들 말들은 모두 비속어卑俗語로 취급取扱받고 있다. 그렇게 '낯'이 비속어로 취급받고 있는 말에나 쓰이고 있어서인지 오늘날은 '얼굴'이란 말에 밀려난 지경地境이 되었다.

面자는 옆으로 본 낯의 윤곽 안에 눈

하지만 한자에서 面[낯 면]자는 여전히 그 뜻을 '낯'으로 지칭指稱하고 있다. 그런 面자는 갑골문 자형을 살피면 옆으로 본 낯의 윤곽輪廓 안의 눈으로 나타내고 있다.

갑골문 面자

소전 面자

청동의 인면구

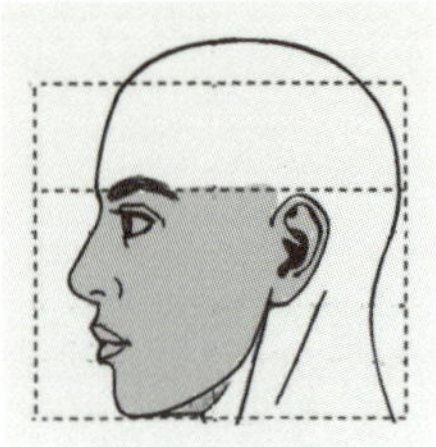

낯의 부위(어두운 부분)

낯의 윤곽에 눈만 나타낸 것은 눈이 낯에서 사람 주의注意를 가장 잘 끄는 부분으로, 눈으로 낯에 있는 모든 기관器官을 대표代表했기 때문이다. 게다가 사람의 낯을 옆으로 보면 코와 입과 귀는 낯의 윤곽과 이어지지만 눈만은 윤곽 안에 표현되기 때문에 그렇게 面자를 나타내면서 그 뜻이 '낯'이 된 것이다.

사실 '낯'은 사전辭典에 눈, 코, 입이 있는 머리의 앞면을 의미한다 했으나 좀 더 적확的確하게 말하면 눈썹 선부터 턱 끝까지를 말한다. 흔히 이마 끝부터 턱 끝이라고 알고 있는데, 이는 잘못 알고 있는 것이다.

顔面妨害와 安眠妨害

面자처럼 顔[낯 안·얼굴 안]자도 원래는 '낯'의 뜻으로 지칭指稱했다. 하지만 오늘날은 '얼굴'의 뜻으로 지칭하는 경우가 더 많은 것으로 보인다. 그렇게 같은 뜻을 지닌 두 한자는 서로 어울려 顔面(안면)이란 말로 흔히 쓰이고 있다.

나아가 顔面은 顔面沒收(안면몰수)·顔面薄待(안면박대)·顔面痲痺(안면마비)·顔面不知(안면부지) 등의 말로 활용되고 있다.

그처럼 顔面이 활용되는 말이 적지 않아서였을까. '안면방해'란 말을 한자로 '顔面妨害'라 여기는 사람이 적지 않다. 실제로 네이버Naver에서도 '안면방해'를 '한자로 바꾸기'로 출력出力하면 '顔面妨害'라 잘못 나타내고 있다. 마치 '안면방해'를 얼굴 앞에서 방해한다는 의미로 생각하고

네이버 한자로 바꾸기 '안면방해'

있는 것이다.

하지만 '안면방해'는 한자로 '安眠妨害'라고 써야 한다. 顔面이 아닌 安眠으로 써야 하는 것이다. '편안하게[安] 잠자려[眠] 하는데 방해하여[妨] 해롭게[害] 한다'는 의미의 말이 바로 '안면방해'인 것이다.

안면방해 安眠妨害 명
남이 잠잘 때 요란스럽게 굴어서 잠을 자지 못하게 함.

'안면방해'의 뜻

그처럼 한자를 잘못 쓰는 경우가 적지 않다. 예컨대 非命橫死(비명횡사)를 悲鳴橫死로, 百拜謝禮(백배사례)를 百倍謝禮로, 常勝街道(상승가도)를 上昇街道로, 千一夜話(천일야화)를 千日夜話로, 死後藥方文(사후약방문)을 死後藥房門으로 잘못 쓰는 경우와 같다.

또 한글로 잘못 표현해 쓰는 경우도 적지 않은데, 喜色滿面(희색만면)[1]이 바로 그처럼 쓰이는 말이다. '기쁜[喜] 빛[色]이 낯[面]에 가득하다[滿]'라는 의미의 喜色滿面에서 '낯'을 뜻하는 面자의 음 '면'을 '연'으로 바꿔 '희색만연'으로 잘못 이르는 사람이 적지 않기 때문이다.

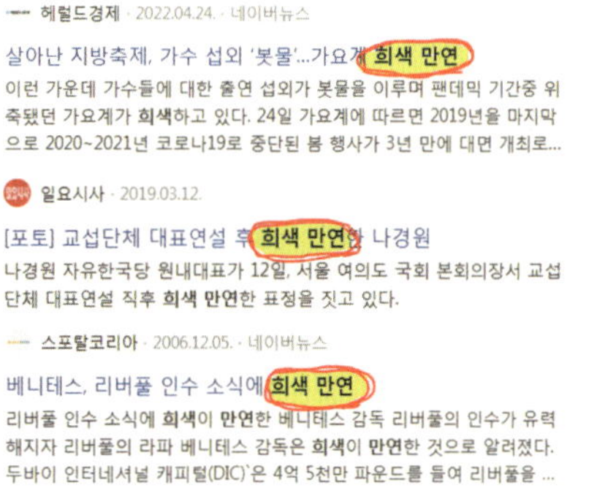
헤럴드경제 · 2022.04.24. · 네이버뉴스
살아난 지방축제, 가수 섭외 '봇물'...가요계 희색 만연
이런 가운데 가수들에 대한 출연 섭외가 봇물을 이루며 팬데믹 기간중 위축됐던 가요계가 희색하고 있다. 24일 가요계에 따르면 2019년을 마지막으로 2020~2021년 코로나19로 중단된 봄 행사가 3년 만에 대면 개최로...

일요시사 · 2019.03.12.
[포토] 교섭단체 대표연설 후 희색 만연한 나경원
나경원 자유한국당 원내대표가 12일, 서울 여의도 국회 본회의장서 교섭단체 대표연설 직후 희색 만연한 표정을 짓고 있다.

스포탈코리아 · 2006.12.05. · 네이버뉴스
베니테스, 리버풀 인수 소식에 희색 만연
리버풀 인수 소식에 희색이 만연한 베니테스 감독 리버풀의 인수가 유력해지자 리버풀의 라파 베니테스 감독은 희색이 만연한 것으로 알려졌다. 두바이 인터네셔널 캐피털(DIC)'은 4억 5천만 파운드를 들여 리버풀을 ...

'희색만연'으로 잘못 표기한 기사들

그처럼 '아연실색啞然失色'도 '아연질색'으로, '염치불고廉恥不顧'도 '염치불구'로, '철두철미徹頭徹尾'도 '철투철미'로, '사기앙양士氣昂揚'도 '사기악양'으로, '해괴망측駭怪罔測'도 '해괴망칙'으로, '일향만강一向萬康'도 '일양만강'으로, '절해고도絶海孤島'도 '절애고도'로, '토사곽란吐瀉癨亂'도 '토사광란'으로, '폐소공포閉所恐怖'도 '폐쇄공포'로, '사십구재四十九齋'도 '사십구제'로 잘못 이르는 사람이 적지 않다. 이처럼 쓰는 것은 한자를 모르기 때문이다.

임시로 낯에 쓰는 물건

가면무도회

수렵狩獵 채취採取로 연명延命을 했던 옛날에 사람은 짐승을 좀 더 쉽게 사냥하기 위해 변장變裝을 했는데, 이때 顔面에 사용한 것이 假面(가면)[2]이었다. 후에 살상殺傷한 짐승의 영혼靈魂을 위로慰勞하기 위해, 또는 주술적呪術的 목적目的이나 종교적宗教的 의식儀式을 행하기 위해 假面을 사용하기도 했다. 그렇게 사용된 假面은 '顔面을 감추거나 달리 꾸미기 위해 나무나 종이 따위로 만들어 임시로[假] 낯[面]에 쓰는 물건物件'이었다.

동삼동 패각가면

하지만 우리나라에서 가장 오래된 假面은 신석기新石器 조개무지 유적遺蹟인 부산釜山의 동삼동東三洞 패총貝塚에서 발견發見한 가리비 조개[貝] 껍데기[殼]로 만든 가면[假面]인 貝殼假面(패각가면)이다.

안동 하회탈

그 假面을 우리나라에서는 달리 '탈'이라고도 한다. 그러나 오늘날 假面은 대부분 이국적異國的이거나 고급高級스러운 이미지로 사용되는 반면, '탈'은 순박淳朴하고 토속적土俗的인 의미로 받아들이는 경우가 많다. 탈 가운데에는 안동安東의 하회탈이 유명한데, 양반탈·선비탈·초랭이탈·백정탈·할미탈 등이 있다. 현재 국보國寶로 지정指定되어 있다.

또 그런 '가면[假面]을 쓰고 여러 사람이 사교춤을 추며[舞蹈] 노는 모임[會]'은 假面舞蹈會(가면무도회)[3]라 하고, '가면[假面]을 쓰고 여러 사람이 토의[討]하고 논의[論]하는 모임[會]'은 假面討論會(가면토론회)[4]라 한다.

임시로 낯에 쓰는 물건

나아가 假面처럼 覆面(복면)[5]도 '덮어서[覆] 안면[面]을 가리는 물건'이다. 한데 假面은 특정特定 인물人物이나 사물事物 등을 감추기보다 상징화象徵化하여 나타내는 물건인 데 반反해 覆面은 남들이 알아보지 못하도록 낯 전부全部 또는 일부一部를 헝겊 따위로 싸서 가리는 물건이다. 영어英語로는 假面이든 覆面이든 마스크라 하는데, 마스크는 오늘날 병균病菌이나 먼지 따위를 막기 위해 입과 코를 가리는 물건을 이르는 말로 주로 사용되고 있다.

복면을 한 사람

마스크를 착용한 사람들

2019년 11월, 중국中國 후베이성湖北省 우한시武漢市에서 처음으로 발생한 급성急性 호흡기呼吸器 전염병傳染病인 코로나corona19로 전全 세계인世界人이 마스크를 유용하게 사용한 바가 있다.

나아가 코로나19 등과 같은 병균의 감염感染 예방豫防을 위한 마스크를 사용하는 일이 없어야 하듯 가스마스크gas mask인 防毒面(방독면)[6]을 사용하는 일도 없어야 할 것이다. '독[毒]을 막기[防] 위해 안면[面]을 가리는 물건'인 防毒面을 실생활實生活에서 쓴다는 것은 그야말로 큰 변고變故가 생겼다는 것이기 때문이다.

방독면을 쓴 아이

마스크에는 방한용으로 쓰이는 보온 마스크, 산업용으로 쓰이는 방진 마스크, 방역이나 황사 대비용으로 쓰이는 보건용 마스크, 음식을 만들 때 쓰이는 조리용 마스크, 쇠 따위를 서로 이어 붙일 때 쓰이는 용접 마스크 등이 있다.

철면피와 백면서생

철면을 쓰는 사람

그 외에 面자는 '쇠[鐵]로 만든 낯[面] 가죽[皮]'이라는 의미로, 염치廉恥 없고 뻔뻔스러운 사람을 낮잡아 이르는 말인 鐵面皮(철면피)[7]에서도 그 쓰임을 살펴볼 수 있다.

鐵面皮는 풀어서 달리 말하면 '낯(얼굴)에 철판 깔다'라고 할 수 있으며, '낯[顔]이 두꺼워[厚] 부끄러움이[恥] 없다[無]'는 후안무치厚顔無恥와 비슷한 말이라 할 수 있다.

옛날 서생(신윤복)

아울러 面자는 '흰[白] 낯[面]의 글[書] 읽는 사람[生]'이란 의미의 白面書生(백면서생)[8]에서도 그 쓰임을 엿볼 수 있다. 글만 읽고 바깥 활동을 하지 않으니 낯이 흰 것인데, 바깥세상 일에 경험經驗이 없는 사람을 이르는 말이기도 하다. 실전實戰 경험이 부족不足한 이를 부정적否定的으로 표현할 때도 사용되고 있다.

뿐만 아니라 面자가 뜻하는 '낯'은 體面(체면)이나 面目(면목) 등의 의미를 지니기도 한다. 우리나라 사람들이 너무 體面을 차린다고 해서 하는 말인 "조선 사람은 낯 먹고 산다"는 속담俗談이나 다른 사람을 대할 面目이 없을 정도로 미안未安한 마음이 있을 때에 하는 말인 '볼 낯이 없다'는 관용구慣用句의 '낯'에서 그런 의미의 쓰임을 살펴볼 수 있다.

면접은 한 사람의 인생에 있어서 중요한 일

사람은 사회적社會的 동물動物이다. 서로 더불어 살아야 하는 존재存在다. 해서 관계를 맺고 상호작용을 하며 살다 보면 종종 낯선 사람을 만나기도 하는데, 그렇게 만나 '처음[初] 대하는 낯[面]'이 바로 初面(초면)[9]이다.

또 '한 번[一] 낯[面]을 대해 안다[識]'는 말은 一面識(일면식)[10]이라 한다. 一面識은 서로 한 번 만나 인사人事나 나눈 정도로 조금 안다 함인데, 그렇게 '한 번[一] 낯[面]을 대했으나 오래[舊]된 것과 같이[如] 친밀하다'는 말은 一面如舊(일면여구)[11]라 한다.

또 오래전에 만나 '예[舊]부터 아는 낯[面]'이라면 舊面(구면)[12]이라 한다. 반면에 '한 번[一]이라도 낯[面]을 대하지 않아 알지[知] 못하다[不]' 할 때는 一面不知(일면부지)[13]라 한다.

나아가 一面不知인 '사람의 낯[面]을 접하는[接] 일'은 面接(면접)[14]이라 한다. 面接은 입학入學이나 비자visa 발급發給 등을 위해 행하기도 하지만 흔히 취업就業을 위해서도 행해지고 있다.

면접을 보는 모습

그렇게 취업을 위해 행해지는 面接은 한 사람의 인생人生에 있어서 아주 중요한 일이 되기도 한다. 따라서 정현종鄭玄宗 시인詩人은 「방문객」이라는 시詩에서 面接하는 상황에 대해 "사람이 온다는 것은 실은 어마어마한 일이다. 한 사람의 인생이 오기 때문이다"라고 표현했다.

面자는 '표면'이나 '향하다'를 뜻하기도

아울러 面자는 '낯'이 겉으로 드러나는 부위部位기 때문에 水

달마대사 면벽수도(대진)

面(수면)이나 路面(노면)에서처럼 '표면表面'을 뜻하기도 한다. 나아가 낯이 어떤 방향方向으로도 향할 수 있기 때문에 面壁(면벽)[15]이나 面墻(면장)[16]에서처럼 '향하다'의 뜻을 지니기도 한다.

'벽[壁]을 향하다[面]'라는 의미의 面壁은 面壁修道(면벽수도)[17]로 활용되고, '담[墻]을 향하다[面]'라는 의미의 面墻은 "알아야 면장을 한다"는 관용구慣用句에서 그 쓰임을 살펴볼 수 있다.

달마대사

面壁修道는 '벽[壁]을 향하여[面] 도[道]를 닦는다[修]'는 의미다. 그처럼 달마대사達磨大師가 벽[壁]을 향하여[面] 구 년[九年] 동안 수도修道를 했다는 데서 비롯된 말이 바로 面壁九年(면벽구년)이다.

"알아야 면장을 한다"는 말에서 '면장面墻'은 담[墻]을 향하고[面] 있으면 막힌 담으로 인해 앞을 보지 못하게 되고, 그로 인해 식견識見이 좁게 된다는 의미다. 배우지 않으면 담[牆]을 향하고[面] 있는 것처럼 아무것도 보이지 않기에 面墻의 상황을 면免하려면 알아야 한다는 말이 '알아야 면장面牆을 면免한다'는 것인데, 후대後代에 그 말을 잘못 줄여 오늘날은 그냥 "알아야 면장을 한다"라 하고 있다.

흔히 "알아야 면장을 한다"의 '면장'을 행정단위行政單位인 군읍면郡邑面의 面에서 일을 맡아보는 으뜸이 되는 있는 사람인 '면장面長'으로 잘못 아는 이들이 적지 않다. 그처럼 잘못 알고 있는 이들이 들어야 할 말이 바로 "알아야 면장을 한다"인 것이라 하겠다.

面자는 '방향'이나 '방면'의 뜻

또 面자는 '향하다'의 뜻에서 그 의미가 확대되어 兩面(양면)이나 反面(반면)에서처럼 향하고 있는 '방향方向'이나 '방면方面'의 뜻을 지니기도 한다.

아울러 兩面은 다시 物心兩面(물심양면)[18]으로, 反面은 다시 反面教師(반면교사)[19]로 활용되고 있다.

物心兩面은 '물질적인[物] 것과 정신적인[心] 것의 두[兩] 방면[面]'을 의미한다. "이 책이 나오기까지 물심양면으로 배려를 아끼지 않으신 출판사 관계자들께 감사를 드립니다"와 같은 글에서처럼 활용되고 있다.

反面教師는 '반대되는[反] 방면[面]의 가르침[教]을 스승으로[師] 삼는다'는 의미로, 사람이나 사물 따위의 부정적否定的인 면에서 얻는 깨달음이나 가르침을 주는 대상對象을 이르는 말이다.

반면에 사람이나 사물 따위의 긍정적肯定的인 면에서 교훈教訓을 주며 인격적人格的으로 바른 길을 제시提示해 주는 대상은 正面教師(정면교사)라 한다.

毛 [터럭 모] 털털하며 죽는다

〈성하직구〉(김득신)

강의講義에서 종종 언급言及하는 속담俗談이 "기술은 부자지간에도 털털하며 죽는다"는 말이다. 이때 '털털'의 '털'은 동물動物의 털이 아니다. 흔히 '털'하면 동물과 관련關聯지어 생각하나 동물의 털처럼 보이는 식물植物이나 무생물無生物과 관련될 때도 있다. 속담의 '털'은 추수秋收한 벼의 알곡을 털고 난 뒤의 지푸라기와 관련이 있다.

조선시대 짚신장수

옛날에는 지푸라기로 다양多樣한 생활도구生活道具를 만들었는데 짚신도 그중의 하나였다. 흔히 가업家業을 이어받던 시절時節에 한 집안에서 지푸라기로 짚신을 만들어 생계生計를 꾸리던 부자父子에게서 나온 말이 바로 "기술은 부자지간에도 털털하며 죽는다"는 속담이다.

늙은 아버지와 그에게 가업을 잇는 기술技術을 배운 젊은 아들이 짚신을 만들어 시장市場에 내다 팔았다. 한데 항상 늙은 아버지가 만든 짚신이 먼저 다 팔리고 난 뒤에야 젊은 아들이 만든 짚신이 팔렸다. 자신이 만든 짚신이 더 튼튼하다고 생각한 아들은 그 연유緣由에 대해 궁금해했지만 무슨 억하심정抑何心

情이 있어서인지 그 까닭을 캐묻지 않았다. 그러다 아버지 죽음을 앞두자 지금 물어보지 않으면 끝내 알 수 없다 생각해 그 까닭을 물었다. 그러자 아버지가 '털털'하며 죽었다는 것이다.

이는 마무리가 중요重要함을 이야기한 것인데, 이때의 털이 바로 식물인 지푸라기로 만든 짚신에 일어난 보풀을 이른다.

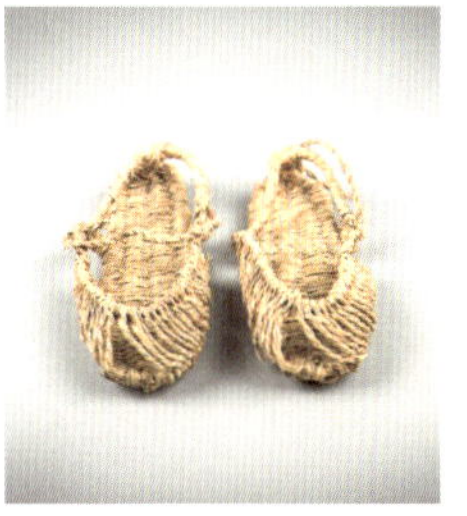
짚신

털과 터럭

'털'은 '터럭'이라 하기도 한다. 사전辭典에 터럭은 '사람이나 길짐승의 몸에 난 길고 굵은 털'이라 하고, 털은 '사람이나 동물의 피부에 나는 가느다란 실 모양의 것'이라 풀이하고 있다. 그 풀이대로 형태形態를 살피면 터럭은 '길고 굵은 것'이고, 털은 '가느다란 실 모양의 것'이 되는데 이는 모호模糊한 설명說明이다.

터럭과 털은 그 형태에 차이가 있는 게 아니다. '머리터럭'을 '머리털'이라 할 수 있는 데서 이를 짐작해 볼 수 있듯 '터럭'과 '털'은 그저 달리 부른 것이며, 더 명확히 말하면 본말인 '터럭'을 줄인 말이 '털'인 것이다.

머리터럭 명
머리털의 옛말.
우리말샘

'머리터럭'의 뜻

毛자는 깃가지와 깃대의 터럭

그런 털, 터럭을 뜻하는 한자는 毛[터럭 모]자다. 毛자는 깃가지를 몇 가닥의 짧은 선線으로, 깃대를 한 가닥의 긴 선으로 나

금문 毛자

소전 毛자

깃가지와 깃대의 터럭

타낸 한자다. 그렇게 깃가지와 깃대의 터럭을 나타낸 데서 뜻이 '터럭'이 되었다. 사람의 몸에 나는 터럭이 아니라 날짐승인 새의 터럭을 나타낸 것이다.

털 없는 원숭이

진화하는 사람의 모습

毛자처럼 '터럭'을 뜻하는 또 다른 한자는 髮[터럭 발] 자다. 두 한자는 서로 어울려 毛髮(모발)[1]이란 말로 쓰이고 있는데, 毛髮은 원래 '사람의 몸에 난 털을 통틀어 이르는 말'이다. 하지만 오늘날 毛髮은 주로 사람 머리의 터럭[毛髮]을 의미하는 말로 쓰이고 있다.

오늘날처럼 진화進化되기 전에 사람은 원숭이처럼 온몸에 털이 많았다. 그러나 직립直立하여 사냥 등의 활동活動을 하고, 문명文明이 발달發達되면서 몸에 옷을 걸치며 털이 몸을 보온保溫하고 보호保護하는 것을 대신代身하면서 겉으로 드러난 머리 부분의 터럭만 주로 남게 되어 毛髮은 결국 주主로 머리의 터럭을 의미意味하는 말로 쓰이게 된 것이다.

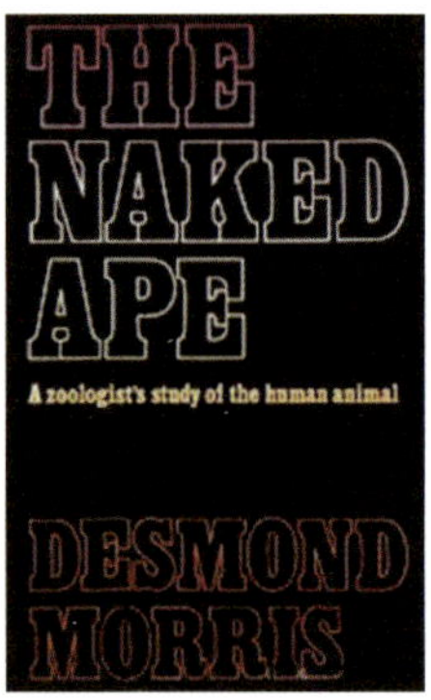

데즈먼드 모리스의 『The Naked Ape』

결국 오늘날의 사람은 毛髮이 남았지만 '털 없는 원숭이'였던 셈이다. 따라서 영국英國 동물행동학動物行動學의 권위자權威者 데즈먼드 모리스Desmond Morris라는 분이 인간人間의 근원根源에 대해 쓴 책册의 제목題目도 '털 없는 원숭이'이라 했다. 교육 현장에서 한자를 가르치시는 분들이라면 꼭 한번 읽어 보길 권勸하고 싶은 책이기도 하다.

세월은 머리카락을 가져가는 대신 지혜를 준다

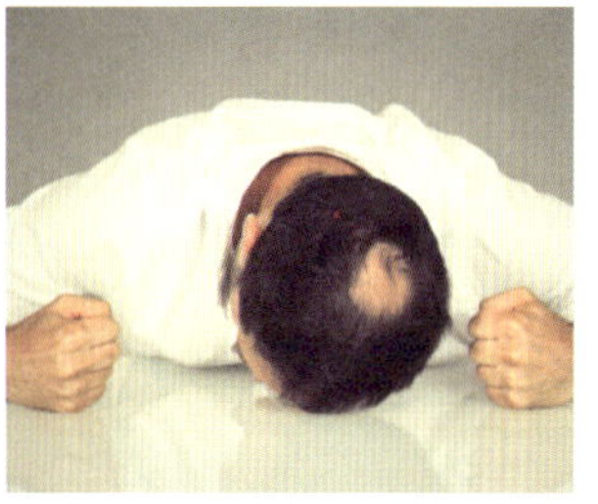
탈모로 고민하는 사람

터럭과 관련해 오늘날의 사람에게 생기는 문제問題는 머리 부분에 터럭이 빠지는 것이다. 마치 '몸에 있어야 할 터럭[毛]이 없는[無] 증상[症]'인 無毛症(무모증)[2]에 걸린 사람처럼 머리 터럭이 빠져 대머리가 되면 그런 상황에 처한 사람들은 고민苦悶을 하지 않을 수 없기 때문이다.

게다가 나이가 들면서도 점점 '터럭[毛]이 빠지는[脫] 증세'인 脫毛(탈모)[3]가 이뤄져 머리 터럭이 점점 성기게 된다. 하지만 "세월은 머리카락을 가져가는 대신 지혜를 준다"는 셰익스피어Shakespeare의 말처럼 脫毛는 노화老化에 따른 자연스런 현상現象이다.

다모증의 사람

그래도 젊은 사람들에게 脫毛가 이뤄지면 '터럭[毛]이 나게[發] 하는 약제[劑]'인 發毛劑(발모제)[4]를 사용하기도 하고, '터럭[毛]을 심는[植] 일'인 植毛(식모)[5]를 하기도 한다.

반대로 진화進化되어 '거센털[毛]이 나지 않아야 할 곳에 많이[多] 나는 증세[症]'인 多毛症(다모증)[6]도 문제가 되고 있다.

동물의 몸에서 나는 터럭

나아가 사람 몸에 나는 毛髮처럼 동물 몸에 나는 터럭으로 사람이 유용有用하게 사용하는 것에 羊毛(양모)[7]가 있다. 羊毛는 동물을 죽이지 않고 얻는 유일한 '양[羊]의 터럭[毛]'을 말하며,

그 '양의 터럭[毛]을 사용해 짠[織] 물건[物]'은 毛織物(모직물)[8]이라 한다. 양은 1년에 4kg쯤 羊毛를 생산하고, 이는 바지 1벌을 지을 수 있는 양量이 된다.

모피옷을 입은 고대인

반면에 양의 털을 사용해 만드는 毛織物이 양을 희생犧牲시키지 않는 것과 달리 毛皮(모피)[9]는 '죽인 짐승의 털[毛]이 그대로 붙어 있는 가죽[皮]'을 말한다.

그 毛皮는 인류人類가 옷을 만드는 데 있어 가장 원초적原初的인 재료材料 가운데 하나였다. 고대인古代人이 생존生存을 위해 사냥을 해 잡은 짐승의 고기는 먹고, 그 가죽을 사용해 옷으로 만들어 입었기 때문이다. 그 시절에는 섬유纖維를 가공加工해 毛織物과 같은 옷감을 만드는 기술技術이 없었기에 여러 풀잎이나 나뭇잎 외에 毛皮를 옷 만드는 데 사용했던 것이다.

밍크코트

그렇게 毛皮를 사용한 옷은 오늘날에도 이어지고 있다. 밍크코트와 같은 옷이 바로 그 毛皮로 만들어지고 있다. 그러나 그렇게 만들어지는 밍크코트 한 벌에는 밍크 55마리쯤이 희생犧牲된다고 한다. 따뜻하게, 멋있게 입자고 만드는 옷 한 벌을 향한 인간人間의 욕심慾心이 밍크 55마리를 희생시키고 있는 것이다.

밍크

모피를 위해 살찌운 여우

오늘날은 좋은 옷감이 많은 세상이다. 그 옷감으로도 충분히 따뜻하게, 멋있게 옷을 만들 수 있다. 그럼에도 최대한 많은 毛皮를 얻기 위해 채취대상採取對象인 동물을 최대한 살찌워 가며 학대虐待를 하고, 또 毛皮를 필요한 상태로 만드는 과정에서 심각한 환경오염環境汚染까지 하니 이에 대해 전향적轉向的인 생각을 가져야 하겠다.

양모는 모필을 만드는 데도 사용

뿐만 아니라 옛날 염소를 羊이라 했던 시절時節에 羊毛는 毛筆(모필)[10]을 만드는 데도 사용했다. 毛筆은 '터럭[毛]으로 만든 붓[筆]'인데, 羊毛 외에 黃毛(황모)[11]를 사용하기도 했다.

족제비

黃毛는 '족제비의 누런[黃] 꼬리털[毛]'로, 주로 빳빳한 세필細筆을 만드는 데 쓰였다.

원래부터 본바탕이 나쁜 것은 아무리 오래가도 그 본질本質을 바꾸지 못함을 비유적比喩的으로 이를 때에 "개 꼬리 삼 년 두어도 황모 못 된다"고 하는 속담俗談이 있는데, 그 속담으로 보면 黃毛는 毛筆을 만드는 데 좋은 평가評價를 받은 재료材料였음을 알 수 있다.

황모로 만든 붓

또 毛筆을 만드는 데 귀하게 사용된 털이 바로 靑鼠毛(청서모→청설모)[12]다. 靑鼠毛는 한자漢字로만 풀이하면 '청서[靑鼠]의 털[毛]'이 된다. 실제로 조선시대부터 오늘날까지 붓을 만드는 원료原料로 이 청설모를 많이 이용하고 있다. 워낙 이 털을 자주 언급言及하다 보니 후대에 '청서靑鼠'라는 이름보다 靑鼠毛가 아예 동물動物 이름이 되어 버렸다. 주객主客이 전도顚倒되어 배보다 배꼽이 커진 것이다.

청서(청설모)

쇠털같이 많다

그 외에 毛筆을 만드는 데 사용한 털로는 소의 털, 쇠털이 있

잘라낸 쇠털의 일부

다. 특히 소의 귀에 난 털을 사용했다. 그렇게 소귀의 털까지 사용하고 있는 데서 "소는 하품 빼고는 버릴 것이 없다"는 말이 틀리지 않음을 알 수 있다.

한데 소 한 마리가 지닌 털의 수數는 엄청나게 많다. 수가 셀 수 없이 많음을 비유적比喩的으로 이르는 말로 "쇠털같이 많다"라는 말이 괜히 생긴 게 아니다. 그런데 한 마리도 아닌 아홉 마리의 소에서 하나의 털은 극히 적은 하나가 될 수밖에 없다. 그래서 '아홉[九] 마리의 소[牛] 가운데 하나[一]의 터럭[毛]'이란 의미의 九牛一毛(구우일모)[13]는 매우 많은 것 가운데 극히 적은 수를 이르는 말이 되었다.

아울러 "쇠털같이 많다"라는 말을 "새털같이 많다"라고 잘못 사용하는 이들이 적지 않은데, 이 말 또한 이참에 확실하게 기억해 두어야 하겠다.

코끼리 꼬리

짐승의 털

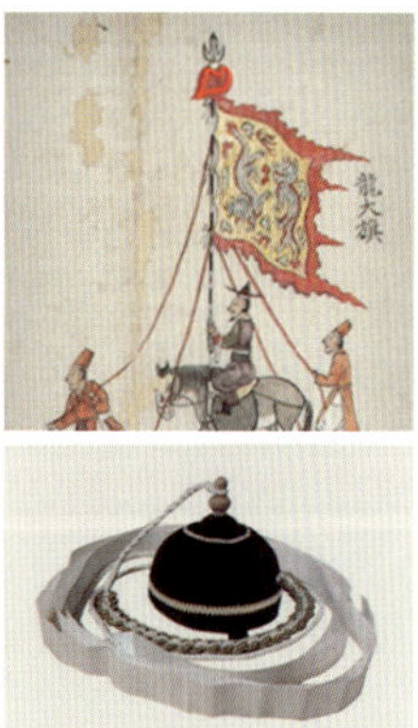

기 위의 상모와 벙거지의 상모

또 짐승의 털을 이르는 말에는 象毛(상모)[14]도 있다. 象毛는 한자 그대로 풀이하면 '코끼리[象] 꼬리의 터럭[毛]'이다.

하지만 오늘날에는 마치 그 코끼리 꼬리에 터럭처럼 생긴 기旗나 창槍 따위의 머리에 술이나 이삭 모양으로 만들어 다는 붉은 빛깔의 가는 털을 이르는 데도 쓰이고 있다.

아울러 풍물風物놀이에서, 벙거지 꼭지에다 해오라기의 털이나 긴 백지白紙 오리를 붙인 것을 이르기도 한다.

뿐만 아니라 毛자 쓰임은 '깃[翎]이 있는 새나 터럭[毛]이 있는 짐승을 그린 그림[圖]'인 翎毛圖(영모도)[15]에서도 살펴볼 수 있다.

영모도 〈삽살개〉(김두량)

翎毛圖는 작은 새와 작은 짐승인 개·고양이·다람쥐 등을 대상對象으로 그 털을 아름답고 정밀精密하게 그리는 소위所謂 '털 그리기'의 묘妙를 발휘發揮한 그림이다. '털'은 잘 생장生長하므로 풍요豐饒를 상징象徵하기도 하기에 그림의 대상으로 삼은 것이다. 바로 그 翎毛圖에 꽃과 새 등의 그림이 더해지면 花鳥翎毛圖(화조영모도)라 한다.

모세관이나 섬모나 편모

뿐만 아니라 毛자 쓰임은 毛細管(모세관)[16]이나 纖毛(섬모)[17]나 鞭毛(편모)[18]라는 말에서도 살펴볼 수 있다.

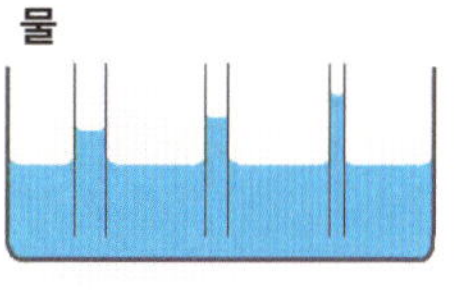

모세관현상 관련 그림

毛細管은 '털[毛]과 같이 가느다란[細] 대롱[管]'을 의미하고, 바로 그 毛細管에 생긴 현상現象은 毛細管現象(모세관현상)이라 한다.

毛細管現象은 가느다란 대롱인 毛細管을 액체液體 속에 넣어 세웠을 때, 대롱 안의 액면液面이 대롱 밖의 액면보다 높아지거나 낮아지는 현상을 말한다. 높아지거나 낮아지는 정도는 대롱의 반경半徑이나 액체의 밀도密度에 반비례反比例한다.

식물의 모세관현상

석유石油 등잔燈盞의 심지心地가 석유를 빨아올리는 것이나 종이가 잉크를 빨아들이는 것, 식물植物의 뿌리에서

섬모운동

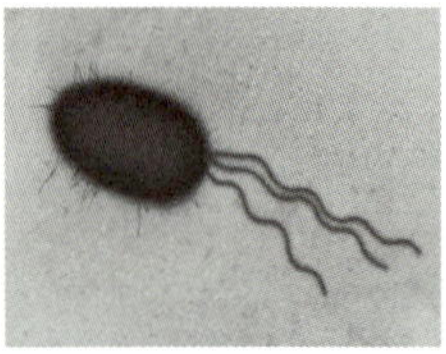
편모운동

물이 올라와 가지나 잎의 구석구석에까지 퍼져 들어가는 것 따위는 이 현상 때문에 일어나는 것이다.

纖毛는 '가는[纖] 털[毛]'을 의미하는데, 세포細胞의 표면表面에 돋아나 있는 가는 실 모양의 구조構造를 이르기도 한다.

그런 纖毛는 짚신벌레와 같은 원생동물原生動物 따위에 있으며 운동運動 능력能力을 지닌 세포의 한 부분이다. 그렇게 운동 능력이 있기에 그런 운동을 纖毛運動(섬모운동)이라 한다.

鞭毛는 세포의 일부가 분화分化하여 '긴 채찍[鞭] 모양의 털[毛]처럼 된, 운동 및 영양營養 섭취攝取의 세포기관細胞器官'을 말한다.

일부 세균細菌, 조류藻類, 균류菌類, 편모충류鞭毛蟲類나 동물動物의 정자精子에서 볼 수 있다. 纖毛에 비比해 수數가 적고, 길이는 길다. 그 鞭毛의 운동을 鞭毛運動(편모운동)이라 한다.

불모지나 이모작

불모지

아울러 땅에서 나는 풀과 같은 식물은 마치 동물 몸에서 나는 터럭과 같기에 毛자는 '풀'이나 '식물'의 뜻을 지니기도 한다. 不毛地(불모지)[19]나 二毛作(이모작)[20]의 毛자가 바로 그런 뜻으로 쓰이고 있다.

不毛地는 '풀[草]이 자라지 않는[不] 거칠고 메마른 땅[地]'을 이른다. 나아가 어떠한 사물事物이나 현상現象이 발달發達되어 있지 않은 곳, 또는 그런 상태狀態를 비유적으로 이르는 데도 쓰이는 말이다.

인생 이모작(서울노동권익센터)

二毛作은 '1년年에 두[二] 번 같은 땅에서 종류種類가 다른 식물[毛]인 농작물農作物을 짓다[作]'라는 의미다. 예컨대 논에 봄에서 가을까지 벼를 심어 가꾸고, 가을에서 봄까지 보리나 밀을 심어 가꾸는 경우다.

그처럼 인생人生에서도 二毛作이 가능可能하다. 퇴직退職 전前에는 자신自身과 가족家族을 위해 인생을 경영經營하고, 퇴직 후後에는 타인他人과 사회社會를 위해 인생을 경영하는 것이 그런 경우다.

모수자천이나 모택동

모수자천 관련 그림

그 외에 毛자는 사람의 성姓에도 그 쓰임을 엿볼 수 있는 한자다. 毛遂自薦(모수자천)[21]이나 毛澤東(모택동)[22]의 毛자가 그렇게 쓰이고 있다.

毛遂自薦의 毛遂는 사람 이름이다. 그 毛遂는 전국시대戰國時代 사군자四君子 가운데 한 사람으로, 조趙나라 혜문왕惠文王의 동생同生이자 재상宰相인 평원군平原君의 식객食客으로 있었다. 그때 조나라에 진秦나라가 쳐들어오자 평원군이 초楚나라에 구원救援을 청請하기 위해 20여 명의 수행원隨行員을 물색物色할 때에 남은 한 자리를 毛遂가 자신을 천거薦擧한 데서 유래由來한 말이 바로 毛遂自薦이다.

毛遂自薦은 결국 '모수[毛遂] 스스로[自] 천거[薦]하다'라는 말

포스터로 살펴본 모택동

이다. 그렇게 스스로 나선 毛遂는 초나라에 가서 주머니[囊] 속의[中之] 송곳[錐]처럼 낭중지추囊中之錐가 되어 큰 활약活躍을 하고, 구원병救援兵을 얻는 데 도움을 주었다.

모택동 초상화

毛澤東(1893~1976)은 중국 정치가政治家로, 중국어中國語 발음發音대로 하면 '마오쩌둥'이라 하지만 우리 한자음漢字音으로는 '모택동'이라 한다. 원래 '한국어 어문 규범 외래어 표기법'에 중국 인명人名은 1911년 신해혁명辛亥革命을 분기점分岐點으로 이전以前과 이후以後를 구분區分해 표기標記를 달리한다고 했다. 곧 그 이전 인물人物은 종전從前의 한자음대로 표기하고, 그 이후 현대 인물은 중국어 원음原音을 따라 표기하는 것을 원칙原則으로 하며 필요한 경우 한자를 병기倂記하도록 했다. 하지만 한자음으로 읽는 관행慣行이 있는 毛澤東과 같은 인명은 한자음 표기를 허용許容하기도 한다.

문화대혁명 당시의 모습

그 毛澤東은 1931년 이래 중국공산당中國共產黨의 지도자指導者로, 1949년 공산共產 정권政權 수립樹立과 동시同時에 중국의 초대初代 국가주석國家主席에 취임就任해 1959년까지 역임歷任했다. 국가주석을 사퇴辭退한 이후에는 사망死亡할 때까지 당주석黨主席을 역임했으며, 1965년 이후 문화대혁명文化大革命을 지도指導한 인물이다.

木 [나무 목] 나무의 본질이 줄기와 가지

피에트 몬드리안

네덜란드 화가畵家 피에트 몬드리안Piet Mondrian은 세상世上 만물萬物은 끊임없이 변變하는데, 겨울나무의 앙상한 가지에 봄이 되면 푸른 새싹이 돋고 여름이 되면 무성茂盛한 잎사귀가 달리며 가을이 되면 단풍丹楓으로 바뀌는 모양을 겉으로 드러나도록 그대로 그리는 것은 아무 의미意味가 없다고 생각했다.

해서 사계절四季節이 바뀌어도 변하지 않은 나무의 본질本質이 줄기와 가지에 있다고 보면서 나무를 그릴 때 줄기와 가지만으로 표현表現했다.

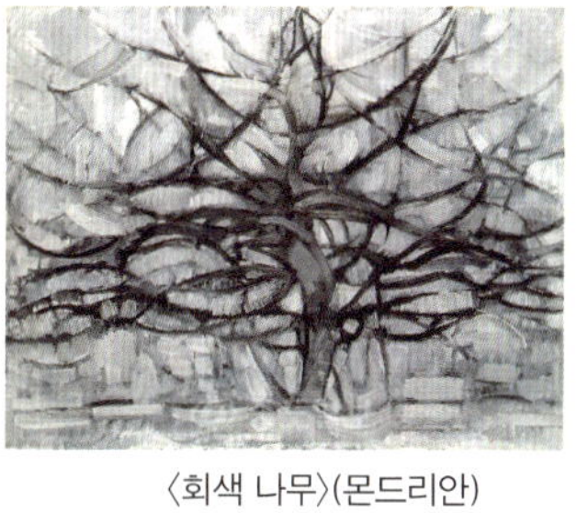

〈회색 나무〉(몬드리안)

나아가 그렇게 표현한 자신 작품作品에 대해 진리眞理와 근원根源을 묘사描寫한 것이라 했고, 이를 위해 그림을 기하학적幾何學的으로 단순화單純化시켰다 주장主張했다.

성장하기 위해 잠시 잎을 떨어뜨리고 있는 나무

하지만 그처럼 본질은 변하지 않아도 나무의 줄기와 가지 모

잎사귀를 떨어뜨린 나무

양도 끊임없이 변한다. 계속繼續해 자라고 있기 때문이다.

한자 木[나무 목]자는 바로 그런 나무가 크게 자라기 위해 잠시 잎사귀를 떨어뜨리고 있는 모양을 나타냈다. 마치 사람이 새로운 옷으로 갈아입기 위해 입고 있던 옷을 벗듯, 새로운 잎사귀를 달기 위해 잠시 잎을 떨어뜨린 나무로 나타낸 것이다.

다만 사람은 매일처럼 옷을 갈아입는 데 비해 나무는 일 년에 한 번 옷을 갈아입을 뿐이다. 나무가 잎사귀를 떨어뜨리고 봄이 되어 다시 새로운 잎사귀를 다는 것이, 사람이 꼭 1월 1일 옷을 입고 다음해 1월 1일 옷을 갈아입는 것과 같은 모양새다. 그때 사람은 같은 크기의 옷을 입을 수 없다. 성장成長했기 때문이다. 그처럼 잎사귀가 없는 나무는 죽은 나무가 아니라 성장하기 위해 잠시 잎을 떨어뜨리고 있는 나무인 것이다.

木자는 잎을 떨어뜨린 나무

잎을 떨어뜨린 나무

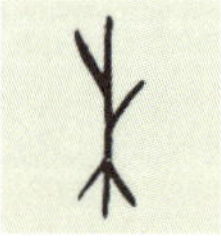

갑골문 木자

금문 木자

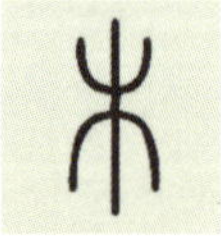

소전 木자

木[나무 목]자는 갑골문이나 금문 자형字形으로 보면 잎이 없는 나무를 최대最大한 간략簡略하게 나타내고 있다. 그렇게 나무의 본질本質이 되는 부분部分만 나타내면서 그 뜻이 '나무'가 되었다. 곧 나무의 줄기와 가지와 뿌리만으로 그 자형이 이뤄진 것이다.

나목과 수목

박완서의 『나목』

나무는 잎이 진 겨울에 나이테를 만든다. 잎이 져 없지만 더 크기 위해 벌거벗고 있는 것이다. 그렇게 '잎이 없이 벌거벗은[裸] 나무[木]'는 裸木(나목)[1]이라 한다.

화가畫家 박수근朴壽根은 裸木을 많이 그린 분으로 유명有名하다. 소설가小說家 박완서朴婉緖가 그런 그의 삶을 글로 쓰고, 제목題目으로 붙인 것도 바로 『裸木』이다.

물향기 수목원

裸木의 木자와 같은 뜻의 한자가 街路樹(가로수)·針葉樹(침엽수)·常綠樹(상록수)·菩提樹(→보리수)에 공통共通으로 쓰인 樹[나무 수]자인데, 樹자는 木자와 어울려 '모든 나무를 통틀어 이르는 말'인 樹木(수목)[2]으로 쓰이고 있다.

나아가 樹木은 다시 '많은 나무[樹木]를 볼 수 있는 작은 산이나 언덕으로 이뤄진 동산[園]'인 樹木園(수목원)[3]이나 '시신屍身을 화장火葬한 뒤 뼛가루를 나무[樹木] 밑에 묻는 장례[葬]'인 樹木葬(수목장)[4]의 말로 활용되고 있다.

사람이 죽어 들어가는 상자로 된 나무

樹자는 자라는 나무를 뜻하지만 木자는 자라는 나무뿐 아니라 땔감이 되는, 약재藥材가 되어 주는, 생활도구生活道具를 만드는 데 사용되는, 심지어 사람이 죽어 들어가는 상자箱子를 만드는 나무와도 관련이 있다.

집을 짓는 대목(목수)

이때 나무는 '인간의 편리를 위해 재료[材]가 되어 주는 나무[木]'인 材木(재목)[5]으로 역할을 하기에 木자는 '나무[木]로 된 재료[材]'인 木材(목재)[6]의 뜻을 지니기도 한다.

그 材木을 사용하는데 주로 '큰[大] 목재[木]를 사용해 집 등의 건축물建築物을 만드는 사람'이면 大木(대목)[7]이라 하고, 비교적 '작은[小] 목재[木]를 사용해 가구家具 등을 만드는 사람'이면 小木(소목)[8]이라 한다. 大木은 '재목[木]을 다루는 사람[手]'인 木手(목수)[9]를 높여 부르는 말이기도 하다.

내 나무 찾기

내 나무 찾기 맵(산림청)

樹자는 자라는 나무를 이르기에 북한北韓에서는 자라는 나무 심는 날을 식수절植樹節이라 한다. 반면에 우리는 '나무[木] 심는[植] 날[日]'을 植木日(식목일)[10]이라 한다. 그럼에도 기념紀念(記念)으로 나무 심는 일은 기념식수紀念植樹라 하여 북한처럼 식수植樹를 쓰고 있다.

옛날에는 '내 나무'라 하여 아이가 태어나면 그 아이 몫으로 부모가 기념식수를 했다. 계집아이면 오동나무, 사내아이면 소나무를 주로 심었다. 그렇게 심어서 키운 오동나무는 딸이 시집을 갈 때에 베어서 반닫이 등의 가구家具를 만들어 줬고, 소나무는 아들이 죽었을 때 관棺을 만드는 데 사용했다. 이로써 부모가 자식을 사랑하는 마음이 지극至極함을 알 수 있었다.

하지만 유감스럽게도 오늘날에는 잊혀 가는 풍습風習이 되었다. 다행히 일각一角에서 이런 의미 있는 풍습을 되살리려는 시도試圖가 있는데, 그것이 산림청山林廳이 실시하고 있는 '내 나무 갖기 운동'이다. 산림청이 그런 운동을 하면서 만든 '내 나무 찾기'의 자료資料를 통해 내 나무가 어떤 수종樹種인지 알아 두는 것도 의미 있는 일이라 하겠다.

'내 나무 갖기' 캠페인
(산림청)

누군가 말했다. "내일 지구의 종말이 온다 하더라도 나는 오늘 사과나무를 심겠다"고. 나무는 그처럼 희망希望이 되어 주는 존재기 때문이다.

관목과 교목

나무는 그 크기에 따라 灌木(관목)[11]과 喬木(교목)[12]으로 나뉜다. '더부룩이[灌] 자라는 나무[木]'인 灌木은 '떨기나무', '8m 이상 높게[喬] 자라는 나무[木]'인 喬木은 '큰키나무'라 하기도 한다.

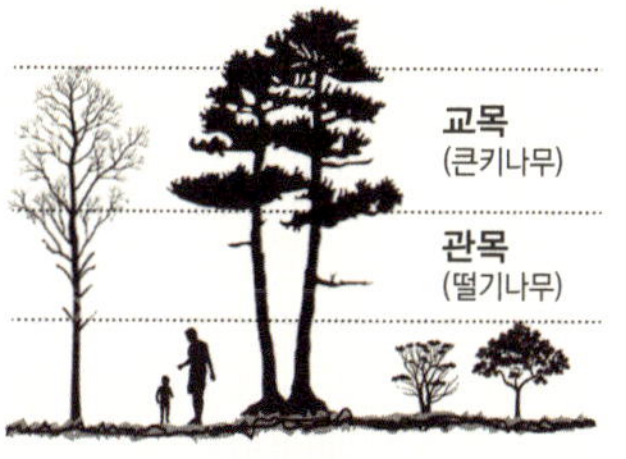

나무 크기에 따른 분류

또 喬木으로, 사람이 봤을 때 '큰[巨] 나무[木]'는 巨木(거목)[13]이라 한다. 우리나라에는 널리 알려진 巨木들이 곳곳에 있다.

지리산智異山 한 자락에 있는 남원南原 뱀사골 와운臥雲마을의 천연기념물天然記念物 제424호인 천년송千年松도 그 가운데 하나다.

남원 뱀사골 와운마을 천년송

巨木은 좋은 환경環境에서만 자랄 수 있다. 곧 巨木이 자라는 곳은 그 풍토風土가 좋다는 것이다. 따라서 巨木이 자라는 곳은 사람에게도 좋다. 실제로 장수長壽하는 사람이 많고, 큰 인물人物이 난다. 그 때문인지 큰 인물을 巨木이라 표현하기도 한다.

巨木이 되려면 오랜 시간時間이 걸려야 한다. 그렇게 巨木으로, 여러 해 자라 더 크지 않을 정도로 '오래된 옛날[古] 나무[木]'는 古木(고목)[14]이라 한다. 또 한글로 똑같은 '고목'이나 '말라서[枯] 죽은 나무[木]'는 枯木(고목)[15]이라 하며, '약재藥材로 쓰는 열매나 껍질에서 쓴[苦] 맛이 나는 나무[木]'는 苦木(고목)[16]이라 한다.

지리산 제석봉 고목

나아가 '말라[枯] 죽은 나무[木]에서 꽃[花]이 난다[生]'는 의미로, 곤궁困窮한 처지에 빠졌던 사람이 행운幸運을 만나서 잘됨을 비유적比喩的으로 이르거나 늘그막에 아기를 낳거나 대가 끊길 지경地境에 대代를 이을 아들을 낳음을 이르는 말은 枯木을 써서 枯木生花(고목생화)[17]라 한다.

소태나무

苦木은 흔히 '소태나무'를 이르기도 하는데, 맛 따위가 몹시 쓸 때에 "소태 같다"고 하는 말의 '소태'와 관련이 있다.

주목과 황양목과 벽조목

덕유산 주목나무

또 말라 죽은 나무로 천년千年을 간다는 나무가 朱木(주목)[18]이다. 朱木은 살아서도 천년을 간다고 한다. 따라서 朱木을 일러 "살아 천년, 죽어 천년"이라는 말로 표현하고 있다.

'껍질과 줄기 중심부中心部인 심재心材가 붉은[朱] 나무[木]'라 하여 朱木이라 한다. 천년 동안이나 느리게 자라기 때문에 나무 조직이 치밀緻密하고 재질材質이 단단해 예부터 최고급最高級 목재木材로 여겨졌다.

아울러 朱木만큼 단단한 재질을 지닌 나무가 黃楊木(황양목)[19] 이다. 黃楊木은 '줄기 중심부인 심재가 누렇고[黃] 가지가 단단하면서 위로 뻗는 버들[楊]과 같은 나무[木]'라 하여 그처럼 부른 것으로 보인다.

자연 황양목 도장

오늘날은 그 말이 약간 바뀌어 흔히 '회양목'이라 하기도 하며, 주로 도장圖章을 만드는 데 사용하기에 '도장나무'라 하기도 한다.

울타리로 심은 회양목

자연自然에서는 5~6m쯤 웬만한 크기 나무만큼 자라지만 우리 주변에서는 무릎 높이만큼으로 자란 것을 울타리 조경造景을 한 곳에서 흔히 볼 수 있다.

黃楊木을 도장을 만드는 데 사용하듯 대추나무도 심재가 단단하여 도장을 만드는 데 사용하기도 한다. 그처럼 도장을 만들 때는 특히 벼락을 맞은 대추나무를 귀貴하게 여겼다.

이는 예부터 민간民間에서 대추나무를 양기陽氣가 깃든 나무로 여겼는데, 벼락이 그런 나무에 더욱 양기를 더해 준다고 생각했기 때문이다. 그래서 번개를 맞은 대추나무는 그야말로 양기가 최고最高인 존재存在로 여겼고, 양기가 세니 당연히 귀신鬼神을 쫓을 수 있다고 생각했다.

벽조목

따라서 화禍를 멀리하고 복福을 부르기 위해 도장을 만드는 데 사용한 것이다. 그렇게 '벼락[霹]을 맞은 대추나무[棗木]'를 霹棗木(벽조목)[20]이라 한다.

황장목과 춘양목

황장목

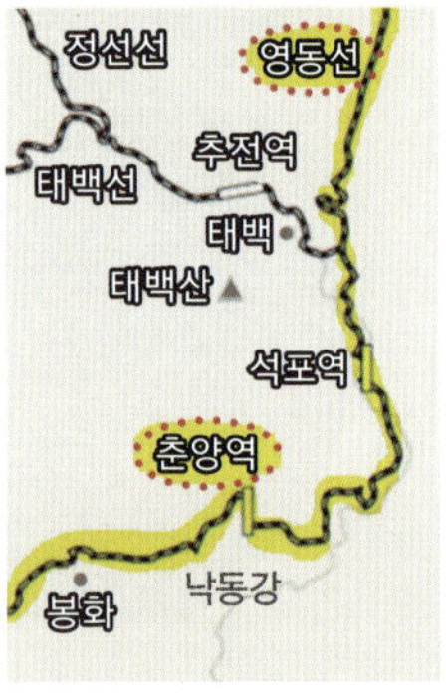

춘양역 주변 지도

도장을 만드는 黃楊木과 달리 옛날 임금이 붕어崩御하면 관棺을 만드는 데 사용했던 나무는 黃腸木(황장목)[21]이었다.

黃腸木은 '소나무 일종으로, 속이 누런[黃] 양의 창자[腸]처럼 보이는 나무[木]'를 이른다. 이를 일제강점기日帝强占期에는 금강송金剛松이라 했고, 그 금강송이 경북慶北 봉화奉化의 춘양역春陽驛을 통해 외지外地로 나가면 春陽木(춘양목)이라고도 했다.

春陽木은 태백산太白山 일대에 자라는 黃腸木으로, 추위에 강하지만 성장속도가 느리다. 따라서 나이테가 촘촘해져 재질이 단단한 데다 송진松津 함유량이 많아 잘 썩지 않는 특징이 있다. 보통 35m 높이 정도로 자라는데, 오래전부터 궁궐宮闕 보수補修에 쓰였다. 2008년 소실燒失된 숭례문崇禮門 복구復舊에도 쓰였다.

세 번 놀란다고 하는 나무

아울러 나무 가운데에는 사람을 세 번 놀라게 한다는 나무가 있다. 그게 바로 모과나무다. 모과나무는 꽃은 아름다운데 열매는 못생겨서 한 번 놀라고, 열매는 못생겼는데 향기가 매우 좋아서 두 번 놀라고, 향기가 그렇게 좋은데 맛이 없어서 세 번 놀란다고 하는 나무다.

못생긴 그 열매는 한자로 木瓜(모과·목과)[22]라 하는데, 이를 흔히 음音의 일부一部를 탈락脫落시켜 '모과'라 하고 있다. 한방韓方에서 약재藥材로 쓸 때는 원음原音 그대로 '목과'라 한다.

木瓜는 그 모양이 참외 비슷하게 생겼다. 따라서 '참외'를 뜻하기도 하는 瓜[오이 과]자를 덧붙여 木瓜라 했다. '나무[木]에 참외[瓜]처럼 보인 열매'가 달린 데서 그런 명칭名稱으로 불린 것이다.

하지만 토종土種 木瓜의 경우 열매 표면表面이 울퉁불퉁해 흔히 못생긴 과실果實의 대명사代名詞로 불리고 있다. 해서 "어물전 망신은 꼴뚜기가 시키고, 과물전 망신은 모과가 시킨다"는 속담俗談이 생겼다.

모과나무의 꽃

모과나무의 열매

목련과 목란

그 외에 木蓮(목련)[23]은 '나무[木]에 연꽃[蓮] 모양으로 피는 꽃'이라 하여 '연꽃'을 뜻하는 蓮[연꽃 련]자를 덧붙여 그 명칭名稱이 이뤄졌다.

다시 꽃잎이 희면 白[흰 백]자를 덧붙여 白木蓮(백목련)이라 하고, 꽃잎이 자줏빛이면 紫[자줏빛 자]자를 덧붙여 紫木蓮(자목련)이라 한다.

지구에 벌과 나비가 출현出現하기 전부터 자랐던 나무이기에 벌과 나비를 유인誘引하는 꿀샘이 없다. 대신 꽃가루를 먹는 딱정벌레 등을 유인하는데, 그 때문인지 향香이 강强하고 멀리 퍼지는 꽃을 피운다.

백목련(상)과 자목련(하)

산목련(목란)

아울러 산 중턱 골짜기 등에서 자생自生하는 목련도 있는데, 이는 山[뫼 산]자를 덧붙여 山木蓮(산목련)이라 한다.

한데 예부터 우리나라는 꽃이 크고 풍성하면 함박꽃이라 하고 있다. 따라서 木蓮이나 山木蓮도 꽃이 크고 풍성해 비슷하게 피는 꽃인 목단牧丹(모란)과 작약芍藥과 더불어 모두 '함박꽃'이라 부르기도 한다.

목단(상)과 작약(하)

그처럼 山木蓮도 원래 '함박꽃나무'라 했는데, 북한北韓의 통치권자統治權者였던 김일성金日成은 山木蓮을 보고 나무[木]의 꽃에서 나는 청아淸雅한 향이 난초[蘭]와 같다 하여 木蘭(목란)이라 개칭改稱했다. 그리고 1991년 북한의 국화國花로 지정指定했다.

북한 우표의 목란

아낌없이 주는 나무

준경묘 황장목의 벌목

뿐만 아니라 나무는 예부터 사람들에게 매우 유용有用한 존재存在가 되어 주고 있다. 그 잎이나 가지로는 대개 불을 피우고, 가지에서 나는 열매는 중요한 먹을거리가 되며, 줄기는 집 등을 짓는 데 중요한 역할을 해 주고 있기 때문이다. 뿐만 아니라 일부 나무는 수액水液까지 내어 주고 있다. 그리고 무엇보다 중요한 산소酸素를 제공提供해 주고 있다. 따라서 사람들은 나무를 일러 '아낌없이 주는 나무'라 하기도 한다.

그렇게 아낌없이 자신을 내어 주는 '나무[木]를 쳐서[伐] 베다'

라는 말은 伐木(벌목)[24]이라 한다. 또 伐木을 할 때에, '열[十] 번 쳐서[伐] 베는 나무[木]'라는 의미의 말은 十伐之木(십벌지목)[25]이라 한다.

하지만 오늘날 十伐之木은 열 번 찍어 안 넘어가는 나무가 없다 함을 의미하는 말로 쓰이고, 어떤 어려운 일이라도 여러 번 계속繼續해 끊임없이 노력努力하면 기어이 이루어내고야 만다 함을 이르는 말로 쓰이고 있다. 아울러 아무리 마음이 굳은 사람이라도 여러 번 계속해 말을 하면 결국結局 그 말을 듣게 된다 함을 이르기도 한다.

아마존 지역의 밀림

그러나 아낌없이 주는 나무도 세계 곳곳에서 한계限界에 다다르고 있다. 오늘날 지나친 伐木으로 '지구地球의 허파'인 아마존Amazon 열대우림熱帶雨林처럼 갈수록 숲이 사라지고 있기 때문이다.

아마존 지역의 벌목 현장

그처럼 숲이 사라지고 있음을 한자漢字로 잘 표현表現한 광고廣告가 있다. 우측右側 자료資料를 보면 처음에 木자가 셋으로 쓰인 森[빽빽할 삼]자가 林[수풀 림]자로 바뀌고, 그러다 木자로 바뀌고, 다시 십자가十字架 형태形態인 十자로 점점漸漸 줄어들고 있다. 빽빽한 나무들이 묘지墓地 앞의 십자가로 변하는 느낌이 들게 표현하고 있는 것이다.

자연보호 관련 WWF의 광고

이는 나무가 줄어들면 인간人間도 결국에 최후最後를 맞이하게 될 것이라는 점點을 시사示唆하고 있다. 아마도 마지막 존재. 첫마디 말로 줄이면 아마존. 그런 아마존처럼 되면 안 될 것이다.

木자는 '무명'의 뜻을 지니기도

목화의 여러 모양

棉 목화 면

부수	木(나무목, 4획)
모양자	木(나무 목) + 帛(비단 백)
총획수	12획
유니코드	U+68C9

棉자 관련 자료

木棉 [mùmián]

① 식물 목면. 케이폭수(樹).
② 케이폭.
③ 방언 면화. (=草棉)

木棉 관련 자료

목화

그 외에 木자 쓰임은 木花(목화)라는 말에서도 살펴볼 수 있다. 조선시대朝鮮時代 영조英祖가 새로운 왕비王妃를 뽑으며 세상世上에서 가장 아름다운 꽃이 무엇이냐 물었을 때 백성百姓을 따뜻하게 하는 木花가 가장 아름답다고 하며 왕비로 간택揀擇된 정순왕후貞純王后의 말처럼 木花는 '꽃'을 뜻하는 花[꽃 화]자가 덧붙여진 한자다.

하지만 木花의 쓰임은 꽃이 변한 열매에 맺히는 솜인데, 오늘날은 오히려 바로 그 솜을 꽃으로 여겨 꽃다발을 만들기도 한다.

한데 대부분 우리나라 사람은 木花를 흔히 초본식물草本植物인 풀로만 알고 있다. 그러나 그 원산지原産地인 열대지방熱帶地方에서 木花는 나무 형질形質이 바탕이 된 목본식물木本植物인 것도 있다. 그 때문인지 木花란 말에 실제로 木자를 덧붙여 쓰고 있다. 또 木花를 달리 棉花(면화)나 木棉(목면)이라고도 하는데, 이때 쓰인 棉[목화 면]자 자형字形에도 木자를 덧붙이고 있다.

아울러 木棉은 木綿(목면)으로도 쓰이고, 우리말로는 흔히 '무명'이라 하기도 한다. '무명'은 木棉의 중국어 발음 'mùmián'에 영향을 받은 말이다.

그처럼 木자는 무명과 관련이 되기에 '무명'의 뜻을 지니기도 한다. 따라서 '폭이 넓게[廣] 무명[木]의 실로 짠 옷감'은 廣木(광목)[26]이라 하고, '백옥[玉]처럼 희게 서양[洋]에서 무명[木]의 실로 짠 옷감'은 玉洋木(옥양목)[27]이라 한다.

또 '베[布]나 무명[木] 따위의 옷감을 파는 가게[店]'는 布木店(포목점)[28]이라 하고, '무명[木] 실로 짠 장갑[掌匣]'은 木掌匣(목장갑)[29]이라 한다.

목화나무

'목장갑'이란 말을 흔히 사용하면서도 그 말의 '목'이 무언지 모르는 이들이 너무도 많다. 그래서 물어보면 '그런 건 몰라도 된다' 한다. 그런 식으로 몰라도 되는 것이라면 학교學校에서 배우는 내용 가운데에도 적잖게 '그런 건 몰라도 된다' 할 수 있다. 이는 자신이 모르는 것을 그저 합리화合理化하는 말일 뿐이다. 예부터 "아는 것이 힘"이라 했다.

目
[눈 목]

일목요연하게 보입니다

이누카이 쓰요시

일본日本 44대 외무대신外務大臣이었던 이누카이 쓰요시犬養毅는 한쪽 눈이 보이지 않았다. 그가 하루는 의회議會에 나가 의원議員들 앞에서 "오늘날 국제國際 정세政勢를 두루 살펴볼 때에 지금은 이러고저러고 해야 한다"며 설명說明을 했다.

그러자 갑자기 한 야당野黨 의원이 벌떡 일어나 비웃듯 말했다. "이보시오. 한쪽 눈밖에 볼 수 없으면서 살펴보기는 뭘 살펴본다는 겁니까."

이에 이누카이 쓰요시가 곧바로 맞받아 "예, 눈이 하나기 때문에 일목요연一目瞭然하게 보입니다"라고 대답했다. '한 번의 눈길로도 뚜렷하게 보다'라는 말인 一目瞭然을 '한 눈으로도 뚜렷하게 보다'라고 한 것이다. 비웃듯 말한 야당 의원은 그의 말에 그만 무안無顔해지고 말았다.

사실 一目瞭然의 一[한 일]자는 '하나'가 아닌 '한 번'을 뜻한다. 마치 '한 번 그물을 쳐서 고기를 다 잡는다'는 一網打盡(일망타진)이나 '한 번 칼질해 둘로 나눈다'는 一刀兩斷(일도양단)의 一자처럼 쓰이고 있다.

'눈은 마음의 창', '눈은 마음의 거울'

한 눈이든 두 눈이든 눈은 보기 위해 있는 것이다. 그런데 그렇게 볼 수 있는 눈이 있는데 보아도 보지 못한 사람들이 있다. 아는 만큼 보이고, 보고 싶은 만큼 보이기 때문이다.

시이불견視而不見, 보았으나[視] 그러나[而] 보이지[見] 않은[不] 것은 마음에 없기 때문이기도 하다. 마음이 콩밭에 가 있으니 보이지 않는 것이다. 무엇이든 마음 먹고 제대로 보아야 제대로 보인다.

해서 예부터 '눈은 마음의 창', '눈은 마음의 거울'이라 하고 있다. 눈은 상대방相對方의 마음을 보고, 내 마음을 표현表現하여 상대방과 나의 진실眞實한 교감交感을 가능可能케 해 주는 신체身體의 중요한 기관器官이다. 그렇게 눈은 보이지 않는 마음까지도 볼 수 있게 하는데, 이는 눈으로 보는 게 아니라 마음으로 보기 때문이다. 사실 눈은 마음과 마음을 이어주는 통로通路일 뿐이다.

톨스토이

러시아 문호文豪 톨스토이Tolstoy도 그런 눈이야말로 사람과 사람 사이에 진실을 전달하는 가장 중요한 소통疏通의 도구道具라 했다.

또 속담俗談에 "눈은 그 사람의 마음을 닮는다"라고 했고, 서로 '눈이 맞았다'라는 관용구慣用句는 '마음이 맞았다'는 말이 된다. 아울러 '눈을 돌리다'도 '마음을 돌린다'는 말이 되기도 하고, '눈에 찬다'도 '마음에 찬다'는 말이 되기도 한다.

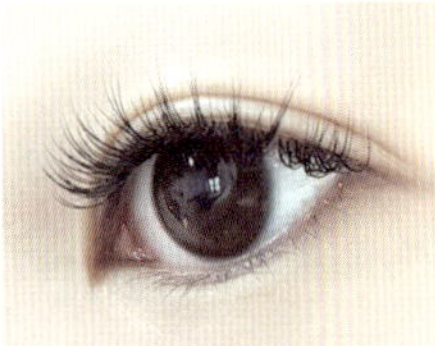

눈

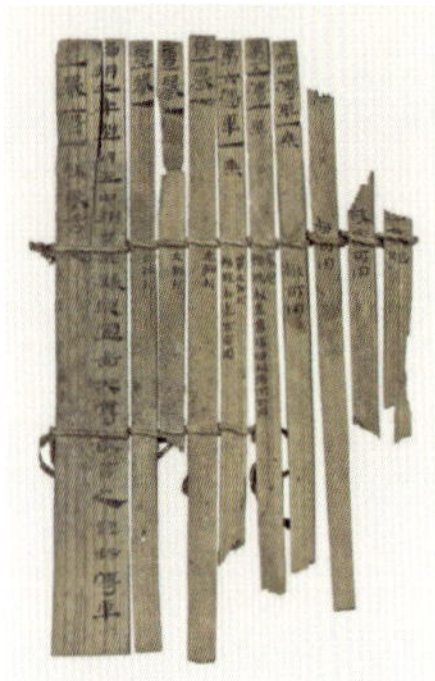

옛날 죽간

目자는 눈동자가 보이는 눈

갑골문 目자

금문 目자

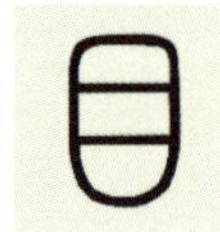

소전 目자

한자에서 바로 그 '눈'을 뜻하는 目[눈 목]자는 갑골문이나 금문 자형字形으로 살피면 눈동자가 보이는 눈으로 나타내고 있다. 따라서 目자는 뜻이 '눈'이 되었고, 그 자형은 종이가 없었던 시절時節에 세로로 된 길쭉한 죽간竹簡에 글자를 썼기 때문에 오늘날 세워진 형태로 표현되고 있다.

한자에는 目자처럼 魚[물고기 어]·豕[돼지 시]·馬[말 마]·黽[맹꽁이 맹]·鼠[쥐 서]·龜[거북 귀]자도 세워서 그 자형이 이뤄졌다.

보는 것이 믿는 것이다

目자처럼 眼科(안과)·眼鏡(안경)·千里眼(천리안)·白眼視(백안시)의 眼[눈 안]자도 '눈'을 뜻하는 한자다. 따라서 두 한자는 어울려 眼目(안목)[1]이란 말로 쓰이고 있다.

사전辭典에 眼目은 '사물을 보고 분별하는 견식'이라 풀이하고 있는데, 그런 견식見識은 외부外部에서 오는 정보情報의 70~80%가 눈을 통해 이뤄지기 때문에 갖게 된다. 실제로 행동行動하는 데 눈을 제외한 낯의 모든 부분을 다 가려도 외부의 정보를 파악하는 데 큰 불편이 없지만 눈을 가리면 정보를 파악하는 데 큰 어려움을 겪게 된다. 해서 서양西洋 속담俗談에도

"보는 것이 믿는 것이다(Seeing is believing)"라고 했다.

이목구비와 이목

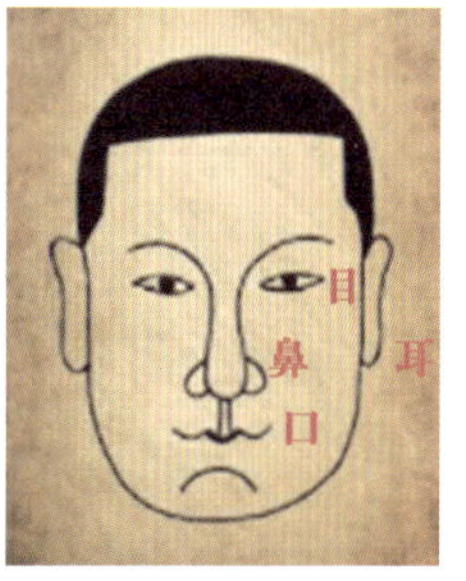

낯의 이목구비

눈은 낯에 있고, 낯에는 귀와 입과 코의 중요重要한 기관器官이 더 있다. 낯에 있는 이들 모두는 한자로 耳目口鼻(이목구비)[2]라 한다. 아울러 耳目口鼻는 '귀[耳]·눈[目]·입[口]·코[鼻]를 중심中心으로 한 낯의 생김새'를 의미意味하기도 한다. 따라서 "耳目口鼻가 뚜렷하다"는 말은 낯의 생김새가 분명分明해 잘생겼다는 것이 된다.

나아가 耳目口鼻 가운데 귀[耳]와 눈[目]을 아울러 이르는 말인 耳目(이목)[3]은 '관심關心이나 주의注意'를 의미하는 말로 쓰이기도 한다.

앞서 언급言及했듯 눈이 많은 정보를 받아들이는 것처럼 귀도 어느 정도 정보를 받아들이는 역할을 하는데, 그렇게 정보를 받아들이는 귀와 눈이 관심이나 주의를 갖게 된다는 데서 그런 의미가 비롯되었다.

주목을 시키는 군대의 교관

따라서 '耳目을 끌다'나 '耳目을 집중하다'는 다른 사람이 귀[耳] 기울여 듣도록, 눈[目]여겨보도록 관심이나 주의를 끌어 집중集中을 받는다는 말이 된다.

또 '관심이나 주의를 끌어 눈[目]의 시선을 모으다[注]'라는 말이 注目(주목)[4]이다. 흔히 군대軍隊에서 지휘자指揮者가 부하部下들의 시선視線을 집중시킬 때 사용하고 있다.

몸이 천 냥이면 눈이 구백 냥

몸이 천 냥이면 눈이 구백 냥
(보건복지부 광고)

예부터 "몸이 천 냥이면 눈이 구백 냥"이라 하고 있다. 눈이 그만큼 중요하다는 것이다. 따라서 耳目口鼻 가운데 目자가 낯의, 머리의 대표代表가 되어 다시 '낯(얼굴)'을 뜻하는 面[낯 면]자나 '머리'를 뜻하는 頭[머리 두]자와 어울려 面目(면목)[5]이나 頭目(두목)[6]이란 말에 쓰이고 있다.

그 가운데 面目은 '낯의 생김새' 외에 '남을 대할 만한 체면體面'이나 '사물事物의 겉모양'을 의미하기도 한다. "아무 소식도 못 가지고 빈 손으로 간다면, 내, 면목이 없어서 그런다. 이 할미 심정을 알겠지……?『혼불(최명희)』"의 글 속에 '면목'이 '남을 대할 만한 체면'의 의미로, "모두 다 이순신 장군이 작년 봄에 좌수사로 부임된 이후 썩은 배를 고치고 터무니없는 배는 새로 짓고 면목이 일신하도록 수효를 채워 놓은 배들이었다『임진왜란(박종화)』"의 글 속에 '면목'이 '사물의 겉모양'을 의미하는 말로 쓰이고 있다.

頭目은 '한 무리의 우두머리'를 의미하기도 하는데, 예전에 장사꾼이나 군조직軍組織 우두머리를 이르는 말로 흔히 쓰였다. 그러나 오늘날은 폭력배暴力輩나 범죄자犯罪者 우두머리를 이르는 말로 흔히 쓰이고 있다.

맹목과 괄목상대와 십목소시

눈의 미덕美德은 보는 데 있다. 그럼에도 불운不運하게 '소경[盲]이 되어 볼 수 없게 된 눈[目]'이 바로 盲目(맹목)[7]이다. 한데 사람이 이성理性을 잃게 되면 마치 그 소경의 눈처럼 제대로 보지 못하고 주관主觀이나 원칙原則이 없이 덮어놓고 행동하게 된다.

소경문수(김준근)

따라서 盲目的(맹목적)[8]이란 말은 '주관이나 원칙이 없이 덮어놓고 행동하는 것'이라는 의미를 지닌다. 무비판적無批判的, 무조건적無條件的인 말과 같은 의미며, 흔히 '盲目的 사랑'과 같은 말로 활용되고 있다.

또 '눈[目]을 비비고[刮] 상대[相]를 대하다[對]'라는 의미의 말인 刮目相對(괄목상대)[9]에서도 目자 쓰임을 엿볼 수 있다.

여몽 초상화

刮目相對는 중국中國의 위魏·촉蜀·오吳 삼국三國이 서로 대립對立하고 있을 때 오吳나라 손권孫權의 부하部下였던 여몽呂蒙이라는 장수將帥와 관련해 나온 말이다.

여몽은 무예武藝에 능能했지만 무지無知했다. 해서 손권이 책 읽기를 권勸했다. 하지만 여몽이 책 볼 겨를이 없다고 하자 손권은 "한漢나라 광무제光武帝는 전쟁의 바쁜 와중渦中에도 손에서 책을 떼지 않았다(手不釋卷)"고 했다. 이에 깨달은 바가 있었는지 여몽은 그 후 날마다 책을 읽었다.

노숙 초상화

어느 날 지식知識이 뛰어난 노숙魯肅이 여몽을 찾아 이야기를 나누다 예전과 달라진 여몽을 보고 "오나라에 그 여몽(吳下阿蒙)인가?" 하며 깜짝 놀랐다. 그러자 여몽이 "선비가 사흘을 떨어

눈을 비비는 모습

져 있다 다시 대할 때는 눈을 비비고 상대를 대해야 합니다(士別三日 卽當刮目相待)"라고 대답한 데서 비롯된 말이다.

그렇게 刮目相對는 학식學識이나 재주가 놀랄 만큼 나아졌을 때 쓰는 말이 되었다. 중국中國과 일본日本에서는 刮目相待로 쓰고 있다.

또 目자 쓰임은 十目所視(십목소시)[10]에서도 볼 수 있다. 十目所視는 '열[十] 명의 눈[目]이 보는[視] 바다[所]'라는 말로, 많은 사람들이 지켜봄으로 숨길 수 없다는 의미를 지닌다. 혹자或者는 十자를 열 명이 아닌 열 방향, 모든 방향으로 풀이하여 '모든 곳에서 눈이 보는 바다'로 풀이하기도 한다. 따라서 '모든 곳에서 많은 무리[衆]의 눈[目]이 보는[視] 바다[所]'라는 말인 衆目所視(중목소시)[11]로 바꿔 쓰기도 한다.

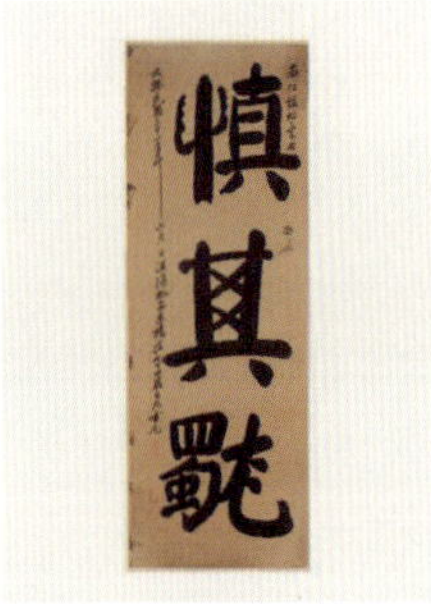

백범이 쓴 신독

결국 十目所視나 衆目所視는 사람이 혼자서 무심코 하는 행동도 조심하며 삼가라는 의미다. 혼자서 하는 행동도 다른 사람에게 알려지게 되어 있으니 홀로[獨] 있을 때도 도리에 어그러짐이 없도록 삼가라는[愼] 말인 신독愼獨과 통하는 말이라 하겠다.

목도와 목격과 목불인견

나아가 目자는 '보다'의 뜻을 지닌 睹[볼 도(覩)]자와 어울려 目睹(목도)[12]라는 말로도 쓰이고 있다. 目睹는 '눈[目]으로 보다[睹(覩)]'라는 의미를 지니며, "흉년에 죽고 민란에 죽고 동학 전쟁에다 서학 교도들의 학살, 그 소용돌이 속에서 문 의원은 무참

한 죽음을 목도했었다『토지(박경리)』"에서처럼 활용되고 있다.

또 目睹와 같은 의미의 말이 目擊(목격)[13]이다. 目睹의 睹자처럼 擊[칠 격]자도 '보다'의 뜻으로도 쓰이기 때문이다. 따라서 目擊도 '직접 눈[目]으로 보다[擊]'의 의미를 지닌다. 나아가 '직접 눈[目]으로 본[擊] 사람[者]'은 目擊者(목격자)[14]라 한다.

혹여 불의不義한 일을 目睹, 目擊하고도 질끈 눈감아 버린다면 이는 마치 죽음과 같은 것이라 할 수 있다. 사람이 죽었을 때 '눈을 감다'라고 하는데, 그처럼 행동했기 때문이다. 그런 사람은 살아 있어도 의식意識이 죽은 사람이고, 그런 사람의 미래未來는 바랄 것이 없게 된다.

아울러 눈앞에 벌어진 상황 따위를 '눈[目]으로 차마[忍] 볼[見] 수 없다[不]'는 의미의 말이 目不忍見(목불인견)[15]이다. 너무 참혹慘酷해 차마 눈으로 볼 수 없을 정도程度로 딱한 상황狀況에서 사용하는 말이다. 또 하도 어이가 없어 참고 볼 수 없는 아니꼬운 모습을 가리킬 때도 쓰이고 있는데, 이때는 '꼴불견'이라 하기도 한다.

'꼴불견'의 '꼴'은 사람의 모양새나 행태를 낮잡아 이르는 말이고, '불견'은 '目不忍見'에서처럼 '볼 수 없다'는 말이다. 한데 그 '꼴불견'을 '꼴볼견'이나 '꼴물견', 심지어 '꼴물건'이라 하는 이들이 있다. 모두 한자를 모르고 사용하기 때문이다.

'꼴불견' 패션

그 외에 '주어진 상황에 대해 무조건 반대로[反] 보는 눈[目]'은 反目(반목)[16]이라 한다. 이를 국어사전國語辭典에서는 '서로서로 시기하고 미워함'이라고 풀이하고 있다.

대한민국大韓民國 사회社會의 병폐病弊 가운데 하나가 지역地

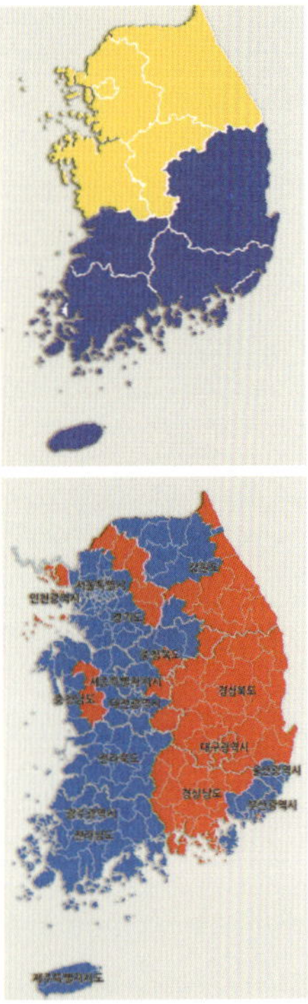

1963년과 2017년
대선 투표 성향

域을 갈라 그처럼 反目하고 있는 것이다. 도시都市와 농촌農村이, 영남嶺南과 호남湖南이 서로 反目하고 있는데, 흔히 의식意識이 없는 못난 사람들이 그렇게 편便 가르기를 한다. 편을 갈라 자기편을 만들고 그들과 함께 자신들의 못난 부분을 만회挽回하려 하기 때문이다.

필자筆者는 우리나라 곳곳에서 모인 학생들이 다니는 대학大學에 다녔는데, 재학在學 중에도 편을 가르지 않고 모두 잘 어울려 지낸 경험經驗이 있다. 편 가르기를 하며 反目하는 것은 공동共同의 발전發展을 저해沮害하는 의식意識 없는 행동行動으로, 편협偏狹된 사고思考를 지닌 못난 사람들이나 하는 짓이라 하겠다.

목적과 목표

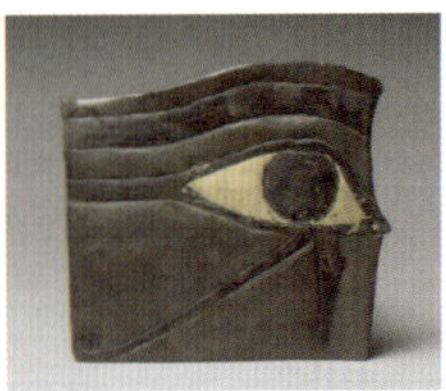

눈을 그린 부적(루브르박물관)

사람이 아무리 두 눈으로 똑똑히 보았더라도 본 것에 의미를 부여하지 않는다면 그것은 본 것이 아니라 할 수 있다. 더구나 본 것을 제대로 설명할 수 없으면 그것 역시 제대로 본 것이 아니라 할 수 있다.

사실 눈은 원래 뇌腦의 일부一部로, 태아胎兒일 때에 뇌의 일부가 떨어져 나와 만들어진다고 한다. 따라서 눈은 '제2의 뇌'라 하기도 한다. 그래서 뇌로 생각하고 봐야 제대로 볼 수 있는 것이다.

그렇게 뇌로 생각하며 봐야 하는 것에 인생人生의 目的(목적)[17]과 目標(목표)[18]가 있다.

원래 目的은 활이나 총 따위를 쏠 때에 '눈[目]으로 보는 과녁[的]'을 말한다. 따라서 인생에 目的이 없다는 것은 활로 쏘는 화살이나 총으로 쏘는 총알을 정定해진 방향方向이 없이 아무 의미意味 없는 곳에 쏘는 것이 된다. 目的 없는 삶은 그렇게 의미 없는 삶이 된다. 반면에 目的 있는 삶은 인생에서 이루고자 하는 궁극窮極의 방향을 향해 치닫고 있음을 말한다.

목적 있는 삶을 표현한 그림

目標는 目的을 이루기 위해 행行하는 다수多數의 세부적細部的이고 단계적段階的 사항事項을 말한다. 그런 세부적이고 단계적 사항을 이루는 것처럼 '정해 놓고 이루기 위해 눈[目]으로 보는 표지[標]'와 같은 것이 바로 目標다.

옛날 청계천 수표교의 수표

인생의 目標도 세부적이고 단계적인 사항이 정해져 있어야 한다. 그래야 인생에서 궁극窮極으로 이루고자 하는 目的에 다가갈 수 있다.

그처럼 누구나 의미 있는 삶을 영위營爲하려면 目的을 정해 삶의 방향을 잡고, 目標를 설정設定해 이를 이루기 위해 차근차근 노력하면 결국 성공한 멋진 삶에 다가설 수 있을 것이다.

필자는 그 目標를 후학後學, 후생後生을 위한 책 10권을 쓰는 데 두고 있다. 이 책이 바로 그중 하나다.